아산재단 연구총서 第293집

유럽연합의 사회통합 사례와 교훈

– 동유럽국가의 지역정책 이행에 관한 실태조사 및 분석 –

이 무 성

집문당

머리말

본서는 "유럽연합의 사회통합 사례와 교훈"이라는 제목하에 실제 유럽연합 내에서 중요한 의제로 부상하고 있는 지역 간 격차 해소의 현황을 고찰하는 것이 목적이다. 따라서 지역 간 격차를 해소하기 위해 유럽연합 내에서 실제 이행되었던 다양한 정치적, 정책적 방법을 분석하고 그 함의를 고찰한다. 이런 목적하에 본서는 "동유럽국가의 지역정책 이행에 관한 실태조사 및 분석"이라는 소제목 속에 현재 유럽연합 내에서 발생하는 국가 및 지역 간 갈등의 진원이 무엇이며, 그 해결책은 무엇이었는지를 고찰한다. 이런 고찰을 통해 현재 선진국 대열에 동참하고자 하는 한국에 있어서의 시사점도 함께 모색하고자 한다.

본 단행본은 2008년 유럽연구에서 출간된 "신생동유럽회원국의 유럽화"에서 그 최초 논의가 시작되었으며, 그 후 2009년 EU 연구의 "유럽연합의 지역정책과 사회통합"과 2009년 한국부패학연구의 "유럽연합의 지역정책과 시민단체의 역할"의 연구를 통해 발전 증보되었다.

마지막으로 아산사회복지재단의 2008년 신진교수 연구비가 없었다면 본 주제의 연구는 결코 가능하지 않았을 것이며, 이에 심심한 감사의 뜻을 표한다. 뿐만 아니라 지난 2년간 본 연구가 진행되는 동안 물심양면으로 도와주었던 아내와 그사이 건강히 자라 주었던 두

아들 태현과 태희에게 본 연구를 헌정한다.

2010. 4

저 자

약어표

CSF(Community Support Frameworks): 공동체지원체제

EAGGF(European Agricultural Guidance and Guarantee Fund): 유럽농업지도보증기금

ERDF(European Regional Development Fund): 유럽지역개발기금

ESF(European Social Fund): 유럽사회기금

FDI(Foreign Direct Investment): 해외직접투자

ISPA(Instrument for Structural Policies for Pre-Accession): 가입전구조개혁조치

JROP(Joint Regional Operational Programmes): 공동지역운영프로그램

MA(Managing Authority): 관리당국

NDP(National Development Programme): 국토개발계획

OP(Operation Programme): 운영프로그램

PHARE(Programme of Community Aid to the Countries of Central and Eastern Europe): 중·동유럽 지원프로그램

RDA(Regional Development Authorities): 지역개발 당국

ROP(Regional Operational Programmes): 지역운영프로그램

SAPARD(Special Accession Programme for Agriculture and Rural Development): 농업발전 프로그램

SFP(Structural Fund Programme): 구조기금프로그램

SOP(Sectoral Operational Programmes): 분야별 운용프로그램

SPD(Single Programming Document): 단일프로그램문서

차 례

제1장 서 론

제2장 이론적 논의

제3장 방법론

제 4 장 기존 국가에 대한 사례 조사

제 5 장 신생회원국에 대한 사례 조사

표 차례

제 1 장
서 론

1. 들어가며
2. 지역정책의 변천과 시사점
3. 기존 통념
4. 주요 질문
5. 장의 구성

제1장 서 론

1. 들어가며

지역정책을 통한 유럽연합의 사회통합 노력은 공동체 탄생과 함께 시작되었다. 그러나 보다 구체적인 구현 과정은 시대적 변화에 대한 이해가 필요하다. 사실 지역정책을 통한 사회통합의 본격적인 행보는 1970년대 국제 경제 체제의 급격한 변동과 그에 따른 빈부 격차가 심화된 시기부터였다. 1970년대 유럽경맥동화기를 지나 1980년대에 들어서면서 남유럽으로 확장이 있었다. 확장의 결과로 그리스, 스페인 그리고 포르투갈이 공동체 회원이 되었다. 그러나 여기서 주목해야 할 점은 이들 신생회원국은 기존 공동체 회원국보다 경제적으로나 사회적으로 낙후되었다는 것이다. 이런 낙후된 사회를 기존 서구 선진 사회에 통합시키는 것은 지역정책의 중요성을 부각시키는 일일 수밖에 없었다.

이처럼 지역정책의 중요성이 1970년대와 1980년대에 걸쳐 강조되었지만, 지역정책에 대한 원론적 논의는 1957년 로마조약 체결로 거슬러 간다. 로마조약 체결 후 즉시 지역정책이 시행되지는 않았지만, 1975년 지역정책 창설에 법적 근거를 제공하였다. 로마조약은 지역 간 조화로운 발전(harmonized development)을 유럽공동체의 규정으로 명시하였다(제2장). 공동체의 조화로운 발전은 결국 낙후된 지역의 수준향상을 통해 실현될 수 있다고 명시하였다. 이후 지역균형 발전을 위한 다양한 노력이 있었고, 1975년 역내 낙후지역개발과 석탄, 철강, 섬유 및 조선업과 같은 사양 산업 지역을 지원하기 위해 유럽지역개발기금(European Regional Development Fund)이 창설되면서 공식적인 지역정책이 시작되었다. 본 기금의 실현은 유럽농업지도보증기금(European Agricultural Guidance and Guarantee Fund)[1)]이나 유럽사회기금(European Social Fund)[2)] 등과 함께 지역 간 조화로운 발전을 추구하는 주요 축으로 작동했다.

유럽연합은 경제통합만을 목적으로 하는 공동체가 아니라, 정치통합을 목표로 하고 있다. 그러나 정치통합도 지역격차가 심화되는 한 달성되기 어렵다. 현실적 필요성에서 보자면, 단일 시장과 단일 통화(Economic and Monetary Union)에 상대적으로 저발전된 국가들을 참여시킬 유인책이 필요했다. 단일 시장 실시 이후 회원국 간 국경을 넘나들어야 하는 인적자본의 자유로운 이동을 보장하는 데 지역정책

1) 1962년 각료 이사회 규정(Regulation 25 / 1962)에 의해 설립된 공동농업정책 실행을 위한 기금이다. 본 기금은 지도 부분과 보증 부분이 별도의 기금으로 나뉘어 실행되었다. 본 기금의 대부분을 차지하는 보증 부분은 공동농업정책의 핵심인 농산물 가격의 안정과 가격지지 제도의 유지를 위해 사용되었지만, 지도 부분은 구조기금의 하나로 생산구도의 향상을 위하여 농업구조 개혁과 농촌지역 발전 지원 등 지역정책의 특징을 가진다.

2) 본 기금은 유럽연합 내 노동자들의 생활수준을 향상시키고 지리적, 직업적 이동성을 향상시켜 고용 활성화가 그 목적이다. 1970년대 국제 사회의 경제 위기와 함께 실업증가와 그에 따른 청년 실업 해소를 위해 창설되었다. 본 기금의 75%가 25세 이하의 청년 실업 해소를 위해 사용되었으며, 지원금은 수혜기관의 사업예산에서 50%를 넘지 못하도록 추가성의 원칙이 적용된다. 현재 본 기금은 유럽연합 전체 예산의 약 10%를 차지한다.

이 필요했다. 노동력의 이동은 노동 생산성의 효율성이 떨어지는 곳에서 노동 생산 효율성이 높은 곳으로 이동하는 경향이 있고, 이런 경향이 고착화될 경우 특정 지역에 부가 편중될 수 있을 뿐만 아니라, 노동시장의 유연성도 저해할 수 있다. 노동력의 자유로운 이동을 위해서라도 지역 간 균형 발전은 필수적이었다.

유럽연합 통합으로 인해 산업경쟁력이 약한 주변지역에서 발생할 수 있는 불이익에 대한 불만도 완화시킬 필요가 있었다. 향후 실제 실증 조사에서도 논의되겠지만(4장과 5장 참조), 한 국가 내에도 지역 간 편차가 심한 것으로 나타나고 있다. 수도와 같이 경제 활동이 집중되어 있고, 국내 산업 및 해외 직접 투자가 편중된 지역은 상대적으로 높은 수준의 삶을 향유하고 있다.

국가 간 지역 편차에 따른 유럽연합 전체 차원의 불균형에 따른 폐해는 말할 필요가 없다. 또한 국가 간 또는 지역 간 격차가 초래하는 경제통합의 폐해도 결코 간과할 수 없다. 따라서 지역 간 격차를 해소하기 위한 노력은 꾸준히 진행되었다. 그런 와중에, 유럽연합의 통합에 필수 불가결한 지역통합의 노정은 또 다른 현실과 부딪치게 되었다. 21세기 들어 전대미문의 대규모 확장이 있었다. 2004년 8개의 중·동유럽국가[3]와 말타 키프러스가 새로운 회원국의 지위를 부여받았다. 당시 가입하지 못했던 불가리아와 루마니아도 2007년 신생회원국이 되었다. 21세기 들어서 연거푸 일어난 확장은 1980년대 남유럽 확장과 유사점이 많았다. 1980년대 확장을 통해 가입한 스페인, 그리스 및 포르투갈과 같은 결속국가(cohesion countries)와 1973년에 가입한 후 지역정책의 수혜자가 된 아일랜드와는 경제적으로 낙

3) 이들 국가는 헝가리, 체코, 폴란드, 슬로베니아, 슬로바키아, 리투아니아, 라트비아, 에스토니아이다.

후되었다는 점에서 유사점을 보였다. 그러나 경제, 정치 및 사회적 경험과 그에 따른 체제의 특성에 있어서는 차이점이 있었다. 전혀 다른 세계에서 한 세기를 보낸 구공산권 출신 회원국들은 가입 후 유럽연합의 운용에 어떤 여파를 미칠지가 초미의 관심사였다(Gower and Redmond, 2000).[4)]

따라서 정치적 민주화와 함께 시장경제 체제 속에 필연적인 경쟁에서 살아남기 위한 체질개선이 필요했다. 이런 논의는 구공산권 출신 국가의 '유럽으로의 회기'가 본격화되는 시점부터 거론되었다. 유럽연합 안팎 모두에서 이런 논의가 활발히 이루어졌고, 그 구체적인 결실 중 하나가 바로 코펜하겐 선언이다. 본 선언은 향후 동유럽 출신 회원국이 기본적으로 갖추어야 할 자질을 직·간접적으로 명시하였다. 유럽연합의 회원국이 되기 위해서는 시장경제와 자유 민주주의 도입, 인권 옹호, 법치주의 준수 등이 요구되었고, 그에 따라 이들 국가들은 자국의 정치 및 경제 체제를 변환시켜야 했다.

기존의 결속기금(cohesion funds)의 대상자였던 그리스, 스페인, 포르투갈과 아일랜드처럼 이들 신생국들도 자국 내 낙후된 지역 발전이 급선무였다. 따라서 지역 간 불균형 해소를 위해 이행되는 지역정책에 거는 기대는 그 어느 때보다 높았다. 그러나 이들 국가들의 지역정책 수렴 정도에 대한 의견은 그리 곱지만은 않았다. 2004년에서 2006년까지 첫 번째 구조기금프로그램(the Structural Fund Programme)이 실시되는 기간 동안 지역 및 지방정부의 적극적인 참여가 그 어느

4) 특히 말타와 키프러스를 제외한 모든 신생회원국들은 공통점이 있었다—구공산권 지역 출신 국가들이라는 점이다. 유럽연합의 주류를 이루고 있는 서유럽 회원국들과 달리 사회적으로나 경제적으로 낙후되었을 뿐만 아니라 정치적으로 전혀 다른 체제 속에서 현재의 모습으로 발전되어 왔다는 것이다.

때보다 중요하다고 강조되었고, 그에 따른 제반 준비 작업이 필요하다고 보았다. 그러나 가입을 전후해서 이루어진 연구에 의하면 지역정책을 원활하게 이행하는 데 필요한 준비가 미비하다고 보고되었다(Bachtler, Downes and Gorzelak, 2000; Grabbe, 2001).

본 연구가 분석하고자 하는 유럽화[5]는 지역정책을 원활하게 운영하는 데 필수적인 요수들인 지역화(regionalization)와 분권화(decentralization)를 의미한다(Commission, 1998). 다양한 정부의 층과 이 층 속에는 다양한 정치적 행위자들이 존재한다. 이런 양상 속에서 이들 정치 및 경제 행위자들 간의 상호작용 속에는 중첩되는 권한을 발휘하고(Hooghe 1996), 이 권한이 얼마나 축적되었는지를 분석해야 한다. 그러나 본 연구는 다층적 통치(multi-level governance)가 어느 정도 발생될 수는 있지만 실질적인 다층적 개입(multi-level involvement)은 한계가 있다고 본다(Blom-Hansen, 2005). 따라서 제1단계 구조기금 프로그램이 추구했던 국민 소득 증대나 실업률 해소를 통한 지역 간 격차 해소는 기대 이하였다고 볼 수 있다. 여러 가지 설명 중 본 연구에서는 효율성과 당위성 간의 갈등 구조를 그 주된 이유로 제시하고 있다. 즉, 중앙정부와 지역정부와 같은 하부 정치 행위자들 간의 파트너십이 지역정책이란 갈등의 구조 속에 어떻게 그 접점을 찾아가고 있는가에 대한 질문과 유관하며, 지역정책 발전사가 이를 더욱 확연히 보여줄 수 있다.

---

5) 여기서 논의하는 유럽화는 사전적인 면에서 다음 세 가지로 구분될 수 있고, 이는 유럽화를 이해하는 데 도움이 된다. 사회과학 이외 분야에서, 유럽화는 개별 국가의 정체성 또는 정치 형태에 있어 유럽대륙의 정체성 또는 정치 형태가 발생 성장하는 현상을 지칭하거나, 유럽연합의 정치 또는 경제 역학이 개별 회원의 정치 행위나 정치 수립에 필요한 조직 논리의 일부분이 되는 과정을 지칭하거나, 또는 문화, 언어, 도시 및 국가와 같은 분석의 대상들이 다양한 유럽의 특질을 채택하는 과정을 지칭한다.

2. 지역정책의 변천과 시사점

유럽연합의 지역정책은 로마조약에 근거하여 오늘날의 모습을 갖추었다고 하지만, 실제 지역정책을 본격적으로 이행한 것은 훨씬 후였다. 1975년 유럽연합지역개발기금이 창설된 후에야 본격적인 지역정책이 시행되었다. 1975년 이전까지 유럽연합 사회기금, 유럽연합 농업지도보증기금 등을 이용해 지역 간 격차로 발생하는 문제들을 개별적으로 해결하려고 했다. 그러나 1975년 유럽지역개발기금[6] 창설과 함께 비로소 오늘날 모습의 지역정책이 실시되었다. 유럽지역개발기금은 유럽연합 내 구조기금 중 하나로, 로마조약의 목표 중 하나인 지역 간 격차와 후진적 지역의 낙후성을 축소시키기 위해 경제 및 사회적 결속을 그 정책 목표로 삼았다. 이런 목표하에, 1975년부터 3년간 13억 유럽통화단위(ECU)[7]의 예산을 책정받았다. 이 기금은 공

---

6) 영국 서남부, 독일 동부, 이탈리아 남부, 그리스, 스페인 및 포르투갈 등을 포함해 유럽연합 내 상대적으로 낙후된 지역에 대한 인프라 개발에 집중적으로 지원되었다. 또한 본 기금은 회원국 정부의 발전계획에 기초해 추가성의 원칙에 의해 운영되었고, 회원국은 전체 예산의 50%를 자체 조달해야 한다.

7) 유럽통화단위(ECU: European Currency Unit)는 1979년 유럽통화제도(EMS)의 출범과 함께 도입된 인위적인 공동통화이다. 유럽통화단위는 종래의 유럽계정단위를 대체한 것으로 당시 유럽공동체 회원국이 모두 환율안정메커니즘(ERM)에 참가하지는 않았지만, 유럽통화단위는 전 회원국에서 출자하였다. 유럽통화단위는 바스켓 통화로서 그 가치는 참가통화의 비중에 의해 결정되었는데 유럽연합조약에 의해 1993년 11월부터 다음과 같이 동결되었다. 독일 32.0, 프랑스 20.4, 영국 11.2, 네덜란드 10.0, 이탈리아 8.5, 벨기에 8.2, 스페인 4.5, 덴마크 2.7, 아일랜드 1.1, 포르투갈 0.7, 그리스 0.5, 룩셈부르크 0.3(1995년 가입한 오스트리아, 핀란드, 스웨덴 3개국 통화는 포함되지 않음). 유럽통화단위는 유럽통화협력기금의 지원을 받으며, 바스켓에 참가하는 국가들은 자국의 금과 같은 달러 보유고의 20%를 이 기금에 기탁해야 한다. 유럽통화단위는 상업거래 단위, 대부, 은행예금, 그리고 수표 단위로 널리 사용되었고, 국제통화시장에서는 유럽통

동체 평균 국민 소득의 75% 이하인 목표 1지역과 석탄, 철강, 섬유 산업 등 전통적인 산업의 붕괴에 따라 발생한 목표 2지역에 지원되었다. 이 기금을 바탕으로 과거 농업이 주요 산업이었던 지역과 더 이상 경쟁력을 갖지 못하는 사양 산업이 집중된 지역의 불균형 해소를 추진하였다.[8)]

그러나 공동체 차원의 지역정책은 초국가 수준이나 하위정부차원의 지역정책에서 한계점을 보였다. 오히려 개별 회원국이 주관이 된 중앙정부 차원의 하향식(top-down) 지역개발 정책이 주를 이루었다.

1980년대 초반부터는 공동체 차원의 지역정책의 효율성이 강조되었다. 따라서 유럽사회기금과 유럽농업지도보조기금과 같이 지역적 영향력을 고려한 공동체 차원의 지역정책을 수행하고자 했다. 이에 따라 경제 및 사회적 불균형을 공동체 차원에서 해결하기 위한 법적 근거를 갖추고자 노력하였고, 1986년 단일의정서 체결과 함께 그 노력의 결실이 맺어졌다. 당시 유럽공동체에 새로운 회원국들로 가입한 그리스, 스페인 및 포르투갈은 유럽공동체 내의 결속을 강화시키는 계기를 제공하였다. 1988년 브뤼셀에서 개최된 유럽이사회는 1989년에서 1993년까지 책정된 공동체 예산 중 지역정책의 할당액이 두 배로 증가한 640억 ECU로 증액시켰고, 1988년 6월 24일 이사회는 구조기금을 결속정책하에 통합시키는 최초의 규정을 채택하였다. 본 결정은 낙후된 지역개발을 위한 다년 프로그램이며, 지역 및 지방 파

화단위로 유로본드가 발행되었다. 유럽통화단위는 1999년 1월 1일부터 경제통화동맹 3단계의 출범과 함께 유로화로 대치되었다.

8) 유럽지역개발 기금은 소기업에 최소 10개 이상 일자리를 창출할 수 있도록 투자를 유치하는 것을 그 첫 번째 목적으로 하였다. 또한 하부구조에 대한 투자를 통한 지역 간 격차 해소를 그 두 번째 목적으로 삼았다. 마지막으로, 농업보조금 수혜지역인 산림지역에 대한 하부구조 설립에 대한 투자에 집중하였다.

트너의 참여와 전략적 투자 등을 논의한 획기적인 개혁이었다.

유럽연합을 탄생시킨 마스트리히트 조약 체결 후 결속 및 지역정책은 새로운 기제를 갖게 되었다. 지역 위원회(the Committee of the Regions)와 결속기금(the Cohesion Fund)이 창설되었고 보충성의 원칙(2장 참조)(the principle of subsidiarity)이 제정되었다. 지역위원회는 유럽연합 차원의 자문기구로 유럽연합 시민 간 결속을 강화시키며, 보충성의 원칙에 따라 모든 결정은 시민들에게 보다 밀접하게 적용할 것을 그 목표로 삼았다. 이에 따라 지방정부 수장들은 지역 대표로서 각료이사회에 참여할 수 있게 되었다.[9] 한편 결속기금은 회원국들의 경제 및 사회적 편차를 완화하고 경제 안정화를 위한 결속정책을 실행하는 것을 그 목적으로 삼았다. 이런 목적하에, 본 기금은 환경과 교통 인프라를 포함한 주요 사업 예산의 85%까지 지원하며, 기금 수혜자는 일인당 국민 소득이 유럽연합 평균 소득의 90%까지 해당되었다.

한편 유럽이사회는 1994년에서 1999년에 지출된 새로운 재정전망(financial perspectives)을 결정하였다. 이 재정 안에 의하면, 구조 및 결속기금으로 1,680억 ECU를 책정하였다. 이는 제1차 공동체지원체제에 비해 그 할당된 금액이 두 배 이상 증가되는 결과였다. 이에 따라 유럽연합 예산의 3분의 1이 지역정책에 할당되게 되었다. 새롭게 제정된 결속정책규정은 1993년 6월 20일 각료 이사회에서 채택되었으며, 이 규정은 어업지도에 관한 금융기제와 구조기금을 포함하고

9) 비록 지역위원회가 유럽연합의 정부 간 협상에 제3의 정치 행위자들의 참여를 가능케 했지만, 지역위원회는 여전히 각 지방의 대표성을 충분히 반영하지 못한다는 비판도 있다. 즉, 대개의 경우 지역위원회의 의원들은 선거를 통하지 않고, 중앙이나 지방관료들 중에 임명된다. 따라서 독일이나 벨기에와 같은 연방제 국가 이외에는 지역위원회를 유럽연합의 로비창구 정도로 인식하는 실정이다.

있었다. 또한 본 재정전망은 유럽연합의 참여를 권장하는 강화된 법안을 논의하기도 했지만, 집중, 프로그램, 보충성 및 파트너십과 같은 본 정책의 주요 원칙을 재천명하는 정도에 그쳤다. 따라서 기존 정책이 5개의 목적하에 운행되는 데 있어서는 큰 변화를 초래하지는 않았다. 또한 1995년 1월 1일 오스트리아, 핀란드 및 스웨덴의 유럽연합 가입을 계기로, 스웨덴과 핀란드가 주장하는 인구 밀도가 낮은 지역에 대한 지원을 추가하였다.[10] 이로 인해 목적 6지역을 규정하는 지역정책 운영에 관한 개정과 함께 1995년 가입한 이들 북반구의 부국들도 지역정책의 혜택을 받게 되었다.

그러나 지역정책의 대대적 손질과 함께 향후 지역정책 발전 전망에 대한 본격적 논의가 일어나기 시작한 것은 21세기에 들어서였다. 21세기 들어, 구공산권 출신 국가의 대규모 가입은 향후 지역정책을 이행하는 데 있어 큰 부담으로 다가왔다. 준비 작업의 일환으로, 결속정책의 절차와 구성에 있어 단순화 작업과, 1990년 중반부터 준비된 아젠다 2000(Agenda 2000)이 대표적 일례이다. 본 계획에 따라, 공동농업정책 개혁과 함께 구조정책 이행이 시급하다고 논의되었다. 따라서 회원국 간 경제 및 사회적 격차를 해소하기 위해 경제적으로나 사회적으로 낙후된 회원국에 대한 노동 경쟁력 강화와 사회기반시설 확충 프로그램을 논의하였다.

2004년 확장으로 인해 유럽연합 인구는 10% 상승했으나, 국민총생산은 5% 상승하는 데 그쳤다. 이에 따라 일인당 국민 소득 격차는

10) 본래 지역정책은 낙후된 지역개발이 그 목적이고, 이런 과정에서 다층적 통치가 발생해야 한다는 원론적인 논의와는 상반된 점이 있다. 즉, 지역정책을 통한 개별 회원국의 이익을 최대한 추구하고자 하는 정부 간 협상의 결과가 상기와 같은 목표 지역 설정을 초래하였다.

심화되었다. 또한 신생회원국의 일인당 국민 소득 대비 취업률도 유럽연합 평균 50%에도 미치지 못했다. 이로 인해 신생회원국 전체가 지역정책 목적 1의 지원 대상자가 되었을 뿐만 아니라, 구조 및 결속기금의 최대 수혜자가 되었다.

가입 후 이들 국가에게 필요한 모든 재원을 한 번에 제공하는 것은 큰 부담이 될 수 있기에, 확장 발생 이전부터 가입에 도움이 되는 정책이 실시되었다. 1999년 3월 베를린 유럽이사회의 결정에 따라, 기존 15개국에게 2000년에서 2006년까지 할당될 결속 정책의 기금은 2,130만 유로였다. 반면 2004년에서 2006년까지 새롭게 가입한 신생회원국을 위해 220억 유로가 추가 지원되었다. 2000년 3월 리스본에서 개최된 유럽이사회는 리스본 전략(the Lisbon Strategy)에 합의하였고, 리스본 전략은 성장, 실업 그리고 혁신에 중점을 두었다. 이 전략에 따라 유럽연합 지역정책이 결속 정책으로 그 무게 중심축이 옮겨졌다. 리스본 전략으로 인해 상대적으로 빈곤한 회원국에게 유럽연합의 재원이 더욱 집중되었고 이를 통해 낙후된 지역의 성장, 취업 및 혁신을 도모하였다.

27개국 회원국을 보유한 유럽연합은 인구 3명 중 1명꼴인 1억 7천 만 명이 빈곤지역에 거주하고 있고 이들은 수렴 목적(Convergence Objective)의 지원 대상자들이다. 일인당 국민 소득의 경우, 룩셈부르크는 루마니아의 국민 소득의 7배에 다다를 뿐만 아니라, 지역 간 불균형도 심각하다. 예를 들어, 런던과 같은 부유한 지역은 유럽연합 27개국 평균의 290%에 다다르지만, 루마니아의 북동부지역은 유럽연합 평균의 23%에도 못 미친다. 따라서 2005년 12월 유럽이사회는 2007년에서 2013년까지 사용할 예산에 대해 합의하였고 이에 의해 구조 및 결속기금으로 3,470억 달러가 책정되었다. 이 중 81.5%

는 수렴 목적에 해당하는 지역에 사용될 것으로 계획되었고, 그에 따른 프로그램이 현재 진행 중이다. 유럽연합 내 모든 지역과 회원국을 대상으로 하는 436개 프로그램이 합의되었고 이 재원의 4분의 1이 연구와 혁신 분야에 책정되었다. 또한 재정의 약 30%가 환경 인프라나 기후 변화에 대비한 정책에 책정되었다.

3. 기존 통념

2004년 이후 유럽연합을 가입한 모든 신생회원국은 구조기금(the structural funds)과 결속기금(Cohesion funds)의 수혜 대상자이다. 그러나 유럽연합이 제시하는 법적 의무사항(acquis communautaire)을 신생회원국들이 효과적으로 이행할지는 또 다른 문제이다. 특히 상이한 정치, 경제 및 사회 전통 속에서 지난 반세기 이상을 지낸 구공산권 출신 회원국들이 지역정책을 이행함에 있어 기존 서유럽 출신 회원국들이 보여준 것 같은 수준의 효율성을 보여줄지는 관심의 대상이다. 왜냐하면 이들 구공산권 출신 국가들이 자신들에게 할당될 기금을 효율적으로 이용하는 데 필수불가결한 법적, 제도적 그리고 행정적 준비가 미흡하기 때문이다(Grabbe, 1998; Bailey and De Propris, 2002; Getimis, 2003).

우선 2004년 가입한 구공산권 출신 신생회원국의 경우 법적 토대를 바탕으로 한 지역화 및 분권화가 미약하게 진행되고 있다. 이들 신생회원국은 서유럽 출신의 유럽연합 회원국과는 달리 공산주의라는 정치 체제 속에서 지난 한 세기를 보냈다. 따라서 이들 국가들은 과거 중앙집권적 정부체제 속에서 지방화에 대한 법적 근거가 없었고, 이는 가입 후 실제 지역정책의 효율적 이행에 필요한 지역정부 설립에 있어 어려움을 초래하였다. 또한 미약한 법적 토대는 제도적 비효율성을 초래할 수 있다는 지적도 함께 제기되었다. 지역화에 필요한 법률적 근거가 마련되더라도 실제 지방화에 필요한 제도화는 단시일 내에 이루어지지 않는다는 의견이 지배적이다. 따라서 실제적 지역제도 구축과 이를 통한 원활하고 효율적인 지역정책 이행에 차질이 발생할 수밖에 없다.

지역정책을 원활하게 이행하기 위해서는 법적 · 제도적 개선 작업이 필요하다. 이런 필요성에 의해 구공산권 출신 신생회원국에서는 가입 이전부터 지역정책 이행에 필요한 유럽화가 시작되었다. 우선 유럽연합의 가입 조건으로 지역정책에 필요한 준비작업과 이를 활성화하기 위한 유럽연합 차원의 지원이 있었다. 이들 지원을 통해 유럽연합 내부에서 효율적으로 지역정책을 이행하기 위한 법률 및 행정기조를 갖추는 데 도움을 주고자 했다. 이에 대한 대표적인 예가 바로 중 · 동유럽 국가들의 정치, 경제적 재구조화 과정을 지원하기 위한 재정지원 프로그램인 중 · 동유럽 지원프로그램(PHARE)과 이들 신규 가입국의 환경 및 수송 인프라 개선 지원 방안인 가입 전 구조개혁조치(ISPA) 그리고 이들 국가의 농업 수준이 공동농업정책 수준에 이르도록 지원하는 농업발전 프로그램(SAPARD) 등이었다. 그러나 가입 전 대부분의 신생회원국들의 상황을 살펴보면 지역정책을 효율적으로 이행하는 데 필요한 중앙과 지방정부 수준의 행정적, 정치적 조직이 충분히 갖추어지지 않았던 것으로 보고되었다. 이를 설명하고자 하는 시도가 여럿 있었다. 그중 설득력을 갖는 입장이 바로 신생회원국들이 공통으로 가지고 있는 과거 공산주의가 남긴 정치적

유산과 관련된 설명이었다. 공산주의 시절 특정 지역에 대한 차별과 그로 인해 발생하는 소외 및 지역적 편차와 관련된 사안은 부차적인 것으로 이해되었다(Bachtler, Downes and Gorzelak, 2000: 363). 또한 탈냉전시대 도래와 함께, 대부분의 신생회원국들은 지역 행정조직 정비보다는 기본적인 거시경제 지표 개선이나, 정치, 법 및 사회 개혁을 통한 경제 개발에 정책의 초점을 두었다(Bachtler and Downes, 1999).

둘째, 지역정책을 효율적으로 이행하기 위해서는 관계 정부 부처 간 협력이 필수적이다. 그러나 집행위가 발간하는 보고서에 따르면, 구공산권 출신 회원국의 경우, 원활한 정부 간 협력에 필요한 제도적 기반이 미비하다는 것이다.[11] 특히, 목적 1형의 프로그램(Objective 1 type programme)을[12] 이해함에 있어, 인력 개발, 산업전환 및 지역 발전과 같은 광범위한 프로젝트 이행에 필요한 하부구조가 미비하다고 지적되었다(Drevent, 2000: 347). 따라서 효율적인 지역정책을 이행하기 위해서는 수평적 분화(horizontal fragmentation)를 통한 정부 부처 간 의견이나 업무 조율이 필수적인데도 불구하고(Getimis, 2003: 79), 정부 부처 간 협력이나 의견 조율이 그리 만족할 만하지 않다는 것이 일반적인 의견이었다.

마지막으로, 신생회원국 중 상당수는 소규모 국가로 분류된다. 이들 소규모 국가들은 자국을 보다 세분화된 지역으로 구획할 충분한 이유를 찾지 못했다. 예를 들어, 에스토니아의 경우 전체 인구수가

11) 집행위의 신생회원국의 준비 상황에 대한 설명에 대한 구체적 논의는 Lee(2006), pp. 76-77 참조.

12) 일인당 국민 소득이 유럽연합 평균 75% 이하 지역에 지원되는 구조기금을 받는 지역을 지칭한다.

140만에 불과한데, 이런 경우 사실 또다시 지역을 구분하고자 하는 요구는 크지 않았다(Bailey and De propris, 2002: 319). 과거 아일랜드의 지역화에 대한 논의를 살펴볼 경우 이 논의는 더욱 설득력을 가진다. 아일랜드는 전통적으로 국토의 크기나 인구수가 특정 국가의 지역보다도 작았다. 그로 인해 전체 국토를 작은 지역으로 구분하여 국토 개발을 추구하기보다는 수도 더블린을 중심으로 한 중앙집권적 정치·경제 발전 구조를 유지시켜 왔다. 따라서 아일랜드는 지역화 및 분권화에 대한 정치적·문화적 요구나 인식이 높지 않았을 뿐만 아니라, '지역'과 관련된 정체성도 큰 의미가 없었다(Tannam, 1993: 280). 이런 점을 고려해 보았을 때, 상당수 소규모 국가로 간주될 수 있는 신생회원국들이 지역에 대한 개념이나 지역화를 이루지 못한 것은 어쩌면 당연한 일일 수 있다. 이런 특징들을 토대로 살펴볼 때, 이들 국가의 지역화에 대한 정책적 논의는 또 다른 시각에서 접근해야 한다.

이런 모든 점을 고려해 볼 때, 2004년 이후 유럽연합에 가입한 구공산권 출신 신생회원국들이 효율적인 지역정책을 이행할지에 대한 의구심이 드는 것은 당연한 결과이다. 이런 정황 속에, 본 연구는 2006년까지 실시된 유럽연합의 결속 프로그램이 얼마나 구공산권 출신 회원국의 균형발전을 이루는 데 일조했으며, 그 과정에서 중앙정부 권한의 분권화와 함께 지역화를 통한 유럽화가 얼마나 발생했는지 고찰한다.

4. 주요 질문

유럽연합의 심화와 확장의 과정에 참여하는 기존 회원국뿐만 아니라 새롭게 가입하는 회원국들의 입장이 항상 일치되지는 않았다. 특히 1980년대 남부 유럽 출신 회원국이 공동체를 가입하면서, 조화로운 발전에 근거한 경제통합의 중요성이 더욱 강조되었다. 당시 공동체를 가입한 신생회원국들은 두 가지 측면에서 체질 개선을 요구받았다. 첫째, 독재정부 종식 후 자국에서 막 꽃피기 시작한 정치적 민주화를 정착시키는 것이고, 둘째, 상대적으로 선진화된 공동체의 시장경제체제에 적응하기 위한 경제 체질개선이었다. 기존의 결속기금의 대상자였던 그리스, 스페인, 포르투갈과 아일랜드처럼 2004년 가입한 구공산권 출신 신생회원국들도 자국 내 낙후된 지역 발전을 통한 사회, 경제 및 정치 체제의 변환이 주요 의제 중 하나였다. 따라서 지역 간 불균형을 해소하기 위해 시행되는 공동체의 지역정책에 거는 기대는 그 어느 때보다 높았다. 그러나 이들 국가들이 과연 지역정책을 제대로 수렴할지는 의견이 분분하였다.

원론적으로, 2004년에서 2006년까지 제1차 구조기금프로그램(the Structural Fund Programme)이 실시되는 동안 지역 및 지방정부의 적극적 참여가 필요하였다. 그럼에도 불구하고 가입을 전후해서 이루어진 연구에 따르면, 대부분의 구공산권 출신 신생회원국의 경우 지역정책을 원활하게 이행할 법적, 행정적, 제도적 준비가 미비하다고 결론짓고 있다(Bachtler, Downes and Gorzelak, 2000; Grabbe, 2001; Bailey and De propris, 2002; Hughes, Sasse and Gordon, 2002; Lee, 2004). 이에 따라 본 연구는 2004년 이후 가입한 구공산권 출신 회원국가들이 공동체가 실시하는 지역정책에 미치는 함의를 고찰하고자 한다. 이를 위해 2004년 유럽연합의 확장 이후 첫 단계로 시행된 구조기금프로그램 수혜국 중 중·동구권 출신 국가들이 추구하고자 한 사회통합의 노력을 고찰한다.

본 고찰을 통해, 기존 학제적 통념이 주장하는 논의에 대한 실증 작업이 전체 연구의 목적이다. 사실 기존의 학제적 통념은 2004년 이후 유럽연합에 가입한 구공산권 출신 회원국들의 내재적 한계로 인해 공동체의 지역정책을 효율적으로 이행하는 데 어려움이 있고, 따라서 기존 유럽연합 회원국과의 사회 및 경제적 격차를 극복하는 데 다소간의 시간이 필요하다는 것이다(Getimis, 2003). 그러나 이런 주장이 얼마나 신빙성 있는 논의인지를 알아보기 위해서는 보다 구체적 증거가 필요하고, 그 주된 이유는 무엇인지 살펴보아야 한다.

사회통합의 걸림돌이 될 것이라는 기본 주장에 대한 검증이 본 연구의 주요 쟁점이지만, 이런 주요 질문은 기존 통념을 바탕으로 보다 세분화될 수 있다.

첫째, 구조 및 결속기금의 수혜국에서 현재 진행 중인 법적·제도적 개선 작업이 얼마나 진척되고 있는지를 고찰해야 한다. 이런 고찰을 통해, 현재 이들 국가에서 진행되고 있는 유럽화를 살펴보아야 한다. 또한 기존 결속국가에 대한 선험적 사례도 함께 고찰할 필요가 있다. 이상과 같은 일련의 고찰은 기존 결속국가와 신생회원국 간의 비교 분석을 가능케 한다.

둘째, 효율적인 지역정책 이행을 위해서 정부 간 협력이 필요하다. 그러나 여기서 유의해야 할 점은 구공산권 출신 회원국에서 공동체 차원의 지역정책을 수행함에 있어 다양한 형태의 정부 간 협력이 제대로 이루어지고 있는가라는 질문이다. 특히 이들 국가가 현재까지 발전시킨 법적, 제도적 기반을 고려해 볼 때, 이런 종류의 질문은 심층적인 고찰이 필요하다.

마지막으로, 많은 국가들이 소규모 국가로 분류되는 상황에서, 효율적인 지역화를 통한 지역정책이 과연 가능한가를 고찰해야 한다. 특히 본 연구는 기존 결속 국가와 신생 국가들과의 비교 연구를 통해 그 함의를 살펴보아야 한다.

이런 모든 질문들을 고려하여, 본 연구는 기존의 통념적 시각이 어느 정도 타당한지를 고찰할 뿐만 아니라 이 과정에서 발생되는 사회통합이 얼마나 이루어졌는가를 살펴본다. 이런 논의 속에서, 본 연구는 유럽연합이 현재 진행하고 있는 지역정책에 대한 이론적 논의와 함께 실증적 고찰을 병행하고자 한다.

5. 장의 구성

제1장은 본 연구의 주요 주제와 그와 관련된 배경 등을 다룬다. 이런 고찰을 통해, 가장 중요한 논의는 어떻게 연구의 주요 질문이 도출되는가를 살피는 것이다. 따라서 1장에서는 기존 지역정책의 발전사와 그 함의에 대한 논의부터 시작하여 2004년 동유럽으로의 확장이 지역정책에 내포하는 함의와 본 배경에서 발생하는 학제적 통념을 논의한다. 이런 논의 속에서 본 장은 향후 지역 간 격차 해소에 문제점이 생기고 이런 문제점을 기준으로 한 통념적 시각의 적실성에 대한 질문이 왜 중요한지를 논의한다.

제2장은 본 연구를 진행하면서 필요한 이론적 틀을 논의한다. 이를

위해 본 연구의 이론적 틀로 채택되는 다층적 통치이론에 대한 소개와 그 의의만을 단순히 고찰하기보다는 유럽연합 통합에 관련된 주요 제반 이론과의 차별성 및 그 적실성도 논의한다. 이를 위해, 유럽연합의 통합을 설명함에 있어 대표적 논의들인 정부간주의, 신기능주의 그리고 구성주의 논의와의 차별성을 고찰한다. 또한 이런 다양한 통합 이론들이 왜 유럽연합의 지역정책을 이해하는 데 부족할 뿐만 아니라 사회통합이란 대주제를 설명하기에도 적절치 않는지도 함께 논의한다.

제3장은 1장에서 제시한 주요 논제와 2장에서 고찰한 이론적 논의에 근거하여 본 연구의 방법론을 토의한다. 이를 위해, 다음 네 가지 측면에서 방법론을 구성해 보자. 첫째, 2004년 가입한 구공산권 출신 신생회원국들이 지역정책 이행에 필요한 지역화와 분권화를 얼마나 이루었는지를 살펴본다. 둘째, 실제 지역정책에 참여하는 행위자들 간의 수평 및 수직적 공조의 실태를 살펴본다. 셋째, 지역화의 과정 속에 발생할 수 있는 지역 간 격차 확대에 따른 사회 및 경제통합의 정도에 대해 논의한다. 마지막으로 지역정책 이행 과정에서 한 국가 내에서도 문제시되고 있는 지역 간 격차에 대한 논의를 한다. 이런 네 가지 논의를 통해 현재의 지역정책의 실효성과 그에 따른 사회통합 정도를 고찰한다. 이런 방법론적 논의와 함께, 실제 분석 방법과 데이터 구성 등에 관한 논의도 병행한다.

제4장은 실제 사례 조사를 함에 있어 그 첫 번째 사례를 다루는 장이다. 본 장에서는 2004년 확장 이전에 유럽연합의 지역정책의 최대 수혜국을 연구 대상으로 삼는다. 본 장은 사회통합을 위한 실제 유럽연합의 회원국가 중 결속 및 구조기금의 최대 수혜국인 아일랜드, 그리스, 스페인 그리고 포르투갈에 대한 논의에 집중한다. 사실 스페인, 포르투갈, 아일랜드 그리고 그리스의 경제 수준은 기타 회원

국과 많은 차이를 보였기 때문에 지역정책의 최대 수혜자였다. 특히 이런 경제 및 사회적 낙후성의 견지에서 보았을 때, 본 연구의 주요 분석 대상인 구공산권 출신 신생회원국과 유사점을 가진다. 따라서 본 장에서는 기존 서유럽국가에서 시작된 지역정책에 대한 고찰뿐만 아니라, 현재 지역정책의 최대 수혜자가 된 중·동유럽연합 국가들에게 줄 시사점도 함께 고찰하고자 한다. 또한 지역정책 이행 과정에서 실제 사회통합이 얼마나 이루어졌는가도 전술한 방법론과 이론적 틀을 바탕으로 분석한다.

제5장은 본 연구의 두 번째 사례 조사이다. 그 대상국으로는 폴란드, 헝가리, 체코, 에스토니아, 리투아니아, 라트비아, 슬로베니아와 슬로바키아이다. 2004년에 10개국의 신생회원국이 가입하였고 이를 뒤이어 2007년 2개국이 추가로 유럽연합을 가입하였다. 21세기에 가입한 12개 국가 모두 유럽연합의 결속기금과 구조기금의 수혜 대상자이다. 그러나 본 연구에서는 키프러스와 말타 그리고 2007년에 가입한 불가리아와 루마니아를 제외한 2004년에 가입한 8개 중·동 국가에 대한 사례 조사만을 본 장에서 실시한다. 이들 연구 대상국들도 제4장에서 제시된 방법론과 같은 접근을 통해 지역정책의 수월성과 효율성 그리고 그 한계점도 함께 논의한다. 이론 논의를 통해 실제 사회통합의 가능성과 한계성도 동시에 고찰한다.

제6장은 본 연구의 결론 부분이다. 본 장에서는 2004년 확장을 전후로 발생했던 지역정책의 문제점과 그로 초래되는 사회통합의 한계성을 지적했던 통념적 논의의 한계점과 그 실효성을 정리한다. 이런 유럽연합 사례 논의와 함께 실제 한국의 사회통합 노력에 주는 정치, 경제 및 정책적 함의와 시사점도 동시에 논의하며 본 연구의 결론을 내린다.

제 2 장

이론적 논의

제 2 장 이론적 논의

1. 서 론

본 장은 유럽연합이 실시한 사회통합의 대표적 도구 중 하나인 지역정책의 발전과 함의에 대한 이론적 고찰을 그 목적으로 한다. 이런 이론적 고찰을 위해 현재 유럽연합의 지역정책을 설명함에 있어 수월성과 적실성 모두를 인정받는 다층적 통치이론(mutli-levle governance)을 그 분석의 중심으로 삼는다. 그러나 다층적 통치이론이 왜 본 연구의 이론적 토대가 되는지를 살피기 위해 기타 유럽연합 통합 이론과의 비교 분석도 병행한다. 이를 위해, 정부간주의, 제도주의, 신기능주의와 최근 주목받고 있는 구성주의에 대한 논의도 함께 한다. 이와 같은 비교 분석을 통해 본 연구의 이론적 틀과 다음 장에서 논의할 방법론적 기반도 함께 고찰한다.

2. 정부간주의

자유주의적 정부간주의(liberal intergovernmentalism)는 다음 세 가지 전제를 바탕으로 유럽연합 통합을 이해하고자 했다(Moravscik, 1993). 첫째, 이성적 국가에 대한 전제이다. 현실주의자들이 주장하듯이 개별 회원국가가 유럽연합 통합의 주요 행위자이며, 오늘날의 통합은 개별 회원국의 국익을 최대화하는 과정에서 선택된 이성적 행동의 결과라는 것이다. 국내의 다양한 정치 및 경제 주체가 부여한 내부적 압력이 국내정치라는 매개변수로 작용하고, 이에 따라 중앙정부의 행위가 구속되며, 이런 상황에서 개별 회원국의 대외정책의 범위도 결정된다. 특히 여기서 유의해야 할 점은 개별 국가의 대외정책은 자국이 처한 대내외적 환경을 충분히 고려한 이성적 판단의 결과라는 점이다. 둘째, 국가 이익의 형성에 대한 자유주의적 분석이다. 유럽연합 통합의 수요자 측면에 대한 분석으로서, 각 회원국이 대외정책에 임할 때 보인 입장은 행정수반의 이해관계나 선호 이상을 포함한다는 것이다. 사실 한 국가의 이익은 국가와 사회의 관계 그리고 경제적 이익과의 상관관계 및 민간단체의 입장 등 국내정치의 역학관계를 고려하여 형성된다고 보았다. 마지막으로 국가 간 협상에 있어서 정부간주의적 분석이다. 유럽 통합의 공급자 측면의 분석으로서, 유럽연합의 통합 주체가 국가이고 이들 간의 협상이 유럽연합 통합을 주도했다는 시각이다. 따라서 각료이사회, 집행위 등과 같은 유럽연합의 초국가적 기구들은 회원국들 간의 협상에 필요한 대화의 장으로서 역할을 하고, 이런 다자적 대화의 장이 부재 시 발생하는 거래 비용을 최소화하는 역할만을 한다고 보았다.

정부간주의자들은 유럽연합이 통합을 할 때 (민족)국가로 이루어진 회원국이 주된 역할을 한다고 보았고, 회원국이 자신의 이익을 최대화하기 위해 유럽연합이 존재한다고 주장했다. 따라서 유럽연합의 초국가적 기구들은 개별 회원국이 직접 거래할 경우 발생하는 거래비용을 최소화시켜 주는 종속적 비독립적 기구로 강등시켰다. 과거 유럽연합의 발전사를 돌이켜 볼 때 유럽연합의 역사 만들기로 지칭되는 주요 안건의 견인차 역할은 역시 회원국의 이익과 선호도에 기반을 두고 결정되어졌으며 이런 경향은 향후에도 지속될 것이라고 주장했다. 이럴 경우 유럽연합은 기존 국제사회에 존재하는 다수의 국제기구들과 큰 차별성이 없고, 유럽연합은 이들 국제기구들보다 통합된 정부 간기구로 치부될 개연성이 높다.

그러나 이러한 정부간주의적 주장을 반박하는 논의도 주시할 필요가 있다. 윈콧(Wincott, 1995)의 논의가 대표적이다. 그에 따르면, 유럽연합이 정책을 결정하는 데 개별 회원국의 행정수반이 배타적 위치를 가진다는 문제가 있다는 것이다. 따라서 윈콧은 정부간주의자들이 유럽통합을 설명하는 데 이용된 다음 세 가지 전제를 제도주의적 시각에서 반박하고자 했다. 첫째, 개별 국가의 이익의 형성과정을 설명하기 위해 사용된 국내정치에 대한 논의의 한계성을 지적했다. 둘째, 이성적 행위자 논의에 의해 펼쳐진 국가이론은 허점이 있다고 주장했다. 마지막으로 유럽연합이 펼치는 공공정책에 대한 정부간주의적 해석의 허점을 재조명하고자 했다. 이럴 경우, 유럽연합의 운행에 있어 초국가 기구가 독립적이고 능동적 역할을 못한다고 주장하는 정부간주의자들의 시각은 유럽연합의 정체성을 제대로 이해하는 데 걸림돌이 된다고 반박했다.

그럼 지금까지 살펴본 유럽연합 통합에 대한 정부간주의의 논의를 바탕으로 할 때, 사회통합에 있어 지역정책의 역할을 분석하고 이해하는 데 그 유용성은 무엇인가? 정부간주의 이론은 일련의 제도화된 규칙과 국가를 정치적 행위자로 구분하였다. 이런 개념 속에서, 제도들은 독립적인 판단을 하지 않을뿐더러, 어떤 선호나 역할을 하지 않는다. 단지 개인이나 또는 이런 개인들의 집단 또는 유사한 집합체들은 특정 목적 지향적이 된다. 이런 과정 속에 생산된 정치행위자의 집합체들은 자신의 행동을 구속하고 강제하는 공식적이거나 또는 비공식적인 공동의 규범을 생성하게 된다.

또한 정부간주의는 민족국가의 자율성이 훼손되지 않는다고 간주하였다. 따라서 개별 민족국가가 유럽연합의 회원국이 되어도 개별 회원국의 주권이나 자율성은 훼손되지 않고, 오히려 개별 회원국 정부는 유럽연합 통합의 성질과 속도를 결정하는 등 초국가적 발전과 국내 시스템 간의 관계를 결정하는 데 있어 '수문장' 역할을 한다고 보았다(Hoffmann, 1966). 이런 과정에서, 중앙정부는 유럽연합의 정책을 결정할 뿐만 아니라, 지방정부를 유럽연합 차원 업무에 있어 중앙정부와 연계시키는 등 독립적 정부 조직 속에 내포된 정치적 이해관계에 구속하였다.

그러나 개별 회원국이 유럽연합 정책 결정에 있어 주요 참여자임에는 분명하지만, 이들 회원국 정부가 가지고 있는 통제권이 중앙정부에서 초국가적 기구로 이전되고 있다는 점을 정부간주의자들은 파악하지 못하였다. 이로 인해, 중앙정부의 역할을 완전히 부인하지는 않지만, 다층적 통치자들이 주장하듯이 유럽연합 차원의 정책 결정 과정에서의 독립적 위치를 가지는 초국가적 기구나 지방정부의 역할을 이해하지는 못하였다. 따라서 정부간주의는 유럽연합의 통치가 하부구조의 정부(subnational governments)에게 위임되고, 또한 이런 역할이 통합이 진전될수록 증가하는 점을 설명하는 데 편협한 이론이라고 비판받고 있다(Bache, 1998: 22-23).

이런 비판 속에서 유념해야 할 점이 있다. 정부간주의적 시각으로 바라본 유럽연합 통합에 대한 이해는 현재 유럽연합 내에서 추구되고 있는 지역 간 격차 해소와 그에 따른 사회통합을 어느 정도 이룰 수 있는가 하는 문제와 유관하다. 정부간주의적 시각과 접근이 지역정책의 초기 단계에는 그 의의를 가질 수 있다.[1] 그럼에도 진정한 의미의 지역통합과 사회통합은 하향식(top-down) 접근보다는 상향식(bottom-up) 접근이 실효성을 가지지 않는가 하는 질문을 던지게 된다. 이런 경우 장기적인 측면에서 볼 때 정부간주의적으로 바라본 사회통합은 그 한계점이 분명하며, 따라서 정부간주의가 제공할 수 있는 이론적 틀은 한계성을 가진다.

3. 신기능주의

기능주의(functionalism)는 국가 또는 국제기구가 기능적인 필요에 의해 통합이 가능하다는 전제에서 출발한다. 기능주의자들의 주장에 의하면, 무지, 빈곤, 기아 및 질병 퇴치와 전쟁을 방지하기 위해 정치적 협력이 선결조건으로 이루어지면, 국제 경제 분야나 기타 다양한 사회 분야에서 협력이 가능해진다고 보았다. 또한 국가 간의 협력관

1) 4장과 5장의 사례 조사를 보면, 기존의 결속국가나 2004년 이후 가입한 신생회원국의 상당수 국가의 경우, 지역정책 초기 단계에 효율성을 강조한 중앙집권적 접근법이 효율성을 거두었다는 실증적 논의가 있다.

계가 증대되면 협력적인 상호작용도 확대될 뿐만 아니라, 공통의 가치 구현을 위한 기반이 구축된다고 판단하였다. 이런 형태의 관습은 정치 및 군사 분야의 협력으로 파급(spillover)되며, 이런 과정에서 기술전문가(technocrats)의 역할이 중시된다. 결국 기능적 통합은 사적이고 자발적인 비정치적 그룹이 주도한다고 보았다.

기능적 통합을 통한 국가 간의 이해관계를 보다 효율적으로 통치하고자 하는 기능주의자들의 주장에 기원을 둔 논의가 신기능주의(neofunctionalists)이다. 이 이론은 국가들이 왜 그리고 어떻게 주변국과 자발적으로 통합하는 과정에서 자신들의 주권 일부분을 상실하게 되며, 또한 자신들 간의 분쟁을 해결하기 위해 새로운 기술을 습득하게 되는지를 설명하고자 했다(Hass, 1970: 610). 특히 신기능주의자들은 정치적·경제적 통합을 파급효과란 개념을 통해 설명하고자 했다. 파급효과는 크게 두 가지의 함의가 있고 이런 두 가지 함의가 발전된 세 번째 파급효과가 있다. 첫째, 현대 산업 경제는 부품생산에 있어 서로 연관되어 있다. 이런 연계성에 기초하여 유럽연합 내 회원국 간 경제 활동의 상호 연관성이 증가하고, 이에 따라 관련된 분야에 있어 통합이 촉진되는 기술적 압력이 존재한다는 것이 기능적 파급효과(functional spillover)의 요지이다. 둘째, 관련된 국가들 간의 보다 진척된 통합을 선호하는 정치적 압력의 형성을 포함하는 것이 정치적 파급효과(political spillover)이다. 일단 경제의 한 분야가 통합되면, 이 분야에서 종사하는 이익단체들이 통합의 결과로 얻어지는 이익에 민감하게 된다. 따라서 이런 이익단체들은 추가 통합을 지향하도록 자신들의 중앙정부를 로비하게 되며, 이 과정에서 자신의 파트너에게 부여된 이익에 대한 자각으로 인해 다른 이익단체들도 통합을 지향하게 된다. 이런 과정에서, 개별 정부가 느끼는 통합의 압력은 유례없이 높아지게 되며, 이를 정치적 파급효과라고 명할 수 있다. 상기의 두 가지 종류의 파급효과와 함께, 그중요성에 있어서는 의문점이 있으나, 유럽연합 내 통치에 있어 주요한 함의를 가지는 파급효과가 있다. 그것이 바로 유럽연합의 집행위가 통합에 있어 주요 역할을 하며, 이것이 파급효과에 주요한 시사점을 가진다는 것이다. 이것이 바로 배양된 파급효과(cultivated spillover)이다. 집행위와 다른 초국가적 행위자들이 유럽연합 제반의 압력단체 조장을 고무하고, 개별 회원국들의 이익단체 및 공무원들과의 접촉을 배양하게 된다. 이런 과정에서, 이런 이익단체나 개인들은 중앙정부와의 분쟁에 있어 집행위의 잠재적 동맹이 될 수 있다는 것이다(Tranholm-Mikkelsen, 1991).

이처럼 파급효과의 논의를 바탕으로 한 신기능주의의 분석은 유럽공동체 및 연합 발전사에 있어 그 적실성을 어느 정도 인정받고 있다. 특히 1980년 새로운 도약기에 유럽단일시장을 통한 정치적 통합의 시도는 신기능주의적 논의의 대표적 일례이다. 신기능주의는 개별회원국의 주권이 초국가적 권위체에 이양되는 점을 강조한다. 이런 점을 고려할 경우, 다층적 통치이론의 세 가지 전제 중 개별 국가의 주권이 초국가적 권위체에 이양된다는 점에서 그 설득력을 가진다. 이런 논의는 '개별 국가의 정치적 행위자들은 자신들의 충성, 기대 그리고 정치적 행위를 새롭게 신설된 중앙에 이동하게 되는데, 이렇게 중심에 선 기구들은 기존 민족국가들의 입법권을 소유하고 요구할 수 있게 된다'는 하스의 주장에서도 잘 나타나고 있다(Haas, 1958: 16). 결론적으로, 신기능주의자들은 통합에 의해 자신의 이익이 영향 받게 될 압력단체, 정당 및 정부기관과 같은 관과 민의 엘리트들의 실리에 기초한 의도적인 정치적 선택이 유럽연합(EU) 통합사라고 보았다.

그럼에도 불구하고, 신기능주의는 지방이나 지역정부와 같은 하위 단위 정부로 발생하는 개별 주권국가의 권력이양 과정을 설명하지 못한다. 이런 논의의 편협성은 특히 다층적 통치이론가의 비판의 대상이 되고 있다(Marks, 1993: 407). 지역정책을 운용하는 과정에 자연스럽게 지역화와 분권화가 발생한다는 다층적 통치이론가들의 논의와 달리, 신기능주의는 집행위와 같은 초국가적 기구의 역할이 강화되는 과정을 개별 회원국의 지역 및 지방정부와 집행위가 지역정책을 통해 어떻게 연계 관계를 형성하는지는 설명하지 못한다.

뿐만 아니라, 경제통합을 통한 정치적 통합이 가능할 것이란 신기능주의자들의 논의는 설득력이 떨어질 때가 많다. 유럽연합의 발전사를 볼 때 회원국 국익에 영향을 줄 외부적 사건이 발생할 경우 통합의 파급효과와 통합 노력 그 자체가 무산되는 사례들이 있다.[2] 또한 이들이 주장하는 유럽연합의 최종 종착점이 새로운 형태의 연방국이라는 논의도 지역화 및 분권화를 추구하는 지역정책의 특성과는 배치된다. 지역정책은 권력이 중앙으로부터의 분산을 주장하지 반대 방향으로의 권력 회귀현상을 유념하여 그 논리를 펼치지 않는다.

4. 신제도주의

신제도주의(New Institutionalism)는 비제도주의적 정치이론 양식에 구제도주의적 요소를 혼합한 것으로 다음의 세 가지 관점으로 요

2) 1970년대 유럽공동체가 경맥 동화기(EU sclerosis)에 빠졌을 때가 그 대표적 예이다.

약될 수 있다(March and Olsen, 1984). 첫째, 상대적으로 자율적인 사회 정치제도 간의 상호의존성을 강조한다. 이에 따라 선택 자체가 선호에 변화를 일으키며, 자원분배 역시 정치체계 내적으로 결정된다. 따라서 제도, 법 및 헌법 등의 행위자들 간의 게임의 규칙도 정치제도 맥락 내에서 발전되는 것으로 본다. 둘째, 제도들이 서로 다양한 의미를 가지고, 이들은 또한 중첩적인 연관을 가지고 있다. 셋째, 시민의 정치참여로 인한 결과보다는 참여과정 자체에서 유희를 찾으려 한다. 따라서 결과의 우위성을 반박하며, 상징 및 의미작용이 행위의 중심에 있다고 강조한다.

이런 맥락 속에서, 신제도주의는 많은 의제를 다룬다. 첫째, 국가중심적 시각에서 보면 종속적인 역할을 할 수밖에 없는 제도들이 어떻게 독립적 영향력을 갖는지를 논의한다. 둘째, 이 제도 속에서 다양한 계층 간 행위자들이 협력하는 데, 그 과정 속에서 드러나는 복잡성(complexity)을 탐구한다. 마지막으로 유럽연합 통합 과정에 받아들여진 규범과 그 과정에서 나타나는 사회화의 역할을 고찰한다. 따라서 제도는 사회에서 일정 시간을 걸쳐 형성된 개별 대리인들의 편견을 포함할 뿐만 아니라, 이런 편견들은 중요한 분배의 결과를 낳는다. 또한 제도는 다양한 개체 간의 사회 행위나 합리적 경쟁을 그대로 반영하는 수동적 역할을 하기보다는 정치적 결과를 구성하는 능동적인 역할을 한다.

한편 제도란 개념은 크게 두 가지로 나눠 논의할 수 있다. 첫 번째는 공식적 제도(formal institutions)이며, 둘째는 비공식적 제도(informal institutions)이다(Rosamond, 2000: 113-122). 전자의 경우는 여러 가지로 다시 나누어 설명될 수 있다. 합리적 선택 제도주의자들(rational-choice institutionalists)은 공식적인 법 조항, 일련의 의사결정 안 등 자기중심적인 행위자들에게 어떤 의무사항을 부과할 수 있는 제도들을 포함한다. 한편 역사주의 제도주의자들(historical institutionalists)은 제도를 공식적인 규칙, 지켜져야 할 절차, 일반적으로 받아들여지는 시행 등으로 규정한다. 반면 후자(비공식적인 제도)의 경우 그 포함 범위가 훨씬 광범위해진다. 비형식적인 제도는 사상, 이념, 관습, 규범, 그리고 이 규범에 내재해 있는 기호, 정책 기구 및 절차 등을 포함한다. 비록 다양한 형태의 제도주의적 논의가 있더라도, 제도주의라고 지칭되는 모든 이론들은 "제도가 중요하다"라는 전제를 공통으로 받아들인다.

제도주의자들은 어떤 제도적 선택이 이루어졌는가에 따라 가능한 미래의 선택을 예견할 수 있다. 그 이유는 제도가 투명성과 신뢰가 있는 정보를 풍부하게 제공할 뿐만 아니라, 행위자의 선택이나 정책 결과에 있어 중재 변수의(intervening variable) 역할을 하기 때문이다. 따라서 행위자의 선호들과 능력들은 더 큰 제도적 틀 밖에서는 이해될 수 없으며, 주어진 시기의 이용 가능한 선택은 제도들의 능력에 의하여 제한되고 그 제도의 능력은 그 자체로 이전 시기 선택의 산물이다.

그러나 신제도주의는 두 가지의 기본적 문제점을 가지고 있다고 지적된다(Smith, 1988). 첫째, 신제도주의는 배경구조가 가치와 이익이 형성되는 것은 설명해 주지만, 그들 자신의 이익에 대해서는 설명하지 못한다. 결국 신제도주의는 개인의 선택을 간과하는 단점이 있다. 둘째, 신제도주의는 정치행위자의 상대적 자율성을 지나치게 주장함으로써 논점을 잃고 모호해질 우려가 있다. 즉, 어떤 구조가 더 중요하고 또 어느 정도로 중요한지를 알기 어렵게 된다.

이런 신제도주의 자체의 결함은 지역정책을 이해하는 데도 한계를 가진다. 다층적 통치 현상에서 행위자의 자율성에 대한 설명력이 부족할 뿐만 아니라, 지역정책의 이행에 있어 중앙정부나 지방정부의 역할을 결정짓는 개별 구조의 상대적 중요성에 대한 차별적 접근보다는 일괄적인 접근을 하는 경향을 보인다. 따라서 지역정책을 통해 상향적 또는 하향적 사회통합의 실효성에 대한 분석에 한계를 보인다. 지역정책을 효율적으로 이행하기 위해 필요한 보충성의 원칙, 프로그램의 원칙, 부가성의 원칙 등 다양한 원칙들이 지역정책이란 제도를 통해 이행되고 있지만, 이런 제도의 선택적 운영도 결국 개별 행위자의 선택에 기반한 것이다. 예를 들어, 본 연구가 부가성의 원칙 등을 강조하면서, 지역정부의 적극적 역할을 강조하는 당위성의 원칙과 중앙정부 차원의 선택과 집중을 통한 지역 간 균형 발전을 앞당기려는 효율성의 문제의 상관관계를 논의하게 되는데, 이런 논지를 제도주의자가 주장하는 경직되고 일률적인 제도의 특성만을 나열해서 분석하기에는 그 한계점이 있다. 오히려 신제도주의는 명료한 서술적 이론이라기보다는 하나의 운동이라는 비평이 보여주듯이 유럽연합의 다양한 면을 충분히 설명하는 데 한계가 있어 보인다.

5. 구성주의

국제사회를 이해함에 있어 사회구성주의는 물질적인 면에 초점을 두기보다는 사회적인 면을 강조하였다(Checkel, 1998). 구성주의에 의하면, 사회관계에서 행위자들의 정체성과 이익 및 선호도는 외생적으로 부여되는(exogenously given) 것이 아니라, 행위자들 간의 상호

관계를 통해 내생적으로 발생(endogenously derived)한다고 보았다(Wendt, 1992: 394). 자유주의적 정부간주의자들은 상호작용이 일어나는 외부에서 국익이 발생하고 이 발생된 국익은 각국의 행위에 영향을 미친다고 생각했다. 정부간주의자들은 의사결정이 이중 구조 체제로 고정되었다고 보는 반면, 구성주의자들은 협력(또는 상호작용)을 통하여, 행위자들의 이익과 정체성이 변화된다고 보았다. 뿐만 아니라, 개별 행위자들은 공동의 의미(collective meanings)가 부여된 행위에 참여함으로써 자신의 정체성을 얻게 되고, 이는 다시 안정된 정체성들과 이익으로 구성된 안정화된 일련의 구성체인 제도로 환원된다. 제도화란 새롭게 얻은 정체성들과 이익들의 내재화를 의미하며(Wendt, 1992: 391-425), 이처럼 내재화된 제도화는 일련의 인식사회(epistemic community)를 구성하는 데 기여한다. 또한 새롭게 생성된 인식사회는 개별 회원국의 정체성과 이익을 형성하는 데 영향을 끼치고, 그들 행위에 구속력을 가지게 되는 순환적 관계를 가진다.

물론 구성주의 자체에 대한 비판이 없는 것은 아니다(Jachtenfuchs, 2002: 656; Moravicsik, 2001: 185; Smith, 2001: 245). 우선 행위자들의 물질적인 이해관계를 바탕으로 발생한 동기나 그에 따른 행동을 설명하기 어렵다는 것이다. 물론 특정 행위를 분석함에 있어 관념(ideas)적인 요소의 중요성을 인정하면서도, 이 관념적 요소의 의미가 중요한 첫 번째 요소라기보다는 주변적(epiphenomena) 요소라는 주장이 있다. 뿐만 아니라 한 행위자의 정체성이 내부적 관계 속에서 구성 또는 재구성될 수 있다는 논의가 설득력이 있음에도 불구하고, 정체성이 상호관계에 이전에 존재하는 실례도 무시할 수 없다.[3]

---

3) 생물학적인 여성이란 정체성은 한 개인 행위자가 사회관계 이전에 고정된 것이라는 주장이 그 대표적 일례이다.

그럼에도 불구하고 관념적 요소가 중요하다고 강조하는 구성주의 논의는 유럽연합 통합의 원인과 결과와 같은 일련의 과정을 분석하는 데 이론적 실효성을 가질 수 있다. 행위자 중심의 논의에서 벗어나, 사회구성주의는 각 회원국들이 유럽연합이 추구하는 구성적 가치(constitutive values) 및 규범(norms)이 얼마나 수용되는지를 논의함으로써 한 국가의 행위와 유럽연합 속에 제도화로 표명된 지역정책의 수립 및 이행과의 관계를 규명하는 데 도움을 준다(Jorgensen, 1997). 따라서 구성주의자는 지역정책을 분석함에 있어 정부간주의자들과 같은 실증주의자들의 주장과는 존재론적 입장(ontological position)뿐만 아니라, 인식론적 입장(epistemological position)에서 상이성을 표명할 수 있다. 이런 점을 고려해 볼 때 구성주의는 각 구성 행위자들의 정체성에 영향을 미치는 것이 무엇이고 동시에 지역정책과 같이 제도가 그 구성을 이루는 행위자인 회원국의 정체성 규정에 영향을 주는 요소를 분석하는 데 도움을 준다. 구성주의 논의는 유럽연합이 주도하는 지역정책이 학습화나 사회화 과정을 통해 개별 회원국에 전이되며 이런 과정에서 유럽화가 어떻게 진전되는가를 논의함에 있어 나름대로 의의가 있을 수 있다.

그러나 이런 구성주의의 논의는 정부간주의의 이론적 기반을 제공한 전통적인 합리적 이론의 전제에서 주장하는 물질적 조건 등에 대한 논의가 부재함에 따라 본 연구에 이론적 논의를 제공하기는 그 한계성을 보인다. 뿐만 아니라, 지역통합과 사회통합이 어떻게 구체적으로 구현되는지에 대한 방법론적 논의가 미약하다. 다시 말해, 정체성이 지역통합에 있어 주요한 중재변수로서의 역할을 할 수 있지만, 실제 지역정책 이행에 있어 제도 구현이나 제도에 따른 정책 이행 및 손익계산을 평가하기에는 본 이론의 한계성이 있다. 그럼에도 불구하고 지역통합에 기초가 되는 지역 정체성에 대한 논의를 함에 있어 다층적 통치이론에는 부재하는 관념적 요소에 대한 이론적 근거를 제공한다는 점에서는 의의가 있다.

6. 다층적 통치이론

지금까지 유럽연합 통합을 설명함에 있어 대표적 이론으로 간주되었던 정부간주의와 신기능주의, 신제도주의 및 구성주의에 대한 논의를 했다. 비록 이런 논의들이 통합의 일부분을 설명함에 있어 수월성 있다고 간주되나, 본 연구의 주요 분석 대상인 지역정책을 고찰함에 있어 한계가 있음을 알 수 있다. 이에 따라 본 연구는 통념적으로 지역정책을 분석하는 데 있어 그 적실성을 인정받고 있는 다층적 통치이론(multi-level governance)을 고찰한다.

다층적 통치이론은 현실주의에 기반한 정부간주의와는 달리 다원주의적 전통(pluralist tradition)에서 그 이론적 근원을 찾는다. 따라서 다층적 통치이론은 초국가적 기구들이 행하는 독립적 역할과 공동의 의사결정 과정이 유럽연합 내 개별 회원국의 주권을 침해한다는 논의에서부터 출발한다(Mark, Hooghe and Blank, 1996). 정부간주의자들이 주장하는 주권국가의 절대성에 반해, 다층적 통치이론가들은 유럽연합의 의사결정체제에서 힘이 다양한 층의 정부에 의해 공유된다는 주장을 펼쳤다. 농부, 어부 또는 지역정부 등을 대표하는 이익 단체들이 중앙정부를 로비하거나 유럽연합의 기구들에 직접적으로 접촉하고 회원국들 간 비슷한 성격의 이익 집단이 연대하여 유럽연합 집행위나, 이사회의 실무단체 또는 유럽의회에 로비를 하는 과정에서 다양한 층의 정치 및 경제 행위자가 권력을 공유하게 된다.

따라서 유럽연합 통합과 그 통합의 중요한 기제가 되는 지역정책 운용을 이해하는 데 행정부의 역할을 강조하는 정부간주의적 논의의 한계성을 지적하였다. 거시(macro) 수준의 유럽연합 통합을 설명함에 있어 개별 정부의 정치적 결정이 주요 변수라는 논의에 기초한 정부간주의는 실제 유럽연합 통합의 중간(meso) 및 미시적(micro) 수준의 분석에는 한계를 가진다. 중간 및 미시적 수준의 거버넌스를 이해하기 위해서는 행정부와 같은 중앙정부의 역할과 함께, 실제 통치가 발생하는 하부정부 단위 행위자의 역할과 그 함의를 함께 살펴야 한다.

개별 회원국 정부는 국제 사회에서 다른 국내(정치 및 경제)행위자의 활동을 통제하기 어렵게 되고, 이런 과정에서 개별 회원국은 자신의 주권을 이양하게 된다(Mark, Hooghe and Blank, 1996). 그 첫 번째 이유는 주권 이양이 정치적으로 유리하기 때문이다. 둘째, 개별 회원국들이 자신의 주권이양을 반대하기에는 다른 문제들이 가지는 중요성이 크다. 따라서 주권이양도 그만큼 자연스러워진다. 마지막으로, 정부 지도자들은 자국의 주권이 초국가 또는 지역정부 지도자들에게 분산되는 것을 통제하거나 되돌릴 수 없기 때문이다(Marks 1993).

한편 유럽연합 거버넌스에 있어 다층적 행위자들의 출현에 관한 또 다른 논의는 집행위원회의 최근 제안 속에서도 발견될 수 있다. 집행회는 유럽연합 정책의 이행 과정에서 다층적 통치 체제의 중요성을 강조했다. 사실 지역정책의 효율적 운용을 위해서는 중앙정부 주도의 효율성을 강조하기보다는 실제 지역정책의 수혜자인 지역정부,

기업, 시민 단체 등의 적극적 참여가 이루어질 수 있도록, 보충성의 원칙, 파트너십의 원칙, 대응성의 원칙, 프로그램의 원칙 등이 수행될 수 있는 제도, 행정 그리고 법적 틀이 구비되어야 한다는 이론적 논의를 펼치고 있다.

다층적 통치이론은 크게 세 가지 면에서 본 연구를 수행함에 있어 이론적 함의를 가진다. 첫째, 유럽연합 통치에 있어 수직적 연대관계(vertical cooperation)에 대한 논의를 펼치는 데 이론적 적실성을 가진다. 유럽연합의 지역정책을 이행함에 있어, 유럽연합의 구조 및 결속기금의 사용 과정에서 회원국 내의 초국가적 행위자뿐만 아니라 하위정부 행위자와 같은 다양한 형태의 정치 및 경제 행위자들 간의 실질적 권력이 어떻게 집중되며, 분산되는지를 설명할 필요가 있다. 이는 그 무엇보다 보충성의 원칙이 강조되는 당위성과 관련된 의제이다. 둘째, 수평적 공조(horizontal cooperation)에 대한 논의가 필요하다(Hooge and Marks, 2001). 수평적 면에 대한 논의는 특히 정책 네트워크를 논의하는 학자(Peterson and Bomberg, 1999)들에 의해 연구된다. 이런 분류의 학자들은 유럽연합 통합에 있어 수평적 네트워크의 중요성에 대한 논의에 초점을 맞춘다. 이런 논의는 지역정책 그 자체에 대한 분석보다는 연구 및 기술 정책이나 환경 문제에 관련해 개별 회원국의 국경선을 넘어 초국가적으로 형성되는 네트워크에 대한 논의를 통해 다층적 통치의 한 부분을 조명한다. 마지막으로, 유럽화(europeanization)에 있어 다층적 통치 형태에 대한 분석이다. 유럽연합의 초국가적 기구나 정책이 개별 회원국의 제도나 정책에 영향을 미치는 과정에 대한 논의이다. 이런 논의는 크게 두 가지 측면에 대한 논의가 진행된다(Cowles, Caporaso, and Risse, 2000). 우선, 유럽연합의 기구나 정책이 개별 회원국의 기구나 정책과 얼마나 적합한지를 조사하는 적합도(goodness of fit)에 대한 분석이 첫 번째 논의이다. 한편 기존 개별 회원국에 내재된 정치 및 조직적 문화나 거부점(points of veto)의 수 등을 포함한 국내적 중재 변수에 따라 유럽화의 정도는 변화한다는 주장이 두 번째 논의이다. 따라서 다양한 정치 및 경제 행위자가 지역정책의 효과를 최대화하기 위한 작업에서 얼마나 순응하는지를 조사할 필요가 있다.

이런 다양한 주장과 논리를 고려해 볼 때, 다층적 통치이론이 그 어떤 이론보다 지역정책을 분석하는 데 있어 적실성을 보인다. 즉, 지역정책은 초국가정부, 중앙정부, 지역정부, 지방정부 등이 지리적으로 그리고 중첩된 정책 네트워크로 인해 서로 얽혀 다층적 통치가 발생하는 최상의 모델로서, 다층적 통치가 실제 지역정책 이행 단계에서 잘 나타나기 때문에 다층적 통치이론이 분석에 있어 가장 높은 적실성을 가진다(Bache, 1998: 23).

7. 결 론

지금까지 지역정책을 통한 사회통합의 정도를 고찰하기 위한 이론적 논의를 펼쳤다. 상기의 논의를 고려해 볼 때, 본 연구의 이론적 틀은 다층적 통치이론을 근간으로 해야 한다. 그러나 여전히 정부간주의, 구성주의 그리고 신기능주의에서 주장하였던 일부 논의를 받아들여 방법론적 논의를 구성함이 타당해 보인다. 따라서 다음 장에서 방법론적 논의를 전개하기 전에 개별 이론의 적실성과 상관관계에 대한 논의를 정리하겠다.

우선, 정부간주의 이론은 지역정책을 시행함에 있어 일련의 제도화된 규칙과 국가를 정치적 행위자로 정의하였다. 비록 다층적 통치 행위자들이 이행하는 정치 및 경제 행위에 대한 분석의 틀은 제공하진 못했지만, 유럽연합의 지역정책을 수행함에 있어 수문장으로서 역할을 하는 개별 회원국의 위상을 강조하였다. 이에, 정부간주의자들이 논의하는 중앙정부 주도로 실시될 경우 예상되는 지역정책의 효율성과 지방분권화를 통한 다양한 층의 정치 및 경제 행위자들의 참여를 가능케 하는 당위성과의 문제를 논의함에 있어 중요한 논점을 제공한다.

신기능주의는 지방이나 지역정부와 같은 하위단위 정부로 발생하는 개별 주권국가의 권력이양 과정을 설명하지 못한다. 그러나 집행위와 같은 초국가적 기구의 역할이 강화되는 과정이 지역정책 통치과정에 중요한 함의를 가진다. 새로운 권력의 주체로 등장하는 집행위와 같은 초국가적 기구의 역할에 대한 함의도 함께 고찰하기 위해서는 신기능주의의 이론적 논의가 필요하다.

신제도주의는 다층적 통치 현상에서 행위자의 자율성에 대한 설명력이 부족하다는 비판이 있다. 지역정책의 이행에 있어 중앙정부나 지방정부의 역할을 결정짓는 개별 구조의 상대적 중요성에 대한 차별적 접근보다는 일괄적 접근으로 인해 포괄성이 다소 부족해 보인다. 그러나 지역정책을 효율적으로 이행하기 위해 필요한 보충성의 원칙, 프로그램의 원칙, 부가성의 원칙 등 다양한 원칙들이 지역정책이란 제도를 통해 구현된다는 점을 강조함에 있어 이론적 근거를 제공한다.

구성주의 논의는 물질적 조건 등에 대한 설명이 부족하고, 지역통합과 사회통합이 어떻게 구체적으로 구현되는지에 대한 방법론적 논의가 미약하다. 그러나 유럽연합이 주도하는 지역정책이 학습화나 사회화 과정을 통해 개별 회원국에 어떻게 전이되며 이런 과정에서 유럽화가 어떻게 진전되는가를 논의함에 있어 이론적 근거를 제시한다.

마지막으로, 다층적 통치이론은 유럽연합 통치의 수직적 그리고 수평적 면에 대한 논의를 강조하였을 뿐만 아니라, 유럽화에 있어 다층적 통치 형태를 분석하고자 했다. 이에 따라, 다양한 형태의 정치 및 경제 행위자들이 지역정책이 전개되는 다층적 통치 체제 속에 어떻게 상호 및 경쟁 작용을 하는지를 설명함에 있어 이론적 근거를 제시한다.

결론적으로, 각각의 논의가 나름대로의 이론적 틀과 그에 따른 부분적인 방법론적 시각을 제공함에도 불구하고, 본 연구는 다층적 통치이론의 기본 전제를 중심으로 한 방법론적 접근을 시도한다. 물론 이런 주장이 다층적 통치이론을 전적으로 의존해야 한다는 것을 의미하지는 않는다. 오히려 다층적 통치이론을 중심으로 정부간주의, 신기능주의, 신제도주의 및 구성주의가 제시한 이론적, 방법론적 문제 제기도 함께 논의되어야 한다는 것을 의미한다.

제 3 장

방법론

1. 분석의 수준
2. 분석의 대상
3. 데이터

제 3 장 방법론

1. 분석의 수준

지금까지 유럽연합이 어떻게 지역정책을 활용하여 사회통합을 이루는가에 대한 이론적 틀을 다층적 통치이론을 이용하여 고찰하였다. 이에 따라, 본 장은 실제 지역정책을 통한 사회통합 정책이 얼마나 효율적으로 이루어졌는가를 고찰하기 위한 방법론적 접근을 실시한다. 이런 목적 속에, 성공적 지역정책에 필요조건으로 인식되는 다음의 원칙을 우선 정리하고, 이 원칙들이 본 연구의 실제 방법론과 어떤 연관관계가 있는지 논의하면서 구체적 방법론을 확립하겠다.

첫째, 프로그램의 원칙(the principle of programme)은 가장 기본이 되는 원칙으로 프로그램 운영이 안정적이고 합리적으로 진행되는데 필요한 원칙이다. 장기적인 관점에서 볼 때, 모든 의사결정이 협동적이고 조직적으로 이루어져야 한다. 따라서 유럽구조기금의 운영계획을 세우고, 구조기금 운영에 있어 다양한 행위자들 간의 협동적, 조직적 의사결정을 추구한다. 실제 구조기금의 운영은 다년간에 걸친 사업기간 단위로 이루어진다. 따라서 구조기금을 실제 집행하는 사업기간 이전에 충분한 사전 연구 및 각 계층의 필요를 반영한 철저한 프로그래밍 구축이 유럽구조기금의 성공적인 운영의 필수 조건이다.

둘째, 지역정책을 이행하는 데 주요한 원칙이 바로 파트너십 원칙(the principle of partnership)이다.[1)] 파트너십은 프로그램 운영의 준비단계에서부터 실행, 평가과정까지 다양한 정치 및 경제 행위자의 참여를 의미한다. 이에 따라, 집행위원회, 회원국, 지역 간 수직적, 수평적 파트너십이 이루어져야 한다고 강조된다. 모든 이해 당사자들 간의 파트너십이 원활하게 이루어지면 프로그램 구성단계에서 기금 수혜자들의 필요를 충분히 반영할 수 있고 파트너들 간의 의사소통을 통하여 보다 질 높은 프로젝트를 개발하고 선택할 수 있다. 또한 프로그램 이행과정에서 발생되는 문제점들에 대한 의견교환을 통해 이를 수정하고 이런 일련의 과정에서 필요한 해결책도 마련할 수 있다. 이 원칙에 따라, 유럽연합과 개별 회원국, 중앙정부와 지방정부, 그리고 공공부문과 민간부문 간의 연계가 강화되며,[2)] 이 원칙은 결국 구조기금을 지역 단위 행위자의 종합계획 아래 통합하려는 노력의 결과이다.

셋째, 부가성의 원칙(the principle of additionality)이 있다. 부가성은 유럽연합이 제공하는 기금이 회원국의 공동 지출을 보조하는 수단이지 대체수단이 아닌 점을 명시하는 원칙이다. 따라서 각 회원국

---

1) 파트너십의 대표적 구현은 민간단체의 지역정책 이행 과정의 참여이다. 그러나 실제 유럽연합 내에서 활동하는 다양한 형태의 시민 단체들은 지역 대표성에 근거하여 결성되었다기보다는 기능적 대표를 위해 결성 활동 중이다. 특히 통상이나 환경 등 주요 정책결정이 초국가 기구인 EU 기구로 이전됨에 따라 로비스트들은 브뤼셀로 활동무대를 옮기게 되었으며, 또한 정책과 법안을 입안하는 집행위원회도 전문 인력이 부족하기 때문에 특정 정책이나 법안을 입안하려 할 때 이익 단체 등 시민 단체의 의견을 경청하고, 실제 이들의 개입이 증대하고 있는 실정이다. 그러나 실제 유럽연합 내에서 활동하는 시민사회는 상대적으로 미성숙한 것으로 사려된다(송병준, 2007).

2) 이 원칙은 구조기금을 지역 단위의 종합계획 아래 통합하려는 노력의 결과이다.

은 목표별로 지난해의 공동지출 규모 이상을 유지해야 함을 명시하고 있다. 구조기금은 각 회원국에서 수행하는 정책에 부가하여 연합차원에서 추가적으로 지원해 주는 기금이다. 따라서 개별 회원국은 구조기금을 개별국의 공공지출의 일부로 사용하거나 이를 대처할 수 없다. 이에 따라 1986년에서 1988년까지 진행된 구조기금 개혁은 회원국들이 자체적으로 지역개발 계획을 수립하여 집행하는 곳에서 공동체의 추가적 지원이 가능했다. 그러나 원래 계획을 최소화하거나 지원 금액을 축소하는 경우에는 공동체 차원의 지원을 중단한다는 대응성의 원칙이다.

넷째, 집중(concentration)은 본질적으로 구조적인 지원이 가장 필요한 지역에 집중되어야 한다는 원칙이다. 따라서 기금의 분배가 지리적, 재정적, 정책 목표별 어떠한 기준에서건 편향적이지 않고 균형을 유지해야 한다. 이런 과정만이 실제 기금이 필요한 모든 지역이나 계층에게 골고루 분배할 수 있기 때문이다. 구조기금의 수혜집단은 지리적으로나 경제사회적으로 방대하여 모든 지역과 계층에 유럽구조기금을 지원하고자 하다 보면 수혜규모가 너무 작아 기금의 성과를 기대할 수 없는 경우가 있다. 따라서 기간별로 또는 목표지역별, 분야별로 집중적 지원을 해줌으로써 충분한 지원성과를 거둘 수 있다. 이런 원칙이 제대로 운영되면, 결국 기금 사용이 포괄적이 되고, 이와 동시에 기금이 균형적 지역 발전을 위해 필요한 지역에 집중되게 된다.

마지막으로, 보충성의 원칙(the principle of subsidiarity)이다. 이는 지방분권 및 지방자치의 가장 기본적인 논리이다. 모든 공공 사무는 기본적으로 지방정부가 담당하고 중앙정부는 이를 보충하는 역할을 수행한다는 것이다. 또한 이 원칙은 효율성이라는 기능론과 자율성이라는 당위론을 옹호한다. 보충성의 원칙에 따라 지역주민은 지방정부에게 자신들의 구체적 생활문제 해결을 요구하게 되고, 지방정부도 이들 주민의 요구에 대하여 민감하게 대처하게 된다. 이런 과정이 안착되면 지방정부의 대처가 결국 기존의 중앙정부의 대처보다 효율적이 된다. 따라서 중앙정부가 지방 사업에 일일이 개입하는 것은 시간 및 재원의 낭비일 뿐만 아니라 권한의 중복을 초래한다. 주민에 대한 책임성이 큰 지방정부가 공공의 사무를 담당하는 것이 지역주민의 자율적 통치를 의미하는 지방자치의 정신에 부합하고 이는 지역정책 이행에 근간이 된다.

이런 일련의 원칙을 바탕으로, 지금부터 본 연구의 방법론을 지역화 및 분권화, 수평적 공조, 지역 간 균형 발전 및 경제, 그리고 사회수렴 네 분야에 집중함으로써 그 논의의 적실성을 펼치고자 한다.

1.1. 지역화 및 분권화

상기에서 언급한 원칙들을 기반으로, 본 연구는 2004년 가입한 구공산권 출신 신생회원국들의 지역정책 이행에 필요한 지역화와 분권화가 얼마나 이루어졌는가를 살펴본다. 물론 지역화와 분권화가 동시다발적으로 발생하지만, 엄밀한 의미에서 구분될 수 있다. 지역화가 발생하였다고 반드시 분권화가 이루어지지는 않는다. 실제 서유럽과 동유럽 출신 국가들 간의 분권화의 정도는 상당한 차이를 보이고 있다. 그럼에도 불구하고 본 연구에서는 지역화와 분권화를 같은 개념으로 다루고자 한다. 본 연구는 지역화 및 분권화의 차별성과 그에 따른 함의를 고찰하는 것이 주된 목적이라기보다는 사회통합의 과정에서 중앙정부와 달리 지역정부 및 기타 행위자의 참여에 대한 고찰을 주요 목적 중 하나로 삼고자 한다. 이런 연유로, 본 연구에서 의미하는 바는 중앙정부 위주의 하향식 통합과 달리 실제 소비자 중심의 상향식 통합의 과정을 살피기 위해 지역화와 분권화를 큰 틀 속에서 살피고자 한다.

키프로스와 몰타를 제외한 신생회원국들은 구공산권 출신 국가이다. 따라서 이들 국가들은 지역화 및 분권화에 대한 역사적으로나 행정적인 면에서 정통성을 찾기 위한 논의를 계속해서 진행하였다. 에스토니아와 같은 구공산권 출신 국가들은 인구 규모로 보았을 때 소국들로 분류되어 분권화나 지역화를 발전시킬 정당성을 찾지 못하였다. 또한 폴란드, 헝가리 등 그 외 구공산권 출신 국가들의 경우도 과거 공산주의 시절 중앙집권체제를 통한 정치 및 경제 체제의 잔재가 여전히 남아 있다. 따라서 이들 국가들도 지역정책을 원활히 운용하는 데 필수적인 분권화나 지역화를 구축하는 데 필요한 시간이 다소 짧았다는 점을 알 수 있다. 이런 점을 고려해 볼 때, 본 연구는 지역화 및 분권화 정도와 이런 과정이 과연 지역정책의 효율적 운용뿐만 아니라 사회통합에 어떻게 작용했는지를 고찰할 필요가 있다.

지역정책을 효율적으로 운용하기 위해서는 다층적 통치 체제를 정착시키는 것이 필수조건이다. 이런 체제 정비는 지역정책을 효율적으로 이행하는 데 필요한 중요 변수로 작용할 뿐만 아니라, 낙후된 지역 간 격차 해소에 있어서도 주요한 요소로 인식된다. 또한 유럽연합의 통합사를 회고해 보았을 때 지역 간 격차 해소에 대한 재정 지원이 유럽연합 재정[3]의 상당량을 차지하고 있다. 이 점이 바로 사회통

3) 유럽연합 재정은 농업을 위시한 강제지출과 지역정책을 포함한 비강제지출이 있다. 특히 공동농업정책과 지역정책에 관련된 지출은 전체 재정의 90% 정도를 차지하고 있고, 최근 공동농업정책에 관한 지출 중 상당 부분도 농촌 발전기금으로 활용되고 있다는 점을 유념할 필요가 있다.

합의 중요성을 강조하는 유럽연합 지역정책의 기본 틀로 인식되어야 하는 또 다른 이유이다.

따라서 본 연구는 분석의 첫 번째 독립변수로 지역화와 분권화의 진행 정도를 고찰한다. 이를 위해, 지역정책 수혜국의 행정적, 법적 제도화가 얼마만큼 효율적으로 이행되었는지를 고찰한다. 이를 위해 본 연구는 기존의 그리스, 스페인, 포르투갈 그리고 아일랜드와 같은 결속국가들이 보여준 행정적, 법적 그리고 제도적 지역화 및 분권화에 대한 고찰과 함께, 2004년 이후 가입한 신생회원국의 행정, 법 그리고 제도적 지역화 및 분권화 수준을 고찰한다. 이를 위해, 이들 국가들이 보여준 지역화와 분권화의 수준을 유럽연합 또는 공동체 가입 이전에 이루어졌던 정도와 공동체 가입 이후부터 2006년까지 진행되었던 지역화 및 분권화 정도를 비교 분석한다. 또한 이런 지역화 및 분권화 과정이 얼마나 지역정책을 효율적으로 운용하는 데 기여하였으며, 그런 과정에서 어느 정도 사회통합을 이루는 데 기여했는지도 고찰한다.

1.2. 수평적 공조

지역정책의 효율성을 최대화하기 위해서는 지역정책을 담당하는 중앙 및 지방 당국의 수직적 공조도 중요하지만, 해당 관련 부처 간의 수평적 공조도 중요하다. 지역정책의 효율성은 낙후된 지역의 사회 및 경제 격차 해소에 중점을 두고 있는데 이를 위해서는 사회, 경제, 실업, 중소기업 업무 등 다양한 관련 부서 간의 조율 및 협력이 필요하다.

그러나 기존의 결속국가들은 차치하더라도, 2004년 이후 가입한 구공산권 출신 신생회원국의 경우 지역정책 이행에 직접 관련된 부서 및 정부 간의 협조 및 조율이 미비한 것으로 논의되었고 그로 인한 우려 섞인 목소리가 있었다. 또한 이런 현상은 유럽연합 집행위가 원론적으로 요구하는 파트너십의 원칙과 배치되는 현상이다.

이에 따라 구조기금의 효율적 사용과 그 효과를 최대화하기 위해서는 중앙정부 또는 지역정부의 관리 구조 단순화와, 관련 부서 간의 협력을 신장하는 것이 중요하다. 또한 기금의 효율적 관리를 위해 관련 당사들에게 필요한 '노하우'를 잘 전이하는 것도 중요하다고 사려된다(Getimis and Demetropoulo, 2005). 이런 논거 속에 실제 지역정책에 참여하는 행위자들 간의 수평적 공조의 실태를 살펴보아야 한다.

이를 위해 본 연구는 개별 회원국의 지역정책 결정 및 운영의 중심 기구에 대한 고찰뿐만 아니라, 지역정책을 운용하는 데 중점적 역할을 수행하는 정부 부처와 연대하여 실제 지역정책 운영에 참여하는 관련 부서 간의 공조 정도를 평가하고자 한다. 이런 평가를 통해 실제 수평적 공조가 어느 정도 이루어지고 있는지와 그 실효성도 함께 논의한다.

1.3. 지역 간 균형 발전

지역정책의 본래 취지는 국가 간 격차를 해소하기 위한 것이 목적이었다. 그러나 이런 취지를 보다 면밀히 따져 보면, 유럽연합을 더 이상 국가 단위로 구분하여 접근하기보다는 개별 지역으로 구분하여 접근하고자 하는 취지를 간과할 수 없다. 물론 90년대 신설된 결속정책[4]의 경우 그 지원 대상이 국가로 귀결되나, 결속 정책 이전부터 시행되었던 구조기금을 활용한 지역정책의 경우 국가 단위로 지역 간 불균형에 접근하기보다는 한 개의 개별 국가도 NUTS 2와 같은 지역 단위로 재분류하여 접근하고자 하였다.[5] 이런 형태의 지역정책이 이행된 점을 고려해 볼 때, 국가 간 불균형과 함께 한 국가 내 지역 간 불균형을 해소하는 과정을 고찰할 필요가 있다.

국가 간 균형적 지역 발전도 중요하지만, 한 국가 내 지역 간 균형 발전이 중요하다는 전제하에 한 국가의 지역 간 불균형 정도를 고찰한다. 사실 한 국가 내에서 이루어지는 지역정책의 경우라도, 실제 수혜는 특정 지역에만 편중되어 집중적으로 그 지역의 경제 성장만을 돕는 결과를 초래할 수 있다. 보다 구체적으로 논의하면, 낙후된 농촌이나 조선, 기계, 광업 등 이미 그 경쟁력을 상실한 구산업 지역 개편을 위한 일정액의 기금이 할당되었다. 그러나 이런 지역에 할당된 기금의 상당량이 대도시 지역이나 그 외 중심 지역과의 교통망 확충에 집중적으로 투자되었다(McMaster and Bachtler, 2005). 물론 이런 형태의 지역 발전은 도시 지역의 빠른 성장을 도모할 뿐만 아니라, 주변 농촌 지역의 발전에도 촉매제 역할을 해왔음을 부인할 수 없다. 그럼에도 불구하고, 지역정책의 최대 수혜 지역 국가들 내 지역 간 격차 해소 추이를 살펴보면, 여전히 경제 발전이 더딘 지역이 다수로 판명되었고 그에 따른 지역 불균형도 개선되지 않았다. 따라서 도시 내 빈

---

4) 결속기금을 통한 결속 정책의 대상은 일인당 국민총생산을 기준으로 유럽연합 평균 90% 이하인 저발전 회원국이다. 이 기금은 조건적으로 지원되는데, 수혜국이 안정과 성장협약(Stability and Growth Pact)과 같은 경제통화동맹(EMU)의 경제적 수렴조건(Convergence Criteria)을 충족시키지 못할 경우 중단된다.

5) NUTS 구분법이란 Nomenclature of Territorial Units for Statistics의 약자로 NUTS 1, 2, 3의 구분기준은 대상 지역의 인구규모인데 NUTS 1은 인구 300−700만 명이며, NUTS 2는 인구 80−300만 명에 해당하며, NUTS 3은 인구규모가 15−80만 명에 해당한다.

민 지역 확산으로 발생되는 사회적 문제와 그와 연관된 문제를 해결할 수 있는 효과적인 도시정책이 필요하다. 또한 경제적으로 빈곤한 지역들은 하부구조가 부족하여 공공 서비스의 접근이 제한되었다. 이로 인해 실업률이 높아지고 인구유출현상도 빠르게 진행되고 있다. 이런 점을 고려하여 실제 지역화의 과정 속에 발생할 수 있는 지역 간 격차 확대에 따른 사회통합 저해 현상도 다루어져야 한다.

따라서 본 연구는 특히 개별 회원국의 수도와 그 외 지방과의 비교 연구를 시도하고자 한다. 이를 위해 개별 도시 간 일인당 국민 소득 차를 분석하며, 이런 분석 과정에서 지역정책의 효율성과 사회통합의 가능성도 살펴본다.

1.4. 경제 및 사회 수렴 정도

경제 및 사회 수렴이 지역정책의 존재 이유인 것을 고려할 때, 실제 지역정책을 통한 지역 간 격차 해소가 어떻게 조정되었는지를 고찰할 필요가 있다.[6] 본 고찰은 기존의 결속국가와 신생회원국으로 나뉘어 이행한다. 오늘날 아일랜드나 스페인의 경우 구조기금의 수혜 기준인 일인당 국민 소득이 유럽연합 평균 국민 소득의 75%를 상회하지만, 여전히 결속기금의 대상이다. 따라서 그리스와 포르투갈과 함께 이들 결속국가의 사회 및 경제 수렴 정도에 대한 비교 분석을 통해 그 원인 및 함의를 조사할 필요가 있다.

---

6) 1980년대 유럽공동체 확장으로 가입한 라이베리안(Iberian) 반도 국가와 기존 회원국과의 일인당 국민 소득의 격차는 30%였으나, 2004년 동유럽권의 확장으로 벌어진 신생회원국과 기존 회원국과의 국민 소득 격차는 60%로 증가하였다 (Molle, 2007: 27).

또한 2006년 제1차 구조기금프로그램이 마무리되는 시점까지 나타난 구공산권 출신 회원국의 경제 및 사회 수렴 정도는 그리 흡족하지 않다. 이들 회원국들의 경제 및 사회 수렴 정도는 유럽연합 가입 이전부터 우려의 대상이 되었고 몇몇 연구에 의하면 이들 국가들이 기존 유럽연합 회원국의 평균에 도달하기까지는 상당한 시간이 걸린다고 보았다.[7] 그럼에도 불구하고 이들 구공산권 출신 신생회원국의 경제 및 사회 수렴 정도를 고찰할 필요가 있다. 이를 위해, 실제 유럽연합 가입 논의가 시작된 후 이들 국가에서 시행된 지역 균형발전이 어느 정도 사회 및 경제적 격차를 해소하는 데 일조하였는지 분석한다. 이런 사후 논의와 함께, 사전 논의의 성격을 가지는 논의도 함께 시도한다. 즉, 향후 구공산권 출신 신생회원국이 현재의 경제 및 사회적 격차를 해소하기 위해서는 어떤 정책적 선택을 해야 하는지도 함께 모색한다.

첫째, 경제 수렴 정도에 대한 고찰을 한다. 국가별 경제 격차의 추이를 살피기 위해 일인당 국민 소득을 분석한다. 개별 국가들이 유럽연합 또는 공동체 가입을 전후하여 어떤 식으로 국민 소득이 증감하였고, 그 원인이 무엇인지 살핀다. 분석 대상 국가 전체 수준의 일인당 국민 소득의 추이에 대한 분석뿐만 아니라, 한 국가 내에 나타나고 있는 지역 간 국민 소득의 변화도 함께 고찰한다. 특히 국민 소득의 변화를 고찰함에 있어 크게 두 지가 측면에서 국민 소득의 변화와 그 편차를 살펴본다. 첫째, 회원국 간 국민 소득의 변화 추이는 기존 회원국의 경우 1983년부터 지역정책의 주요 변천사가 있었던 시기들을 기준으로 그 변화 추이를 살핀다. 한편 신생회원국의 경우 2000

7) 최소 2-30년이 걸린다는 전망이 지배적이다.

년 이후 2006년까지 제1차 구조기금프로그램이 실시되는 기간 동안 국민 소득의 변화 추이를 살핀다. 둘째, 이들 국민 소득은 1999년까지는 유럽연합 15개 회원국의 평균 국민 소득을 기준으로 그 편차를 살피며, 2000년 이후는 유럽연합 27개국 국민 소득 평균을 기준으로 분석한다.

국내 총생산이 지역 경제통합의 좋은 지표가 되지만, 이것을 사회적 격차가 줄어들고 있다는 결정적 증거로 볼 수는 없다. 상대적으로 낙후된 지역이 겉보기에 만족할 만한 경제 성장률을 보인다고 할지라도 실업이나 취업률 문제 또는 일인당 국민 소득의 격차의 문제는 여전히 남아 있고 이는 지역개발에 부정적 여파를 끼친다(Tondl, 1998: 100). 따라서 실제 지역정책의 이행 과정에서 구조기금프로그램을 통한 지역 간 격차 해소의 정도를 고찰함으로써 사회통합의 가능성도 함께 고찰한다.

1.5. 독립변수와 종속변수 간의 관계

지금까지 네 가지 독립변수에 대한 소개와 그 의의를 살펴보았다. 이런 독립변수와 본 연구가 추구하고자 하는 종속변수인 사회통합과의 관계는 무엇인가? 상기에서 논의하였듯, 유럽연합의 통합과정에서 지역정책이 사회통합에 얼마나 기여하였는가를 고찰하기 위해 지역화 및 분권화, 수평적 공조, 지역 간 균형 발전 그리고 경제 및 사회 수렴 정도를 독립변수로 선정하였다. 이들 독립변수와 사회통합이라는 종속변수와의 관계는 다음 몇 가지로 구분하여 논의할 수 있다.

첫째, 지역화와 분권화는 실제 지역정책의 수혜자가 되는 지방 지역정부의 역할을 분석하는 데 도움을 준다. 지역정부가 다층적 통치

체제 속에서 얼마만큼 자신들이 필요한 요구에 부합하게 지역정책을 운영하며, 그 과정에서 자신들에게 필요한 수혜를 이끌어내는지를 분석해야 한다. 이 독립변수에 대한 고찰은 결국 상향식 사회통합이 필요한 현 시점에서 종속변수와의 상관관계를 가진다.

둘째, 지역 간 균형 발전과 경제 및 사회 수렴도와 같은 변수들의 평가는 결국 유럽연합이 국가 간의 집합체라는 정부간주의적 시각에서 벗어나 지역 간 모임(Europe of regions)이란 논의를 가능케 해주는 밑거름이 된다. 이들 독립변수들에 대한 분석은 개별 지역으로 합쳐진 유럽연합에서 지역정책의 실제 수혜자 간의 통합이 중요하다는 것이다. 개별 단위 지역 간의 격차 해소 과정에 대한 고찰은 유럽연합 전체 차원의 사회통합을 이해함에 있어 상관관계를 가지게 된다.

마지막으로, 수평적 공조는 개별 국가나 지역의 행정 부서 간의 협력 및 갈등이 유럽연합의 다양한 지역에서 발생하는 사회통합의 정도를 어떻게 효과적으로 이루어 가는가를 설명하는 주요한 변인이다. 이런 변인에 대한 이해는 수평적 공조가 결국 사회적 수렴 정도에 어떤 이해 득실관계를 가지는지에 대한 고찰을 가능케 한다.

2. 분석의 대상

상기에서 언급한 이론적 배경과 그 이론적 논의를 바탕으로 형성한 방법론적 개관을 통해 본 연구는 두 가지 사례 조사를 실시한다. 우선 첫 번째로 이행할 사례 조사는 기존 지역정책의 수혜자의 실태

조사를 중심으로 이루어진다.

2.1. 기존 수혜자

1975년부터 시작된 유럽연합의 지역정책은 구조기금이란 명목하에 회원국 평균 일인당 국민 소득의 75% 이하의 회원국을 돕고자 했다. 본 기금은 유럽지역개발기금, 유럽사회기금, 유럽농업지도보증기금, 어업지도기금 등의 4가지 기금으로 구성되어서, 저개발 지역의 경제적 불균등을 감소시키고 경제 및 사회적 응집을 진작시키고자 했다. 본 프로그램의 최대 수혜자는 그리스, 스페인, 포르투갈과 아일랜드이다.

전술한 4개국 모두 지역정책의 최대 수혜자이지만 실제 이들 국가들 중 아일랜드는 다른 국가들의 경우보다 지역정책을 통한 통합의 효과가 가장 효율적인 국가로 간주되고 있다. 예를 들어, 아일랜드가 1973년 당시 유럽공동체를 가입할 때 회원국 평균 GDP의 64%에 머물렀으나, 2008년 현재 유럽연합 회원국 중 가장 부유한 국가층에 속한다. 이런 점을 감안할 경우, 본 연구의 첫 번째 사례 조사로 선택된 그리스, 스페인, 포르투갈 및 아일랜드가 유럽연합의 지역정책을 얼마나 효율적으로 수렴하였는가에 대해 고찰할 뿐만 아니라 이런 과정에서 사회통합이 얼마나 이루어졌는가를 전술한 방법론을 중심으로 분석하고자 한다. 특히 본 연구에서는 기존 서유럽국가 중심으로 시작된 지역정책에 대한 고찰을 통하여 현재 지역정책의 최대 수혜자가 된 중·동유럽 출신 신생회원국에게 줄 시사점도 함께 고찰한다.

2.2. 신규 수혜자

기존 지역정책의 최대 수혜자 중 2004년 유럽연합 가입 회원국 중심으로 두 번째 사례 조사를 실시하고자 한다. 특히 두 번째 사례 조사는 기존 결속국가가 보여준 교훈과 시사점을 충분히 고려한 실증적, 이론적 논의를 바탕으로 실시한다. 이를 위해 본 장에서 선택된 국가는 2004년 이후 가입한 구공산권 출신 회원국이며, 이들 회원국이 지역정책 이행에서 보여준 행태와 이런 과정에서 나타난 사회 및 경제통합 정도를 분석한다.

2004년에 10개국의 신생회원국이 가입하였고 이를 뒤이어 2007년 2개국이 추가로 유럽연합을 가입하였다. 21세기에 가입한 12개 국가 모두 유럽연합의 결속기금과 구조기금의 수혜 대상자이다. 그러나 본 연구에서는 키프러스와 말타 그리고 2007년에 가입한 불가리아와 루마니아를 제외한 2004년에 가입한 8개 중·동 국가에 대한 사례 조사를 하고자 한다.

그 첫 번째 이유는 루마니아와 불가리아가 2007년부터 2013년까지 새로 시작되는 2차 구조기금프로그램의 수혜 대상자가 되지만 2000−2006년까지 실시된 1차 구조기금프로그램의 수혜자가 되지 못하기 때문이다. 본 연구는 2006년에 1단계로 마무리된 구조기금프로그램의 중간 평가의 성격을 가지기 때문에, 구공산권 출신 8개 국가에만 한정된다.

둘째, 키프로스와 말타가 본 연구의 사례 조사에서 제외된 주된 이유는 이들 국가는 2004년 가입한 중·동유럽국가와는 여러 가지 면에서 상이성을 보이기 때문이다. 가장 중요한 원인 중 하나가 바로 공산주의 방식의 정치, 경제 시스템을 공유하지 않기 때문이다.

이에 따라 본 연구는 두 번째 사례 조사의 대상국으로 폴란드, 헝가리, 체코, 에스토니아, 리투아니아, 라트비아, 슬로베니아와 슬로바키아를 선정한다. 이들 개별 국가에 대한 지역정책의 수렴 정도는 유럽연합 가입 이전과 가입 이후로 나누어 고찰하고 이 과정에서 나타난 사회 및 경제적 통합 정도를 고찰한다.

3. 데이터

본 연구를 위한 기본적인 데이터는 2차 자료를 중심으로 이루어진다. 기존 문헌을 통한 정보 수집 및 분석이 주요 수단이다. 이를 위해 기존 연구논문과 각종 통계자료, 정부문서 및 정책홍보자료 등의 문헌을 조사 분석한다. 문헌조사는 1차 자료를 중심으로 하되, 신문과 잡지 기사 웹사이트, 관련된 연구논문 분석 결과도 포함할 뿐만 아니라, 유럽연합이 발간하는 다양한 1차 자료 또한 분석의 대상으로 삼는다. 그러나 본 연구는 실제 현장 조사나 인터뷰는 하지 않는다. 이는 본 연구에 필요한 1차 자료에 포함된 대부분의 내용을 유럽연합과 기존 학계에서 출간한 자료에서 얻을 수 있기 때문이다.

제 4 장

기존 국가에 대한 사례 조사

1. 서 론
2. 아일랜드
3. 그리스
4. 포르투갈
5. 스페인
6. 결 론

제 4 장 기존 국가에 대한 사례 조사[1]

1. 서 론

1975년부터 시작된 유럽연합의 지역정책은 구조기금이란 명목하에 일인당 국민 소득이 유럽연합 평균 75% 이하의 회원국을 지원해 왔다. 그리고 이 프로그램의 최대 수혜자는 그리스, 스페인, 포르투갈과 아일랜드였다(〈표 4-1〉). 3차례에 걸쳐 실시된 지역정책 개혁 동안 나타난 효과를 살펴보면, 우선 그리스와 포르투갈의 경우 국민 총생산이 2-3% 상승하는 경제적 효과를 보였다. 물론 스페인과 아일랜드도 그보다는 약간 낮은 수준의 영향력을 보였으나, 중요한 여파를 끼친 것은 사실이다.

제1차 공동체지원체제(Community support framework)가 시작되는 1983년 그리스와 아일랜드의 국민 소득은 공동체 평균 일인당 국민 소득의 대략 66% 수준이었다. 1986년 스페인과 포르투갈이 가입하는 1986년에도 이들 네 개 국가의 일인당 국민 소득은 크게 향상

1) 본 장 내용의 일부분은 이무성(2009), "유럽연합의 지역정책과 사회통합: 아일랜드와 포르투갈 사례를 중심으로", 『EU 연구』, 제24호에 출판되었음.

<표 4-1> 구조기금과 결속기금의 경제적 여파

	그리스	아일랜드	스페인	포르투갈	4개국 평균
GDP 성장률에 미친 여파(%)					
1989－93	2.6	2.5	0.7	3.0	1.4
1994－99	3.0	1.9	1.5	3.3	2.0
2000－06	2.8	0.6	1.3	2.9	1.6
전체 고정자산 형성(gross fixed capital formation)에 미친 여파(%)					
1989－93	11.8	15.0	2.9	12.4	5.5
1994－99	14.6	9.6	6.7	14.2	8.9
2000－06	12.3	2.6	5.5	11.4	6.9

출처: Closa and Heywood, 2004, p. 206.

되지는 않았다(Commission, 1996: 18). 물론 아일랜드의 경우 처음 구조기금을 받을 당시 상당히 낙후된 국가였으나 유럽연합 회원국이 된 이후 그 위치가 변화하였음을 간과할 수 없다. 예를 들어, 아일랜드가 1973년 당시 유럽공동체를 가입할 때 회원국 평균 GDP의 64%에 머물렀으나, 2008년 현재 유럽연합 회원국 중 가장 부유한 국가층에 속한다. 이런 점을 감안할 경우, 이들 국가들의 발전의 원인과 전망에 대한 진단이 필요하다. 따라서 본 장은 사회통합을 위한 노력의 첫 번째 사례 조사를 실시하며, 그 사례 조사국으로 그리스, 스페인, 포르투갈 및 아일랜드를 선택하였다.

본 장에서 실시할 사례 조사는 앞선 장들에서 언급한 이론적 논의와 그에 따라 형성된 방법론에 근거하여 다음 두 가지 측면에서 실시하고자 한다. 첫 번째로 이행될 분석은 지역정책의 원활한 운용을 위한 지역화, 분권화, 수평 및 수직적 공조 그리고 지역 간 불균형 등이 얼마나 해소되었는가에 관한 질문과 함께 그 배경과 원인이 무엇인지를 고찰하는 것과 연관되어 있다. 또한 이들 국가의 사회통합의 실태와 그 원인 등을 논의하는 과정에서, 다음 장에서 실시될 두 번째 사례 조사국인 구공산권 출신 회원국에게 줄 수 있는 함의도 함께 고찰한다.

2. 아일랜드

아일랜드는 원어로 에이레로 칭하며, 유럽의 북서쪽에 위치해 있다. 아일랜드 섬의 6분의 5가량을 차지하는 아일랜드 공화국은 영국의 북아일랜드와 국경을 접하고 있으며, 동쪽으로는 아일랜드 해가 있으며, 서쪽으로는 대서양과 접하고 있다. 아일랜드는 70,282km^{2}의 면적에 약 420만 명의 인구를 가지고 있는 소규모 국가이다. 2006년 제3차 공동체지원체제가 끝날 당시 아일랜드의 1인당 국민 소득은 약 3만 6천 유로로 유럽연합 내 부국 집단에 속하게 되었다. 그러나 오늘날의 눈부신 발전과는 사뭇 다르게, 30년 전 공동체 가입 당시 아일랜드는 낙후된 지역이었다. 가입 당시 아일랜드의 일인당 국민 소득은 공동체 평균의 35%인 빈국이었으나 오늘날 아일랜드의 일인당 국민 소득은 유럽연합 평균보다 거의 20% 상회하는 수준이다.

아일랜드는 결속국가 중에서 가장 놀라운 경제 및 사회적 발전을 이룩한 국가이다. 오늘날 아일랜드를 켈트의 호랑이(Celtic Tiger)라고까지 부른다. 물론 아일랜드 경제 발전의 동력은 다양한 분야에서 나왔다. 국가와 기업 간의 조합주의식[2] 파트너 협정, 성장 중심 정책이나 긴축 재정 정책 같은 것이 원인 중 하나로 꼽히고 있다. 그럼에

2) 조합주의(corporatism)는 북유럽 국가에서 흔히 나타나는 정부, 기업 및 노동 조업 간의 타협을 통한 국민 통합의 정치사회적 형태를 지칭함.

도 불구하고, 아일랜드의 경제 성장에 있어 공동체 차원에서 지원되는 구조기금의 역할을 무시할 수 없다. 또한 공동체 차원에서 지급되는 기금 수혜 과정에서 아일랜드의 제도나 관련 통치 체제의 변화를 초래한 유럽화의 여파도 소홀히 다룰 수 없다. 이에 리스(Rees, 1997)는 중앙정부 차원이나 지방정부 차원에서 반발이 있었지만, 유럽연합 회원국으로서 부가되는 압력에 실용적으로 적응하였고, 이에 준하는 행정 및 법적 제도 정비를 하였다고 주장하였다.

그러나 아일랜드는 다른 결속국가와는 한 가지 분명한 차이가 있다. 소규모 국가인 아일랜드는 상당히 중앙집권적 형태의 행정부 체제를 발전시켰다. 이에 따라 행정조직은 의도적인 고립과 독립이라는 구조 속에서 진화하였고, 지방정부 차원의 기능은 다른 중앙집권적 회원국과는 달리 상당히 제한적으로 생성되었다. 따라서 약 4백만 명의 인구를 가진 아일랜드는 수도를 중심으로 경제, 사회 및 문화 활동이 집중적으로 일어났으며, 급속한 속도로 농촌 사회에서 도시 사회로 변화되었다. 이런 변화는 실제 정치, 행정조직 및 문화에도 영향을 미쳤다. 그 과정에서 지역정책을 통한 지역화와 분권화 그리고 이와 함께 발생한 사회 및 경제통합의 노력도 중요한 함의를 가졌다.

2.1. 지역화 및 분권화에 대한 평가

아일랜드는 유럽공동체 가입 후 지역정책이란 틀 속에서 경제 및 사회 발전을 이룩하려고 노력하였다. 특히 본 정책의 효율성을 최대화하기 위한 노력으로 지역화 및 분권화를 추진하였다. 그 수용 정도를 알기 위해 수직적 공조와 수평적 공조로 구분하여 고찰해 보자.

우선 수직적 공조의 성과와 그 한계성에 대해 논해 보자. 아일랜드는 중앙집권적 국가이며, 아일랜드 헌법에 따라 행정, 입법, 사법부의 기능과 권한이 엄격히 분리되어 있다. 양원제(Oireachtas)에 따라, 41개 선거구에서 선출된 166명의 의원으로 구성된 의회와 상원[3])이 존재한다. 이처럼 중앙집권적 형태를 띤 아일랜드의 행정조직은 제한적인 수직적 공조만을 허락하였다.

1973년 유럽공동체 가입 전 지역정책에 대한 논의는 거의 전무하였고, 지역 발전을 통한 재분배를 다루는 문제에 있어서도 형평성 및 일관성이 부족하였다. 구체적으로 살펴보면, 1973년 공동체에 같이 가입한 영국이나 덴마크와 같은 회원국에 비해 아일랜드의 지방정부의 기능은 상대적으로 제한되어 있었다. 공동체 가입 후 오랫동안 지역 및 지방정부 설립을 위한 노력이 있었으나, 이들 지방정부의 역할은 제한적이었고 그 권한도 중앙정부 통제 체제하에 머물러 있었다. 특히 지방정부 책임은 의료, 교육, 경찰 및 사회 복지와 같은 분야에서 상당히 제한되었다. 또한 지역 의회에 부여된 권한과 이들 의회가 가용할 수 있는 재원도 제한되어 있었다. 뿐만 아니라, 1991년까지 지방정부법(Local Government Act)에 명시된 이외의 권한을 지방정부가 행사할 경우 월권으로 간주되었다. 따라서 1963년 제정된 지방정부법에 따라 지방정부는 산업 및 상업 발전을 촉진하는 목적일 경우에만 법적으로 개입할 수 있는 권한을 부여받았다. 그러나 이런 법적 행보에도 불구하고, 지방정부 자체는 지방 경제 발전의 견인차 역할을 하지 못했을 뿐만 아니라, 재정도 중앙집권적 관리 체제하에 있었고 그에 따른 중앙정부의 의존도도 상당히 높았다(Rees, Quinn and Connaughton, 2006: 55).

---

3) 상원은 60명의 의원이 있는데, 이 중 49명은 직업 및 대학 패널에서 선출되며, 나머지 11명은 총리에 의해 지명된다.

지방정부 단위 제도에 대한 학습 패턴도 상당히 산발적이었다는 점도 간과할 수 없다. 1985년에서 1993년까지 시행된 제1차 공동체 지원체제 기간 동안 지방정부의 지역정책 참여도는 미비하였다. 지방정부의 미비한 참여에도 불구하고, 분권화의 노력이 전무한 것은 아니었다. 1988년 이후 공공 행정 서비스를 제공하는 8개 지방 당국이 설립되었다. 그러나 그 한계는 분명하였다. 예를 들어, 지방 의회나 지방정부에게 부여되었던 기능이나 재정은 제한적이었고, 아일랜드의 지역정책 운영은 중앙정부 중심의 세력 균형 속에 진행되었다.

2차 공동체지원체제 기간 동안에도 중앙정부와 그 산하에 있던 지역개발 관련 부서가 지역정책 거버넌스의 주요 역할을 하였다. 특히 1999년까지 아일랜드는 하나의 지역(NUTS 2)으로 간주되었기 때문에 유럽연합의 구조기금은 중앙정부를 통하여 집행되었다. 따라서 지역 발전에 필요한 정치, 의회 그리고 행정 체제의 발전이 지연되었다(O'Donnell, 2000). 결국 행정적, 법적 제도의 미완과 함께 소규모 국가가 가지는 행정상의 특질로 인해 지방정부나 지역이라는 정체성이 존재하지 않았다.

그러나 아일랜드의 제도 및 법적 구조는 영국의 중앙집권제와 비슷하지만 지역화의 가능성을 완전히 배재한 통치 구조로 발전한 것은 아니다. 비례 대표를 기준하며, 수상 이외에 대통령도 존재하였다. 또한 통치의 패턴이나 중앙정부의 의사결정에 영향력을 끼칠 수 있는 정치 체제가 발전되었다. 그 대표적인 근거가 바로 주(county)이다. 주는 지방 행정조직의 근간을 이루며, 지역화 및 분권화의 기수 역할을 하였다.[4)]

---

4) 물론 주(county) 밑에 아일랜드 도시 중 80개 시에 자치체(municipal) 체제가 있지만 지방 행정조직의 근간을 이루지는 못한다.

회원국으로서의 의무 사항을 준수하는 과정에서 발생되는 내부 변화가 있었다. 지역정책의 경우 지역화 및 분권화로 대변되는 유럽화였다. 유럽화의 과정은 아일랜드 국가 정책 과정 및 행정조직에 적지 않은 변화를 초래하였다. 행정 분야 구조조정을 통해 각 부서에 맡겨진 역할을 수행하려고도 했고, 정책 기제를 통한 조정이나 협력도 하였다. 지역정책 이행에 있어서도 유럽화가 가속화되었다. 지역 단위의 파트너십이 생성되었고, 비정부기구의 역할도 강화되었다. 실제 정책 과정에서 비정부기구들의 참여가 확대되었을 뿐만 아니라, 이행 및 계획 단계에서도 적극적인 참여가 있었다.

유럽연합 공동체지원체제의 변화와 함께 수직적 공조의 가능성을 향상시킨 경우도 있었다. 1985년에서 1993년까지 시행된 제1차 공동체지원체제 기간 동안 지방정부 단위의 행위자의 참여도는 미비하였다. 그러나 1988년 채택된 파트너십 원칙이 강조됨에 따라, 중앙과 지방 수준의 협조가 시작되었다. 1991년 재정된 지방 당국법에 따라, 8개 지방정부가 설립되었고 이들 정부는 구조 및 결속기금 배치를 조언하는 평가기관으로 활동하였다. 또한 지방정부 신설을 돕는 공공 행정 서비스가 목적인 8개의 지방 당국도 1988년 이후 설립되었다. 2000년에서 2006년까지 시행된 국가발전계획에서 중앙정부의 주요 권한이 이양되었고, 중앙정부가 아닌 두 개의 지방 의회가 지역 이행 프로그램의 책임을 부여받았다는 점은 의미 있는 행보였다.

지역정책의 원활한 이행을 위한 수평적 공조도 있었다. 물론 수평적 공조는 중앙정부 차원에만 국한되었지만, 나름대로 그 의의가 있다고 볼 수 있다. 유럽연합 정책 관리의 중추적 역할을 하는 아일랜드의 담당기관은 외교부, 수상실(Taoiseach's Office)과 재정부였다. 이들 기관들은 정부 부서 및 비서실 그룹(the Ministers and Secretaries

Group) 속에서 유럽연합 관련 정책에 대한 조율을 하면서 중추적 역할을 담당하였다. 본 그룹에서 실제 업무를 관장하는 고위 공직자들은 한 달에 한 번씩 만나 이루어지는 부처 간 협의에서 주요 역할을 하였다(Laffan, 2000, 132).

수평적 공조가 원활하게 진행된 또 다른 이유는 아일랜드 행정 운영의 소규모성에 있다. 유럽연합이 지원하는 프로그램 운영에 필요한 제도가 복잡하지 않아, 실제 정책 결정과정에서 훨씬 비공식적인 접근이 가능했다. 공동체 업무를 관장하는 개별 부서의 공무원들 간의 상호 유대가 강하였고, 정책을 처리하는 과정은 실용적이며 즉흥성이 많이 가미된 유연성을 보였다. 또한 정책에 관여하는 공무원들은 전문적 지식을 가지고 있는 수가 적기 때문에 타 부서와의 긴밀한 관계를 통해 전문 지식을 공유해야 했으며, 지역정책에 있어서도 이런 성질의 수평적 공조가 그대로 나타났다(Adshead, 2005: 168).

결론적으로, 현재 아일랜드가 유지하고 있는 체제는 중앙집권적 통치 체제이다. 이 체제가 유지될 수 있는 이유는 본 체제가 지방조직의 역할을 그리 제한하지도 않았고, 지역정책의 원래 취지에도 거스르지 않았기 때문이다. 집행위의 묵인도 무시할 수 없다. 귀감이 될 만한 경제적 성공은 결국 아일랜드와 기타 회원국과의 사회 및 경제적 격차를 해소시켜 주었고 이는 집행위의 선택에 중요한 영향을 미쳤다. 오히려 지역정부의 학습화와 적응력을 높여주는 효과가 있는 점진적 지역화가 지지되었고 이로 인해 아일랜드의 지역정책 효과가 최대화되는 결과를 낳았다. 따라서 소규모 국가인 아일랜드가 지역정책과 그에 필요한 지역 통치 체제가 미약하였음에도 불구하고, 아일랜드가 지난 수십 년간 보여준 통합된 접근법은 소기의 성과를 거두었다. 지역 경제 발전을 위한 지역정책 개발과 집행에 있어 지역 참여가 높아졌고, 그 과정에서 어느 정도의 분권화도 발생하였다 (Mcmaster, 2008: 96).

2.2. 결속 정도에 대한 평가

아일랜드가 보여준 사회 및 경제적 격차 해소는 가히 성공적이라 평가될 수 있다. 성공의 조건들을 살펴보면, 유럽연합의 지역정책에 대한 열정적 참여를 첫 번째 원인으로 손꼽을 수 있다. 또한 혁신과 실험에 적극적이었고, 유럽연합의 요구를 기회로 바꾸었다. 특히 지역정책에 필요한 조직을 적극적으로 정비하면서 다양한 계층의 행위자들의 참여를 이끌어 냈다. 따라서 경제 및 사회적 격차 해소를 위해서 아일랜드가 보여준 노력의 결과는 기존 결속국가들의 수준을 훨씬 상회할 뿐만 아니라, 유럽연합 전 회원국의 평균을 상회하였다.

아일랜드의 경제 발전의 동인은 여러 가지라고 본다. 1987년 재정 분야의 조정 이후 있었던 거시 경제 관리나, 1986년과 1992년에 감행되었던 아일랜드 파운드화의 평가 절화를 통한 수출 상품의 경쟁 우위가 그 첫 번째 동인이었다. 그리고 미국의 해외 투자 유인을 위한 적극적 산업 정책과 교육에 대한 대대적인 투자도 주요 원인 중 하나로 꼽힌다. 한편 노동조합, 농민 및 세금 감면을 합의한 사측 등이 참여하고 3년 동안 지속되었던 사회 파트너십 프로그램 등도 주요한 견인차 역할을 하였다(Kirby, 2004: 308). 여전히 논란의 여지가 있지만, 유럽연합이 지급한 상당한 양의 구조 및 결속기금의 순기능적 역할도 무시할 수 없다. 예를 들어, 1991년 아일랜드가 유럽연합으로부터 받은 기금은 아일랜드 국민 총생산의 6.5%를 차지하였다. 또한 1991년에서 2002년까지의 경제 성장률을 살펴보면, 지역정책을 통한 자금 조달이 없었더라면 당시 달성한 경제 성장률보다 2.8% 낮은 경제 성장을 이루었을 거라는 연구도 있다(McMaster, 2008: 96). 이처럼 아일랜드는 다른 유럽연합 회원국과 비교해 보았을 때 지역정책으로부터 상당한 수준의 수혜를 받은 국가라고 볼 수 있다.

또한 수도 더블린 주의 고속도로 건설에 있어 유럽연합의 기금은 주요한 역할을 하였다. 2000년에서 2006년까지 아일랜드 하부 구조 건설에 필요한 유럽연합의 구조 및 결속기금의 규모는 45억 달러에 다다랐다(Duff, 2007: 8). 이처럼 구조기금은 아일랜드의 경제 및 사회 발전에 필요한 하부구조 건설 프로젝트에 주요한 재원이었으며, 결국에는 경제 및 사회 발전에 긍정적 기능을 하였다(Barry, 2003: 909). 또한 유럽연합이 제공한 구조기금을 그리스나 포르투갈의 경우 공짜(free lunch)로 여겼던 반면 아일랜드는 본 기금을 인력개발에 집중 투자함으로써 장기적인 면에서 긍정적 효과를 낳았다(Vanags and Pobyarzina, 2005: 194).

사회 및 경제적 격차 해소의 원인은 여러 가지로 설명될 수 있으나, 그 효과는 확연해 보였다. 구체적으로 살펴보면, 아일랜드의 경제 상황은 1990년대부터 급변하였다. 1990년에서 1995년 사이 평균 5.14%의 성장을 구가했으며, 1996년부터 2000년까지 9.66%의 연평균 성장률을 보였다. 이에 따라 일인당 국민 소득의 변화가 있었다. 공동체 가입 시기에 있어 일인당 국민 소득은 영국의 63%에 불과했으나, 1990년에서 1995년 고속 성장으로 구가하는 기간 동안 기존 유럽연합 회원국들과의 격차를 줄이기 시작하였다. 특히 1990년대 말 일인당 국민 소득은 독일이나 영국의 일인당 국민 소득을 상회하였고, 오늘날에는 유럽연합 회원국 중 최상위층 국가 중 하나가 되었다. 2006년 1차 구조기금 프로그램이 마무리되는 시기의 아일랜드의 일인당 국민 소득은 유럽연합 27개 회원국 평균의 143%에 다다랐다〈표 4-2〉. 명목적으로나 실질적으로 아일랜드와 기타 회원국과의 경제적 격차 해소 효과는 기대 이상이었다고 평가될 수 있다.

경제적 격차 해소와 함께 사회적 격차 해소와 같은 사회통합의 주요 지표 중 하나가 바로 취업률과 실업률의 변화 추이이다. 급속한 경제 성장과 함께 취업률의 변화도 있었다. 1990년 말부터 2006년까지 취업률은 60% 초반에서 60% 후반으로 점진적 증가세를 보였다. 또한 실업률의 추이도 긍정적 지표를 보였다. 1차 공동체지원체제가 실시되는 시기였던 1983년의 실업률은 두 자리 수인 14%였다. 이런 현상은 2차 공동체 지원체제가 시작될 때인 1996년도에도 호전되지 않아 15.6%를 보였다. 그러나 악화 일변도의 추세가 2차 공

〈표 4-2〉 아일랜드의 일인당 국민 소득

연 도	1983년	1988년	1993년	1995년	1999년	2000년	2006년
EU 27 평균(PPP)					100.0	100.0	100.0
EU 15 평균(PPP)	100.0	100.0	100.0	100.0			
일인당 국민 소득(PPP)	63.6	65.0	80.2	89.9	127	131	143

출처: 다양한 eurostat.

〈표 4-3〉 아일랜드 취업 및 실업률

연 도	1983년	1989년	1993년	1999년	2000년	2006년
EU 27 평균실업률	–	–	–	–	8.7%	8.2%
EU 15 평균실업률	–	–	10.5	–		
전체 노동자 대비 실업률(%)	14.0	15.0	15.6	5.7	4.2	4.4
EU 27 평균취업률				61.8	62.2	64.4
전체 노동자 대비 취업률(%)				63.3	65.2	68.6

출처: 다양한 eurostat.

〈표 4-4〉 아일랜드의 지역 간 격차(실질구매력 수준의 1인당 국민 소득)

	EU 15=100	EU 15=100	EU 27=100
	1988	1998	2004
Border, Midland and Western	na	79.3	100.1
Southern and Eastern	na	118.5	156.5

출처: Commission(2001; 2007).

동체지원체제가 끝나고 3차 공동체지원체제가 시작되는 시기에서부터 변화되기 시작했다. 3차 체제가 끝나는 2006년에는 반전된 모습을 보였다. 2006년 유럽연합 27개국 평균이 8.2%였지만, 아일랜드의 경우 4.4%로 그 절반 수준으로 떨어졌다.

상기에서 살펴본 것처럼 국가 차원의 사회 및 경제적 발전이 있었던 것은 분명하다. 그러나 이런 발전이 반드시 지역 간 균형 발전을 가져오지는 않았다. 1993년 이후 눈부신 경제 발전을 이룩하였으나, 아일랜드 내 지역 간 불균형은 완전히 해소되지 않았다. 아일랜드는 기타 결속국가에 비해 지역 간 불균형이 심하지는 않지만, BMU 지역으로 분류되는 볼덜지방(the Bolder), 중부지방(Midlands) 및 서부지방(West)에서 나타난 경제적 격차는 무시할 수 없다. 〈표 4-4〉에서 보여준 것처럼 1980년대나 1990년대의 지표를 볼 경우 이들 BMU 지역은 남부 및 동부 지역에 비해 경제적으로 낙후된 것으로 나타나고 있다. 경제적 격차를 측정하는 지표이자 목표 1 지역[5)]으로 구분되는 기준인 이들 지방의 당시 일인당 국민 소득을 살펴보면 구조기금 수혜의 기준인 유럽연합 평균 소득의 75%에 겨우 근접한 것으로 나타났다.

5) 목표 1 지역(Objectives 1)은 저개발 지역, 소외지역 그리고 인구 저밀도 지역을 의미하며, 이 지역은 유럽사회기금, 농업지도보증기금 그리고 유럽지역발전기금 등의 2/3 이상이 지원된다.

3. 그리스

그리스는 그리스어로 엘라다라 불리며 수도는 아테네이다. 그리스는 발칸 반도의 남단에 위치해 있으며, 국토의 크기는 131,957km^2이며, 하나의 반도와 약 2천 개의 섬으로 이루어져 있다. 본토 이외에도 크레타 섬 및 로도스 섬, 레스보스 섬을 비롯한 에게 해의 수많은 섬들과 이오니아 해의 케르키라, 케팔로니아, 자킨토스 섬 등으로 이루어졌다. 산지가 많아서 그리스 전체의 5분의 4가 산악지대로 분류된다. 그리스의 인구는 2004년 다수의 이민자를 포함하여 1,100여만 명이다. 많은 섬과 산악지대로 구성된 분산된 국가인 그리스의 균형적 발전은 쉽지 않았고, 그에 따른 지역 간 불균형도 난제로 자리잡고 있었다.

1981년 유럽공동체 가입 당시 그리스의 일인당 국민 소득이 유럽공동체 평균에 미치지 못하였고 산업 구조도 1차 산업에 의존한 낙후된 경제 시스템을 가진 국가였다. 경제적으로 낙후되었음에도 불구하고 그리스 내 정치적 민주화를 정착시키고자 한 공동체 회원국의 열망은 그리스가 공동체 회원국 지위를 부여받는 데 일조하였다. 이후 지역정책의 많은 수혜를 입으면서 그리스는 다른 지역과의 사회 및 경제 격차를 좁혀나갔다. 2006년 1차 구조프로그램이 마무리되는 시점의 일인당 국민 소득은 유럽연합 평균의 97%에 이르렀다. 그러나 그리스의 사회통합에 있어 지역정책의 유용성과 함의에 대한 논란은 완전히 해소되지 않았다. 지금부터 그 이유를 살펴보자.

3.1. 지역화 및 분권화에 대한 평가

근대 그리스 국가 탄생 이후 정치 체제는 상당히 중앙집권적이었다. 중앙정부가 주도하는 국가 발전 방향을 선택하였고, 1974년에 독재 정부의 교체와 함께 지방정부 단위의 행정조직은 이원적으로 구성되었다. 중앙정부의 연장선으로 인식되는 도(prefecture)와 1단계 지방자치 정부가 지방자치의 근간이 되었다. 기초적인 지방정부의 틀은 존재하였으나, 이들 조직들의 자치권은 미비하였다. 당시 주요 관심사는 행정조직의 분권화나 이에 관련된 개혁이라기보다는 이제 겨우 민주화된 그리스 정부의 헌법적 정당성을 복원하는 것이었다(Petrakos and Psycharis, 2006: 13).

1981년 유럽공동체 가입 당시 그리스의 지방 조직으로는 중앙정부 산하에 55개의 도(prefecture)와 중앙정부가 임명한 도지사가 전부였다. 지방자치 정부의 권력과 책임은 제한되었고 지방 재정 또한 충분하지 않은 상태에서 분할된 업무에만 치중하였다(Demetropoulou, Getimis and Vasilis, 2006: 28). 강력한 중앙집권제와 정당 정치의 전통에 따라 지방정부 체제의 효율성이나 중앙정부 차원에서 발생하는 의사결정 과정에 있어 적극적 참여가 결여되었을 뿐만 아니라, 가입 후 실제 지역정책을 이행하는 데 필요한 행정적, 법률적 측면의 효율성도 떨어진다는 비판이 있었다. 또한 시민 사회의 역할도 미약하여, 사회 각계각층의 협력을 도모하는 문화도 미약하였다.

정책 입안 과정에서도 전문가 및 비정부단체들의 관여가 제한되는 등 파트너십 및 사회 주체 간 네트워크 형성도 미비하였다. 그리스가 보여준 지역정책 규범과 그 이행 행태는 유럽연합의 지역정책 조건들과 양립하기 어려워 보였기 때문에, 공동체 회원국 가입을 전후하여 행정, 법 그리고 제도적 개혁이 필요하다는 외부적 압력이 가중되었다. 특히 지역정책 분야에 있어 변화가 필요했다. 구체적으로 언급하면, 행정조직의 분권화, 조직의 정비, 모든 거버넌스에 있어 비국가 행위자의 확대된 참여와 지역정책의 계획 및 이행 단계에 있어서의 변화가 필요했다. 또한 사회 파트너십 형성과 네트워크 구축이 필요했으며, 이런 과정은 결국 유럽연합으로부터의 요구 사항에 부합하는 행보였다.

1981년 유럽공동체 회원국 가입을 전후하여 그리스의 행정조직에 유럽화 현상이 나타났다. 지역정책 통치에 참여하는 행위자나 기관들에게 필요한 힘, 선택권 그리고 재원의 분배가 일어나기 시작했다(Verney and Papageoriou, 1993). '통합지중해프로그램'(Integrated Mediterranean Program, IMPs)[6)]이 추진되면서 유럽공동체는 1985년에서 1986년까지 지역 차원의 정부 수립을 위한 주요한 역할을 하였다. 그리스도 1622/86 법안을 채택하면서 13개 지방 행정단위로 개편되었고, 이런 과정에서 행정의 조직화 및 분권화를 시도하기 시작하였다. 분권화에 따라 프로그램 원칙과 파트너십 원칙이 도입되었고, 그리스의 하부정부 조직들도 새로운 역할을 맡게 되었다. 통합지중해프로그램에 의해 소개된 보충성과 파트너십 원칙에 따라 그리스는 6개 지역으로 분할되고 재편되었다.

공동체지원체제[7)](Community Support Frameworks(CSFs)) 이행에

---

6) 1985년에 만들어진 지중해 국가들에 대한 유럽공동체의 지원프로그램으로, 당시 유럽공동체 가입 준비 중에 있던 그리스의 요구로 시작되었다. 당시 그리스는 기존의 회원국들과 경제구조와 발전 수준에서 크게 차이가 있었기 때문에 특별한 조치가 필요했다. 이에 따라 통합지중해프로그램은 7년 동안 지중해 지역의 사회경제적 조건을 개선한다는 목적으로 만들어졌다. 유럽공동체는 구조기금과 유럽투자은행의 재원을 활용하여 주로 농업부분의 현대화사업에서 이 프로그램을 운영하였다.

있어 향후 지방 조직의 주요 근간이 될 NUTS 2 수준의 13개 행정 지역에 관한 입법이 제정되었다. 정부 공무원을 관장하는 중앙정부가 13개로 분할된 지역 행정조직(periferia)을 임명하였고, 이들은 중앙정부의 지침에 따라 실제 지역 업무에 종사하였다. 중앙정부가 임명한 지역 의회는 지역 장관이 의장을 맡았고 중앙 및 지역정부 대표로 구성된 의원들이 활동하였다.

그리스가 공동체에 가입한 후 첫 십 년 동안의 성과를 살펴볼 때, 지역이란 개념의 생성과 발전에 있어 그리 창조적이지 않았다고 볼 수 있다. 지역정부의 주된 업무는 공동체지원체제 속의 지역운영프로그램(Regional Operational Programmes, ROP)을 관리하는 것이었다. 이에 따라, 통합지역프로그램이 지역 행정 분할의 단초는 제공하였지만, 본격적으로 분권화된 지역화를 추진하기보다는 중앙통제식 체제의 또 다른 행태일 뿐이었다(Papagerogiou and Verney, 1992: 146-147). 또한 1차 공동체지원체제가 실시되는 동안 공동체가 지원한 자금을 전부 수용하는 것도 쉽지 않았다. 사실 그리스의 행정조직은 공동체가 지원한 자금을 운영하는 데 필요한 기초적인 임무를 수행하는 것도 문제가 될 정도였기 때문이다.

2차 공동체지원체제는 1994년에서 1999년까지 지속되었다. 이 시기에 지원된 재정의 규모는 1기와 비교해 볼 때 두 배였다. 또한 1993년 이후 분권화를 추진하기 위해 이행했던 일련의 개혁 조치는 그리스의 행정조직에 큰 변화를 가져왔다(Demetropoulou, Getimis

7) 공동체지원체제는 구조기금 배분에 관한 지침으로, 유럽지역개발기금(ERDF), 유럽사회기금(ESF), 유럽농업지도보조기금(EAGGF), 어업지도재정지원기금(FIFG) 등으로 이루어져 있는 구조기금은 이 지원체제에 근거해 지방정부, 집행위원회 그리고 회원국 정부 간 협의를 통해 배분된다.

and Vasilis, 2006: 30). 1994년부터 직접 선거에 의한 지방 장관(prefects)과 도의회(prefects council)가 선출되었다(Laws 2218 / 94와 2240 / 94). 또한 독립적인 지역 행정조직도 점진적으로 설립되었다. 이런 일련의 개혁을 통해, 1997년 4개 차원의 통치가 가능해졌다. NUTS 2 수준에서는 13개의 행정조직이 설립되었고, NUTS 3 수준에서는 51개의 도(nomos)가 생겨났으며, 그 하부 조직으로 900개의 시(municipalities)와 133개의 군(community)이 조직화되었다.[8)]

공동사회기금의 도입에 따라, 그리스의 행정조직은 상의하달 방식의 의사결정 구조에서 다층적 통치 요소가 반영된 구조로 변화되었다. 다양한 수준의 정치 및 경제 행정에 개별 행위자들은 이전보다 민주적으로 의사결정 과정에 참여할 수 있게 되었다. 이들의 보다 적극적인 참여 결과 지역정책 이행 과정에서 일관성과 보완성을 강조되는 통합적 접근 방식이 확대 심화되었다(Paraskevopoulos, 2001).

유럽연합의 구조정책과 공동사회기금이 주는 혜택의 결과로 행정조직의 변화도 있었다. 다양한 수준의 정부가 새로운 형태의 계획 및 관리가 가능한 조직으로 발전하였다. 이에 따라 지역 및 지방정부의 적극적 참여가 이루어졌고, 기술적 전문성이 확산되었다. 또한 사회파트너와 비정부기구의 참여가 활성화되었고, 공공과 민영 분야의 협력도 증대하였다(Kafkalas and Andrikopoulou, 2003). 결론적으로, 그리스의 행정조직은 어느 정도 분권화에 기초를 두고 발전하면서, 자체 정책이나 유럽연합 차원의 정책 이행에 관한 책임을 지고 있는 지역과 이를 관장하는 중앙정부로 나뉘어 발전하였다.

그러나 국가 행정조직의 개혁에도 불구하고, 진정한 의미의 지역화

8) 이는 과거의 지방정부 수준의 3분의 1로 축소한 것이다. 1998년까지 457개의 시와 5318개의 군이 있었다.

는 이루어내지 못했다. 2차 공동체지원체제에 따라 실행된 지역 개편은 4개 정부 간의 역할 배분이나, 그 책임 수준을 결정함에 있어 모호함과 불확실성이 완전히 해소되지 못했다. 또한 지방정부의 재정 자립도도 여전히 문제시되었다. 사실 그리스가 책정한 지역 발전에 사용될 재정은 중앙정부가 관할하였다. 특히 재정 경제부(the Ministry of Economy and Finance)가 국가 소득과 지출에 관련된 모든 업무를 관장하여서(Andrew, 2006a: 5), 그리스와 유럽공동체가 공동으로 투자한 프로그램에 따라 실시되는 모든 공공투자 프로그램 재정에도 최종적인 결정 권한을 가졌다. 뿐만 아니라, 중앙 및 지방과 같은 공공 행정 분야에 미치는 여파도 제한적이었다. 배가된 지방정부와 초국가적 기구와의 대화 채널과 지역 이익 단체의 참여를 통한 다층적 통치도 여전히 중앙 통제 체제란 정치 논리 속에 펼쳐졌다. 정치 과정에 있어 비정부 단체 행위자의 참여도 증가하였지만, 이 또한 특정 중앙정부 기관의 관여하에 이루어졌다(Paraskevoloupols, 2005: 460).

1차와 2차 공동체지원체제 기간 동안 이행된 지역화와 분권화를 위한 개혁이 있었지만, 3차 공동체지원체제 기간 동안에도 유럽연합에서 실시하는 지역정책을 효율적으로 이행하는 데 필요한 행정조직의 개혁이 있었다. 2000년 12월 공동체지원체제가 요구하는 제도적 틀을 구축하기 위한 법률을 통과시켰고, 그 결과 공동체지원체제를 관장하는 기관이 설립되었다. 이 기구는 과거 두 차례에 걸쳐 이행되었던 공동체지원체제를 관장하는 업무를 수행했다. 또한 개별 운영프로그램(Operation Programme, OP)은 지역 당국 및 관련 부서에 속해 있는 관리당국(Managing Authority, MA)에 의해 감독되었다. 뿐만 아니라, 공동체지원체제 속에 이행되는 프로젝트에 있어 민간부분의 관여가 두드러졌다는 점도 제3차 공동체지원체제 기간 동안 보여준 특징 중 하나였다.

상기에서 살펴본 것처럼, 그리스의 행정조직은 어느 정도 분권화에 기초를 두고 발전하였다. 따라서 자체 정책이나 유럽연합 차원의 정책을 책임지고 있는 지역과 이를 관장하는 중앙정부로 나뉘어 발전하였다. 그럼에도 불구하고, 지역정책을 수행하는 데 필요한 체제를 개발하고 그에 따른 조직 개선이 필요하다. 이에 따라 제2차 공동체지원체제 동안 나타난 자금 수용력에 비교해 제3차 공동체지원체제 기간 동안 보여준 자금 지원 능력은 악화되었다고 볼 수 있다(Andreou, 2006b: 253).

3.2. 결속 정도에 대한 평가

구조 및 결속기금의 본격적인 수혜자가 된 이후에도, 그리스의 경제는 그리 쉽게 발전되지 않았다. 2004년 이전 그리스의 일인당 국민 소득은 유럽연합 15개국 중 가장 낮았고, 산업 구조도 1차 산업에 지나치게 의존한 경제 구조를 지니고 있었다.

1차와 2차 공동체지원체제 동안 지역개발에 있어서도 이월금액이 높은 국가로 분류되었다. 제1차 공동체지원체제가 실시되는 1989년에서 1993년까지 183ECU를 지원받았으며, 이는 당시 국민 총생산의 2.65%를 차지하였다. 제2차 공동체지원체제 기간인 1994년에서 1999년 동안에는 285ECU를 지원받았고 이는 당시 국민 총생산의 3.67%였다(Commission, 1996). 그리고 제3차공동체지원체제 기간인 2000년에서 2006년까지는 국민 총생산의 3.8%를 유럽연합으로부터 지원받았다. 그러나 1차와 2차 공동체지원체제 동안 보여준 경제발전 정도는 기대 이하였다. 반면 그리스를 제외한 아일랜드, 스페

〈표 4-5〉 그리스의 일인당 국민 소득

연 도	1983년	1988년	1993년	1995년	1999년	2000년	2006년
EU 27 평균(PPP)					100.0	100.0	100.0
EU 15 평균(PPP)	100.0	100.0	100.0	100.0			
일인당 국민 소득(PPP)	61.9	59.6	64.5	64.4	83.0	84.0	97.0

출처: 다양한 eurostat.

인 및 포르투갈의 경우 이 시기 동안 구조기금을 통한 경제 발전은 상대적으로 높았던 것으로 보고되었다.

전술한 것처럼, 1985년에서 1993년까지 실시된 1차 공동체지원체제 기간 동안 경제 및 사회 발전의 정도는 제한적이었다. 유럽공동체 12개국 평균 일인당 국민 소득과 그리스의 일인당 국민 소득 간의 격차는 좁혀지지 않았다(〈표 4-5〉). 공동체 가입 직전 1980년대 그리스의 일인당 국민 소득은 공동체 평균의 63%를 보였으나, 1988년에는 59%로 오히려 떨어졌다. 물론 2차 공동체지원체제가 시작되는 1994년에는 64%로 다시 증가했으나 그 차이는 미약했다. 그러나 2000년 이후 제3차 공동체지원체제가 실시되는 기간 동안 일인당 국민 소득은 빠른 증가세를 보였고, 2006년에는 유럽연합 평균의 97%까지 도달한 것으로 조사되고 있다. 그럼에도 불구하고, 3차 지원체제 기간 동안 보여준 지표는 구공산권 출신 국가들의 일인당 국민 소득까지 합산된 평균을 기준으로 한 것이다. 유럽연합 27개국 일인당 국민 소득 평균이 상대적으로 낮아진 상황 속에서도 그리스의 일인당 평균 소득이 평균 이하라는 점은 문제가 되었다. 즉, 타 지역과의 경제적 격차가 여전히 존재한다는 점을 시사한다.

사회적 격차 해소의 결과는 어떠했는지도 살펴볼 필요가 있다. 취업률 및 실업률 향상을 위해 다양한 형태의 노력이 있었다. 그러나 실제 노동 시장에서 보여준 실업률 및 취업률의 지표는 그리 만족스럽

<표 4-6> 그리스 취업 및 실업률

연 도	1983년	1989년	1993년	1999년	2000년	2006년
EU 27 평균실업률	–	–	–	–	8.7%	8.2%
EU 15 평균실업률	–	–	10.5	–		
전체 노동자 대비 실업률(%)	7.1	7.7	8.9	12.0	11.2	8.9
EU 27 평균취업률				61.8	62.2	64.4
전체 노동자 대비 취업률(%)				55.9	56.5	61.0

출처: 다양한 eurostat.

지 못했다. 우선 사회 및 경제 결속을 위한 공동체 차원의 프로그램 시작과 함께 가중된 압박으로 인해 실업률은 오히려 상승했다. 따라서 실업률의 경우 1988년에는 7.7%를 보이다가, 1994년에는 8.4%로 상승하였다. 한편 2차 프로그램이 실시되는 동안 실업률은 두 자리 숫자까지 올라갔다. 3차 공동체지원체제가 실시된 후 유럽연합 27개국 평균과 근접한 8.9%를 보였으나, 여전히 유럽연합 평균 실업률보다는 높은 수치를 보였다. 실업률의 변화가 취업률의 변화와 반드시 상관관계를 가지지는 않는다. 그리스의 경우도 유사하다. 유럽연합의 평균 취업률이 60%를 넘는 수치를 보였으나, 그리스의 경우 50%로 머물렀다. 2006년이 되어서야 겨우 61%를 보였지만, 유럽연합 평균보다는 여전히 낮은 수치를 보였다.

타 국가와의 사회 및 경제적 격차 해소도 중요하지만, 조화로운 경제 발전을 위해서 더욱더 신경을 써야 할 문제가 바로 그리스 내 지역 간 경제 격차 해소이다. 이에 따라 그리스 내 지역 간 불균형으로 발생하였던 문제를 간과할 수 없다. 수도권 지역인 아티카에 370만 명의 인구가 거주하고 있으며, 이는 전체 인구의 3분의 1에 해당된다. 이에 따른 경제 활동도 수도권 지역인 아테네와 그 다음으로 큰 도시인 데살로니가 지역에 집중되는 불균형 현상을 보이고 있다

<표 4-7> 그리스의 지역 간 격차(실질구매력 수준의 1인당 국민 소득)

	EU 15=100	EU 15=100	EU 27=100
	1988	1998	2004
Anatoliki Makedonia, Thraki	52.2	55.4	56.7
Kentriki Makedonia	58.3	67.6	68.2
Dytiki Makedonia	62.6	59.9	62.7
Thessalia	53.8	57.4	66.3
Ipeiros	43.5	41.8	67.5
Ionia Nisia	54.6	55.7	76.7
Dytiki Ellada	48.2	52.6	54.5
Sterea Ellada	71.6	84.2	86.1
Peloponnisos	58.0	52.7	69.0
Altiki	61.1	73.8	112.7
Voreio Aigaio	44.5	60.8	60.6
Notio Aigaio	68.4	76.9	101.9
Kriti	57.3	66.8	80.5

출처: Commission(2001; 2007).

(Petrakos and Psycharis, 2006: 11).

제1차 공동체지원체제 기간 동안의 변화를 살펴보면, 1980년대 상대적으로 상위 분야로 여겨졌던 지역 중 아테네와 중부 마케도니아만 1994년까지 자신의 순위를 지켰고, 중앙 그리스나 펠로페네즈는 그 순위가 하락했다. 서부 그리스의 낙후된 지역이나 에피루스의 순위는 향상되지 못했으나, 크레테, 에제언 군도 및 아이오니안 군도와 같은 도서 지역은 강한 상승세를 보였다. 한편 2차 공동체지원체제의 기간 동안 지역 간 일인당 국민 소득의 격차는 다소 줄어들었다. 그러나 아티키와 스테리아 엘라다와 같은 부유한 지역의 평균 성장률은 타 지역에 비해 낮았다. 특히 수도 아테네는 인구가 줄어들었고 이에 따라 지역 경제는 다소 침체기를 겪었다. 그리스 본토 서부 축은 향후

개발이 집중되어야 할 지역으로 분류되었다(Andreou, 2006a: 6). 마지막으로 3차 공동체지원체제 기간 동안에도 수도권 집중 현상은 완전히 해소되지 않았다. 그리스 전체 공공 투자의 36.21%가 수도권 지역인 아티카에 집중되었고, 이 지역의 소득 수준은 유럽연합 27개국 평균 소득을 상회하는 것으로 나타났다.

결론적으로, 공동체 가입 후 상당한 수준의 경제 성장을 구가하였다. 특히 1990년대 이후 그리스와 다른 국가들과의 경제적 격차는 줄어들고 있는 상태였고, 이에 기여한 지역정책의 역할을 간과할 수 없다. 구매력 환산 12개국 유럽연합 평균 국민 총생산 수준에 미달되었지만, 상당한 진전을 보인 것으로 간주되었다(Getimis, 2003: 78). 그럼에도 불구하고, 그리스가 보인 경제 성장 수준은 아일랜드의 경우보다 낮았고, 그에 따른 사회 및 경제 격차 해소 수준도 낮은 것으로 평가되었다.

4. 포르투갈

포르투갈은 유럽 대륙 서쪽 끝 라이베리안 반도에 위치하고 있다. 총면적이 9만 2천여 제곱킬로미터이고 약 1,020만 명의 인구를 가진 단일 국가이다. 포르투갈은 20세기 들어 유럽의 변경 국가로 간주되었을 뿐만 아니라, 경제적으로도 낙후되었다는 이미지가 강했다. 포르투갈은 원주민이 아닌 포르투갈 본토인의 주요 거주자로 구성된 마데이라(Madeira)와 아소르스(Azores) 두 개의 자치 지역이 있으며, 지방정부는 시 체제(municipal system)를 중심으로 발전하였다.

유럽공동체 가입 전 포르투갈은 극심한 정치적, 사회적 그리고 경제적 격변기를 경험했다. 1970년 살라자의 사망 후 계속된 내분을 통해 1974년 독재 정권이 붕괴되었다. 이후 정치적 민주화 정착을 위해 공동체 가입이 최우선 외교정책 과제로 부상하였다. 이에 국내 각계의 지지가 있었고, 새롭게 민주화된 정부도 그에 부응하는 모습을 보이고자 노력하였다.

정치적으로는 민주화의 길을 걸었지만 경제적으로는 낙후된 변방지역인 포르투갈은 가입 협상 시절부터 우려의 대상이었다. 물론 공동체 가입 이후 지난 수십 년간 상당한 사회 및 경제적 발전을 이룩했으나, 일인당 국민 소득 차원에서 볼 경우 유럽연합 15개국 평균 이하이다. 또한 주요 경제 활동은 수도인 리스본과 그 주변 지역에 집중되어있어서 지역 간 불균형이 심각한 상태이다. 이런 정황 속에서, 유럽연합의 지역정책을 통한 사회 및 경제적 수렴 정도를 살펴보자.

4.1. 지역화 및 분권화에 대한 평가

오랫동안 중앙집권적 행정조직을 바탕으로 운영되어서, 중앙 행정조직 수하에 있는 지방자치권이 약하게 발전하였다. 그 예로 지방정부가 관리하는 공공 지출 비율이 낮았고(World Bank, 2000: 111-130), 이로 인해 효과적인 지역개발 정책이 어려웠다. 특히 군사 쿠데타가 일어나기 전 1953년에서 1973년 전까지 대규모 공장 등 산업 시설이 리스본 주변에 집중되는 현상이 나타났으며, 국토 균형 발전에 필요한 의지와 제도가 정비되지 않았다.[9] 그러나 중앙집권화와

9) 오랜 독재 시절을 보낸 후 포르투갈의 행정조직이 훨씬 중앙집권적으로 변모했다는 주장도 있다(Adshead, 2002: 34).

지역 불균형을 해소하고자 하는 변화의 움직임이 전혀 없었던 것은 아니다. 1974년 4월 혁명 이후 정책 결정 과정의 변화가 조금씩 일기 시작했다. 1974년 민주화 혁명은 시(municipality)와 같은 자치체의 선거를 가능케 하였고, 결국 지방자치 획득을 위한 민의의 표명이 지역정부 성장과 민주적 정부 조직 발전의 초석이 되었다. 1976년 헌법에 따라, 지역정부가 선출되었고 개별 시는 법적 권한을 부여받았다. 또한 1979년 지역조정집행위(Regional Coordinating Commissions)가 설립되어 분권화가 시도되기도 했다.

1986년 공동체 가입 당시 중앙정부 차원의 지역정책에 대한 전통은 그리 두텁지 않았지만, 기본적인 골격은 존재했었다. 헌법은 포르투갈 자국을 두 개의 자치 지역을 가진 단일 국가로 규정하며, 자치정부의 구조 및 행위는 보충성의 원칙에 따라 이루어져야 한다고 명시하였다. 또한 지역정부 자결권과 공공 행정 분야의 민주적 분권화도 명시하였다. 이에 따라 포르투갈의 지역은 3단계로 구성되었다—행정교구(parish), 자치체(municipality) 그리고 행정지역(administrative region)이 그 구성 요소이다. 이 중 거주자의 수나 선거를 통해 선출된 시장의 정치적 영향력을 고려해 볼 때, 자치체가 포르투갈의 정체성과 깊은 연계 관계를 가질 뿐만 아니라, 가장 주요한 행정조직이다.

지방자치를 위한 기본적 틀 위에, 본격적인 지역화와 분권화는 유럽공동체 가입과 함께 시작되었다. 유럽공동체는 1993년 재정 개혁안(Delors II package)을 채택하였다. 지역을 기초로 한 구조기금을 할당하려고 하였을 뿐만 아니라, 1988년 구조기금 개혁과 지역 간 불균형을 해소하기 위한 지역개발 정책을 추진하는 것이 이 개혁안의 주요 골자였다. 공동체 회원국의 지위를 누리고 있던 포르투갈도 이런 외부적 환경 변화를 외면만 할 수 없었다. 따라서 지역개발과 지역 간 불균형 해소를 위한 정책을 수용하였고, 국가 차원의 행정조직을 재정비하였다. 제한적이지만 지역조정집행위를 통한 분권화도 실시되었다.

1988년 구조기금 개혁은 복잡하고 광범위한 수준의 지역개발계획을 채택토록 하였다. 이 일은 계획 및 지역행정부(Ministry of Planning and Territorial Administration) 산하의 계획 및 지역개발국(Department of Planning and Regional Development) 주도로 이루어졌다. 이에 따라 1983년에서 1993년까지 지역개발계획의 전략적 가이드라인을 포함한 주요 계획이 채택되었다. 또한 1989년에서 1993년까지 이행되었던 지역개발계획(Regional Development Plan)도 지역 차원의 협의 과정을 통해 설립되었다.

1994년에서 1999년까지의 시기 동안 공동체에서 지원된 구조 및 결속기금을 잘 유지하는 것이 주요 목표였다. 따라서 1988년 개혁 이후 요구된 절차에 대한 단순화 작업을 이행하였을 뿐만 아니라, 다양한 정부 부처의 참여도 유도하였다. 또한 지역조정집행위, 재계, 노동조합 및 지방자치 정부들의 지역개발계획 참여도 이끌어냈다. 이 시기 동안 지역 간 불균형을 해소시키기 위해 수립한 지역개발계획을 공동체가 제시한 지침에 따라 강화시키고자 한 노력도 있었고, 자치체당국협의회(the Association of Municipal Authorities)가 지역 발전에 필요한 투자를 관리하는 임무도 부여받았다. 제3차 공동체지원체제가 실시되는 2000년에서 2006년까지 공동체 기금 관리를 위한 새로운 체제를 개발하였다. 이에 따라 실제 이행에 있어 지역의 참여를 통한 분권화가 확대되었고, 지역정부 및 관련 부처의 책임도 증가하였다.

그러나 포르투갈의 지역화 및 분권화의 한계점도 간과할 순 없다.

이런 문제점은 포르투갈과 기타 회원국과의 경제 및 사회 격차 해소에 있어 장애물로 작용하였다. 포르투갈은 오랫동안 중앙집권적 행정조직을 바탕으로 운영되었기 때문에, 공동체 가입 이전 여러 방면으로 중앙집권적 행정조직의 개편을 시도했다. 그러나 과거 전제 정부가 남긴 행정상의 비민주성과 비효율성은 쉽게 사라지지 않았다. 또한 공공 행정 개혁은 제한적이었고, 그에 따른 투명성 제고도 미약했다. 뿐만 아니라, 정부 행정에 대한 감사도 잘 이루어지지 않았다(Rees and Paraskevopoulos, 2006: 180).

또한 1986년 공동체 가입 당시 중앙정부 차원에서 실시되었던 지역정책을 성공적으로 수행하는 데 필요한 전통도 없었다. 당시 국정의 최우선 과제는 지역 간 차이를 해소하기보다는 거시적 차원의 경제 발전이었다. 자치체와 행정교구 그리고 행정지역이 존재했으나, 자치체를 제외하고는 다른 조직의 역할은 미비하였다. 행정교구는 제한된 기능을 맡았으며, 그 재원이나 기술 및 행정적 능력도 미약했다. 그 주된 이유는 지역화에 대한 중앙정부의 반대와 함께 행정지역과 같은 분권적 조직에 대한 지역적 요구가 상당히 제한적이었기 때문이다(Rato, Gomes and Rodrígues, 2006: 81-82).

한편 1993년 공동체 차원의 재정 개혁안(Delors II package)이 채택된 후 지역 간 불균형을 해소하기 위한 지역개발 정책이 추진되었음에도 불구하고, 원활한 지역정책에 필요한 지역 차원의 제도적 변화는 미약하였다. 1989년에서 1993년까지의 기간을 포함하는 지역개발계획이 지역 차원의 협의 과정 후 설립되었지만, 중앙정부가 여전히 단일지역개발계획을 준비하고 제시하는 독점권을 가지고 있었다. 이는 유럽공동체의 비판의 대상이었다(Rato, Gomes and Rodrígues, 2006: 94). 그리고 공동체에서 지원한 구조 및 결속기금은 잘 유지되는 것처럼 보였지만, 구조기금 관리에 있어 민간단체의 참여는 협의 과정에만 국한되었다(Rato, Gomes and Rodrígues, 2006: 94).

특히 1998년 11월 선거의 결과는 지역화에 악영향을 미쳤다. 집권당이 추구하는 지역화는 전통과 상반되는 것이라는 슬로건 속에서 펼친 야당의 보수적 성향의 선거운동은 지역화에 도움이 되질 않았다. 선거 동안 제시된 반지역화의 정서는 다수의 유권자들을 설득하였고, 그 결과 지역화는 또 다른 복병을 만나게 되었다. 이런 정치적 격변 속에 중앙정부와 지역정부 간의 파트너십이 취약한 것은 당연한 결과일 수 있다(Gallagher, 1999: 132).

결론적으로, 공동체 가입을 즈음하여 지역화를 위한 제도적, 행정적 그리고 법적 정비 작업이 있었다. 이런 작업을 통해 오랫동안 유지해 왔던 중앙집권적 행정 전통에 변화가 초래된 것은 사실이다. 그러나 과거 전제 정부가 남긴 행정의 전통은 비민주성과 비효율성을 많이 포함하고 있었고, 그 후 이행된 공공 행정의 개혁은 제한적이었다. 따라서 행정조직의 투명성 제고나 감사도 잘 이루어지지 못했다. 특히 정파 간의 갈등은 통합된 형태의 지역화를 추진하는 데 걸림돌이 되었다. 이는 결국 사회 및 경제적 격차 해소를 위한 노력을 반감시키는 결과를 초래하였다.

4.2. 결속 정도에 대한 평가

라이베리안 반도에 같이 위치한 스페인에 비해 포르투갈 경제는 낙후되어 있었다. 그러나 86년 공동체 가입 이후 지역정책과 90년대 실시된 결속 정책에 의해 사회 및 경제적 격차가 해소되는 수렴 현상이 발생했다는 주장이 있다. 그럼에도 불구하고, 실질적인 경제 및 사회적 수렴 정도는 여전히 문제점을 드러내고 있다. 그 근본적인 이유 중 하나가 바로 지역정책 원래의 목적에 부합하지 못한 행정적, 법적 그리고 제도적 하부구조 때문이다.

포르투갈의 일인당 국민 소득 변화 추이를 살펴보면, 유럽공동체 가입 이전인 1983년 일인당 국민 소득은 당시 유럽공동체 평균의 55.1퍼센트였다. 그러나 공동체 가입 이후 1999년까지 일인당 국민 소득은 점차 증가하였다. 이 시기까지 포르투갈 일인당 국민 소득의 증가폭은 유럽연합 평균을 상회하였다. 그러나 이런 증가폭은 1999년을 기점으로 하여 차츰 감소하였고 그 후 일인당 국민 소득의 증가폭은 유럽연합 평균 이하였다(Commission, 2007: 5). 따라서 제 3차 공동체지원체제가 마무리되는 시점인 2006년에는 유럽연합 27개국 평균의 74%에 머무르는 저조한 성장률을 보였다. 특히 2006년 당시 유럽연합 평균 국민 소득은 구공산권 출신 회원국의 일인당 국민 소득도 포함된 수치라는 점을 감안할 때, 포르투갈의 경제적 격차는 심각한 것으로 판단된다. 사실 포르투갈의 일인당 국민 소득은 결속국가 중 가장 낮은 것으로 드러났다.

상당한 수준의 경제적 격차가 가져오는 경제통합의 부정적 효과와 달리 사회통합을 나타내는 지표는 그리 나쁘지만은 않았다. 포르투갈의 취업률은 결속 국가 중 성공적 사례로 꼽히고 있는 아일랜드와 비

<표 4-8> 포르투갈의 일인당 국민 소득

연 도	1983년	1988년	1993년	1995년	1999년	2000년	2006년
EU 27 평균(PPP)					100.0	100.0	100.0
EU 15 평균(PPP)	100.0	100.0	100.0	100.0			
일인당 국민 소득(PPP)	55.1	56.5	68.2	70.5	74.0	73.5	74.0

출처: 다양한 eurostat.

<표 4-9> 포르투갈의 취업 및 실업률

연 도	1983년	1989년	1993년	1999년	2000년	2006년
EU 27 평균실업률	–	–	–	–	8.7%	8.2%
EU 15 평균실업률	–	–	10.5	–		
전체 노동자 대비 실업률(%)	7.8	4.8	5.7	4.0	4.0	7.7
EU 27 평균취업률				61.8	62.2	64.4
전체 노동자 대비 취업률(%)				67.4	68.4	67.9

출처: 다양한 eurostat.

<표 4-10> 포르투갈의 지역 간 격차(실질구매력 수준의 1인당 국민 소득)

	EU 15=100	EU 15=100	EU 27=100
	1988	1998	2004
continente	59.9	76.4	74.6
Norte	51.4	66.0	58.8
Centro(P)	46.3	65.0	64.3
Lisboa E ale Do Tejo	76.3	94.9	105.8
Alentejo	57.9	66.8	70.3
Algrave	61.4	76.1	77.1
Açores	40.8	52.0	65.9

출처: Commission(2001; 2007).

교하여 크게 뒤처지지는 않았다. 아일랜드의 경우도 유럽연합 27개국 평균을 약간 상회하는 것처럼 보이며, 포르투갈의 경우도 유사한 수준을 보였다. 그러나 포르투갈의 실업률은 그리 호전되지 않았다. 공동체 가입 전이나 공동체 가입 후 20년 이상이 지난 2006년이나 그리 차이가 나지 않았다(실업률은 가입 전 7.8%였다). 그러나 1986년 유럽공동체 가입 후 호전되어 4에서 5%로 유지하였다가 2006년 제3차 공동체지원체제가 마무리되는 시점에서 다시 상승하였다. 그럼에도 불구하고, 전체적으로 보았을 때 포르투갈의 실업률은 유럽공동체 평균 이하였다.

분권화가 정치 및 제도적 재정비에 있어 주요 요소로 부각했지만, 뿌리 깊은 이중성(duality)에 의해 분화될 수 있는 위험 요소도 있었다. 내륙지방과 해안 지방, 북부와 남부 그리고 도시와 농촌 지역 등 이분화된 지역 간 재원 분배의 불균형이 지속되고 있었다. 〈표 4-10〉에 따르면, 수도 리스본 지역의 임금은 유럽연합 평균에 근접하였고 2004년에는 평균을 상회하는 105.8%로 나타났다. 그 주된 이유는 수도에 행정기관과 힘이 집중되었기 때문이다(Rato, Gomes and Rodrígues, 2006: 82). 특히 리스본 지역이 집중적으로 발전한 것은 건국과정의 역사와 밀접한 관계가 있다. 포르투갈이란 나라가 생성되었을 때, 국가(the State)의 생성이 주요한 역할을 담당하였다. 이는 정치, 경제 및 사회적 힘이 전통적으로 국가의 영향력에 의존하는 사회 엘리트층에 집중된 현상과 무관하지 않다. 이에 따라 2차와 3차 공동체 지원체제 기간 동안 일인당 국민 소득을 기준으로 한 지역 간 격차는 좀처럼 줄어들 것 같은 징후를 보이지 않았다.

또한 행정의 중심 역할을 하는 시의 역할도 간과할 수 없다. 1974년 이후 중앙 행정조직에 의해 주도되었던 투자를 할당할 때 시의 영향력이 증대되었다. 또한 낙후된 지역의 경제를 발전시킴에 있어 시의 영향력이 증가하였고 이런 양태는 1차와 2차 공동체지원체제 기간에도 계속되었다(Figueriedo, 2004: 4).

결론적으로, 사회 및 경제 격차 해소를 위한 노력은 지역정책의 원래 목표가 설정한 기준을 아주 만족스럽게 충족시키지는 못했다. 그 이유야 여러 가지로 설명될 수 있지만, 특히 지역화 및 분권화가 다층적 통치 속에 원만히 발생하지 않았던 점이 주요 이유 중 하나라고 볼 수 있다.

5. 스페인

스페인은 라이베리안 반도에 포르투갈과 함께 위치한 국가로 과거 유럽 대륙뿐만 아니라, 전 세계를 분할 지배했던 강대국 중 하나였다. 그러나 근대화 과정에서 많은 굴곡이 있었고, 1986년 공동체 가입 이전까지 독재 정권에서 신음하던 국가였다. 이런 스페인은 오랜 전통과 역사만큼이나 그 행정조직도 흥미로운 점을 가지고 있다.

현재 스페인은 의원 내각제가 결합된 입헌 군주제를 시행하고 있다. 헌법상 개별 국가의 통일체를 기반으로 구성된 국가로서 개별 민족과 지역의 자치권을 인정하는 국가이다. 17개의 지방자치단체(Comunidades Autonomas)로 구성되어 있으며, 2개의 자치시인 세우타와 멜리야가 있다. 17개의 자치지방은 50개의 주로 다시 나뉜다. 단 아스투리아스 지방을 비롯한 발레아레스 제도, 칸타브리아 지방, 라리오하 지방, 마드리드 지방, 무르시아 지방, 나바라 지방은 그 자체가 주이자 자치지방이다. 행정상 스페인에는 50개의 주가 있다. 7개의 자치지방—아스투리아스 지방과 발레아레스 제도, 칸타브리아 지방, 라리오하 지방, 마드리드, 무르시아, 나바라 지방—은 각각 하나의 주이다. 따라서 권력의 복잡하고 모호한 분할은 끊임없는 정치적, 법적 공방을 초래할 개연성이 크다.

사실 스페인은 유럽연합에서 두 번째로 영토가 넓은 나라이다. 2005년을 기준으로 보았을 때, 세계에서 아홉 번째, 유럽연합에서는 다섯 번째로 큰 규모의 경제를 가진 국가이다. 그러나 덩치와 달리 공동체 가입부터 기존 국가들에게 엄청 큰 경제적 부담을 줄 수 있는 국가로 인식되었다. 현재의 위상과 달리 지난 80년대 스페인의 주요 의제는 기존 서유럽 국가들과의 사회 및 경제적 격차를 줄이는 것이었다. 이런 정황 속에서, 지역정책이 발전하였고 그런 과정에서 스페인의 과거, 현재 그리고 미래를 평가할 필요가 있다.

5.1. 지역화 및 분권화에 대한 평가

1986년 공동체 가입은 스페인의 지방자치단체의 위상을 강화시켰다. 카탈로니아(Catalonia), 바스크(Basque) 그리고 갈리시아(Galicia)의 경우 공동체 가입으로 인해 유럽연합 차원에서 자신의 민족 정체성을 확고히 하는 기회를 얻었다. 한편 이들 지역의 자치권 강화는 중앙정부의 역할을 상대적으로 축소시키는 결과를 초래하였다. 이외 다른 지방자치단체들은 상기 지방자치단체와 같은 위상은 누리지는 못했지만 지역정책이 이들 지역의 근대화의 견인차 역할을 하였다(Morata and Popartan, 2008: 77).

공동체 가입과 함께 본격화된 지역화 및 분권화는 지역화를 위한 제도화에 두 가지 중요한 영향을 끼쳤다. 첫째, 구조기금을 수령하기 위한 지역개발계획(Regional Development Plans)을 수립하게 되었다. 이런 과정 속에 지역정책을 이행하는 데 필요한 기제를 고안하고 형성하는 데 주요한 영향을 끼쳤다. 혁신적인 프로그램 이행과 그에 따른 평가를 통해 상대적으로 낙후된 지역을 근대화하는 데 일조하였다(Morata, 1998). 또한 지역정책에 있어 자치지구의 참여도 증가시켰다. 1986년에서 1989년, 1989년에서 1993년, 1994년에서 1999년 그리고 2000년에서 2006년으로 구분되어 실시된 구조기금프로그램 시행과 병행하여 자치지구의 참여가 확대되었다.

1986년 공동체 가입 후 4개의 지역개발계획이 제출되었다. 그중 첫 번째 지역개발계획은 중앙정부가 그 초안을 작성하였고, 그 이행 과정에서도 중앙정부의 역할이 두드러졌다. 1차 지역개발계획에서 지역정부와 중앙정부 대표로 구성된 감시 위원회가 설치되었고, 실제 이행 과정에서도 중앙정부의 직접적인 관장이 두드러졌다.

공동체지원체제의 틀 속에서 지원한 제1차 지역개발계획(Regional Development Plan)과는 달리 제2차 지역개발프로그램부터는 지역정책 이행에 주요한 원칙 중 하나인 프로그램 원칙이 강조되었다. 따라서 다년 개발계획 준비에 있어 중앙과 지방정부 간의 파트너십에 기초한 의사결정의 횟수가 증가하였다.

1989년에서 1993년에 실시된 지역개발계획에서는 지역 수준의 참여가 늘어났다. 지역당국이 제시한 초안에 기초하여 2차 지역개발계획이 작성되었다. 지역조정위원회(regional planning committee)도 설립되어 초안 작성을 도왔다. 중앙정부뿐만 아니라 지방 행정 당국의 대표로 참석한 지역조정위원회는 경제부(Ministry of Economy) 산하에 포함되었다.

1994년에서 2000년까지 3차 지역개발계획이 실시되었다. 이 기간에는 2차 계획기간 동안보다 훨씬 적극적인 지역당국의 참여가 목격되었다. 1998년 구조기금 개혁에 따라, 유럽연합, 중앙정부 그리고 지방정부 간의 파트너십 원칙이 도입되었고, 이에 따라 지역 당국의 적극적 역할이 권장되었다. 이런 상황 속에서, 3차 지역개발계획이 실시되었다. 이 기간 동안, 자치지방은 자신의 지역개발계획 초안을 작성하였고 중앙정부와 목적 1, 3 그리고 5a에 대한 예산안을 협의하는 지위를 누렸다. 또한 목적 4에 대한 의제는 중앙정부가 결정하였으나, 목적 4에 대한 의제를 관리하는 것은 중앙과 지방의 공동의 몫이었다. 지난 두 번의 기간에 비해 3차 지역개발계획기간 동안의 지역자치 당국의 참여는 활발해졌다. 유럽사회기금과 같은 구조기금에 있어 중앙정부의 통제가 완화되었고, 1990년대 이후 유럽연합이 지원하는 사업에 대한 구조기금 관리는 지역 당국으로 이전되었다. 그 이유는 지역 당국의 압력으로 인해 중앙정부가 1994년에 구조기금의 관할권을 지방으로 이전하기로 합의하였기 때문이다(Closa and Heywood, 2004: 100).

제4차 지역개발이 실시된 2000년에서 2006년에 걸친 기간 동안 2개의 공동체지원체제를 준비하였다. 목적 1, 2 그리고 3을 위해 각각의 공동체지원체제를 마련하였다. 11개 지역이 목적 1의 지원 대상이 되었고, 나머지 6개 지역은 목적 2의 지원대상이 되었다. 제4차 지역개발계획 과정에서 주목할 만한 점은 목적 1 공동지원체제는 12개의 지역 프로그램과 10개의 프로그램으로 세분화되었고, 그에 근거하여 22개의 운영프로그램이 이행되었다는 점이다. 이를 위해 재경부(Ministry of Economy and Finance) 산하에 공동체기금 및 지역기금을 관장하는 사무국을 두었다. 이 부서는 2000년에서 2006년까지 시행되는 공동체지원체제의 관리 당국 역할을 맡았다. 이 역할을 이행하면서 본 부서는 중앙정부의 다른 지역기금 관장 부서와의 공조를 모색하였을 뿐만 아니라, 개별 자치지방과의 밀접한 공조와 공유의 책임을 기초로 한 행정 업무를 추진하였다(Noferini and Consejero, 2007).

그러나 공동체 가입 후 스페인이 실시한 4개의 지역개발계획을 수행함에 있어 전혀 문제점이 없었던 것도 아니었고, 이는 초창기에 두드러졌다(Closa and Heywood, 2004: 99-100). 예를 들어, 중앙정부가 작성한 첫 번째 지역개발계획은 정치적 성향이 짙었다. 또한 사회집중에 관련된 문제를 간과하였을 뿐만 아니라, 실제 이행에 필요한 전략도 부족해 보였다. 또한 2차 지역개발계획 이행에 있어서도 중앙정부의 독주가 지속되었다. 예를 들어, 중앙정부가 지역 간 기금을 재분배하는 과정을 관장하였고 실제 소득 통제권도 유지하는 등 지역 당국의 재정적 독자성을 상당히 제한하였다(Morata and Popartan, 2008: 75). 따라서 지역정책 기금의 33.8%를 차지하는 목적 1 지역 이행에 있어 중앙정부는 58.8%의 기금을 관장하는 반면, 지역정부는 7%의 기금만을 관리하였다. 50%의 지역기금을 사용하는 목적 2 지역 이행에 있어서도 중앙정부는 40%의 기금을 관리하고 집행하였다. 이런 문제점에도 불구하고, 스페인은 옛날부터 지역화 및 분권화의 전통이 깊은 국가로서 유럽연합이 실시하는 지역화를 충실히 이행하였고, 이는 유럽화와 함께 더욱 진전되었다.

5.2. 결속 정도에 대한 평가

스페인은 유럽연합이 실시하는 지역정책의 최대 수혜자였다. 따라서 지역정책은 스페인과 기타 회원국과의 격차를 해소하는 데 일조하였다(Borrás et al., 1998). 스페인 지역의 40%가 유럽연합 평균 일인당 국민 소득의 75% 이상을 넘었고, 그로 인해 목적 1지역에 부여되는 구조기금의 혜택을 받지 못한다. 그러나 결속기금 창설로 인해 외부 원조에 의한 경제 발전이 계속되고 있는 실정이다. 그 내용에 있어서는 차이를 보이지만, 1986년 공동체 가입 이후 지역 간 격차 해소를 위해 사용되었던 구조 및 결속기금 덕택에 스페인과 타 국가와의 격차는 공동체 가입 20주년이 되었던 2006년에는 거의 해소되었다.

스페인의 일인당 국민 소득은 제1차 공동체지원체제가 실시되는 시

<표 4-11> 스페인의 일인당 국민 소득

연 도	1983년	1988년	1993년	1995년	1999년	2000년	2006년
EU 27 평균(PPP)					100.0	100.0	100.0
EU 15 평균(PPP)	100.0	100.0	100.0	100.0			
일인당 국민 소득(PPP)	70.5	72.4	77.8	76.2	97	98	102

출처: 다양한 eurostat.

<표 4-12> 스페인의 취업 및 실업률

연 도	1983년	1989년	1993년	1999년	2000년	2006년
EU 27 평균실업률	–	–	–	–	8.7%	8.2%
EU 15 평균실업률	–	–	10.5	–		
전체 노동자 대비 실업률(%)	3.9	1.9	9.5	12.5	11.1	8.9
EU 27 평균취업률				61.8	62.2	64.4
EU 15 평균취업률						
전체 노동자 대비 취업률(%)				53.8	56.3	61.0

출처: 다양한 eurostat.

점이었던 1983년 당시 아일랜드, 그리스 그리고 포르투갈에 비해 높은 편이었다. 1983년 당시 공동체 평균의 70.5%를 차지하였지만, 그 후 일인당 국민 소득의 증가는 더디었다. 그러나 1995년 이후 나타난 지난 10여 년간의 일인당 국민 소득의 증가폭은 유럽연합 평균을 약간 상회하는 연당 0.7%였다(Commission, 2007: 5). 더디지만 지속적인 상승에 따라 2006년 제3차 공동체지원체제가 마무리 되는 시점에서 평가된 스페인의 일인당 국민 소득은 유럽연합 27개국 평균을 상회하는 것이었다. 이로써 스페인은 아일랜드와 함께 일인당 국민 소득 격차가 극복된 좋은 사례로 간주되고 있다.

스페인의 취업률은 유럽연합 평균을 약간 상회하는 수준이다. 그러나 1990년대 이후 실업률이 상승하는 반면 실제 취업률은 유럽연합 평균에 못 미쳤다. 이런 지표가 의미하는 점은 국민 소득이라는 경제적 지표에서는 타 국가와의 격차를 해소했을지 모르지만, 사회적 격차를 나타내는 실업률이나 취업률에 있어서는 그렇지 않다는 것이다. 다시 말해, 지역정책을 통한 사회적 격차 해소의 한계가 분명히 있다는 것이다. 스페인과 같은 대규모 국가의 경우 국가 그 자체의 노력이 중요하지, 유럽연합 차원의 지원정책은 보충성의 함의 그 이상도 그 이하도 아니라는 것이다.

국가 전체 수준의 경제 성장과 그로 인한 기타 유럽연합 회원국

<표 4-13> 스페인의 지역 간 격차(실질구매력 수준의 1인당 국민 소득)

	EU 15=100	EU 15=100	EU 27=100
	1988	1998	2004
Gallcia	57.9	64.2	81.0
Principado De Asturias	71.9	72.4	87.0
Cantabria	73.8	76.3	98.1
Pais Vasco	88.7	99.1	125.4
Comunidad Foral De Navarra	91.1	106.2	126.7
La Rioja	83.7	93.2	109.4
Aragon	83.1	88.1	107.4
Comnidad De Madrid	91.0	110.2	132.1
Castilla Y Leon	68.1	74.2	94.9
Castilla-La Mancha	61.1	67.0	79.1
Extremadura	49.8	50.2	67.1
Cataluna	89.2	100.4	120.5
Cmunidad Valenciana	73.8	77.2	93.9
Islas Baleares	95.5	99.5	114.3
Andalucia	55.9	57.9	77.6
Rgion De Murcia	67.9	67.2	84.4
Ceuta Y Melilla	65.5	67.0	87.9
Canarias	74.9	77.1	92.8

출처: Commission(2001; 2007).

과의 경제 및 사회적 격차를 해소시킨 것은 인정되나, 지역 간 격차는 여전히 존재하는 것으로 나타났다. 스페인과 타 국가 간의 격차를 해소하는 데 결정적인 역할을 한 지역은 마드리드(Comnidad De Madrid), 발레리 군도(Isas Baleares) 그리고 라 리오자(La Rioja)와 같은 일부 지역이다(〈표 4-13〉). 이들 지역을 제외한 다른 지역은 유럽연합 평균에도 못 미치는 소득 수준을 보이고 있다. 따라서 명목적 국민 소득 격차는 줄어들었을지 모르나 실질적 격차는 여전히 존재한다고 볼 수 있다.

6. 결 론

본 장에서는 2004년 유럽연합 확장 이전 지역정책의 최대 수혜국들에 대한 사례 조사를 실시하였다. 이를 위해, 아일랜드, 그리스, 포르투갈 그리고 스페인이 보여준 지역정책의 이행 수준 및 그 과정에서 나타난 지역화 및 분권화로 대변되는 유럽화를 살펴보았다. 이런 고찰을 통해 실제 경제 및 사회 격차의 해소 정도도 함께 분석했다.

이들 연구의 의의는 2004년 이후 가입한 중·동유럽국가들이 자신들에게 할당된 구조 및 결속기금을 통해 사회 및 경제적 격차를 해소하는 과정에서 발생하는 여러 가지 문제점을 분석하는 데 일조할 수 있다는 것이다. 특히 구공산권 출신 신생회원국들에게 공통적으로 나타나고 있는 행정적, 법적 그리고 제도적 하부구조의 문제점은 지역정책을 이행하는 데 걸림돌이 될 수 있다는 학제적 통념이 있다. 이런 학제적 통념의 타당성을 논의하는 데 있어 본 장의 분석은 좋은 선험적 사례를 제공하며, 그 함의는 다음의 주장 속에서 정리될 수 있다.

첫째, 지역정책을 통한 성공적인 사회 및 경제통합을 위해서는 유럽연합의 일방적인 주도하에 정책적 이행보다는 회원국의 자발적이고 적극적 행보가 필요하다. 그렇지 않고서는 포르투갈이나 그리스의 사례에서 보여준 것처럼 지역정책의 효과가 제한적일 수밖에 없고, 이는 향후 유럽연합의 지역정책 이행과 이를 통한 사회통합 노력을 반감시킬 수 있다.

둘째, 분석의 대상이 되었던 대부분의 결속국가의 경우, 가입 초기에 나타났던 행정 및 법률적 하부구조의 미비는 지역정책을 이행하는 데 걸림돌이 되었고 이는 실제 유럽연합 가입 이후 구조 및 결속기금을 활용하는 데 문제점으로 대두되었다. 중앙집권 체제를 오랫동안 유지해 왔던 그리스나 포르투갈과 같은 국가들은 전제 정부 체제 내에서 지역화에 대한 이해와 준비가 늦었고, 반면 아일랜드의 경우 소규모 국가란 특성 때문에 지역화에 대한 필요성이 늦게 발생하였다. 그러나 스페인은 가입 후 회원국의 지위를 통해 지역화 및 분권화를 자국의 제도 속에 안착시켰다. 그러나 이들 국가들은 나름대로 자신에게 맞는 지역화와 분권화를 정착시켰고, 이는 결국 사회 및 경제적 격차 해소에 일조하였다. 따라서 지역화의 과정이 시사하는 점은 상명하복식 전략은 단시간에 효율성을 극대화할 수 있을지 모르나 장기적인 측면에 있어서는 별로 실효성이 없다는 점이다. 결국에는 중앙정부와 지방정부 모두 부여된 권한과 책임을 소화하기 위해서는 자신에게 적합한 방식을 찾아야 하고 이는 시간이 걸린다는 것이다.

셋째, 지역정책 이행에 관련된 부서 및 정부 간의 협조 및 조율이 처음에는 미비했으나, 시간이 지나면서 어느 정도 개선되었다. 전통적으로 중앙정부 주도의 통제력이 강한 그리스나 포르투갈의 경우 수직 및 수평적 공조가 파트너십 원칙 속에 잘 이루어지지 않았고, 이는 여전히 극복해야 할 문제로 남아 있다. 그러나 구조 및 결속기금의 효율적 사용과 그 효과를 최대화하기 위해서는 중앙정부 또는 지역정부의 관리 구조가 단순화되어야 하며, 관련 부서 간의 협력이 중요하다.

마지막으로, 구조 및 결속기금을 통해 지역 간 격차 해소와 사회통합을 이루려고 한 목적은 어느 정도 달성되었다. 물론 국가마다 차이가 있고 지역 간 불균형도 완전히 해소되지 않았다. 사실 대부분의 사례 조사에서 알 수 있듯이 수도 및 몇몇 지역에만 경제 발전이 집중되는 현상이 나타났다. 이에 따라 지역정책이 실제 경제 및 사회적 격차 해소에 있어 어느 정도 기여했는지에 대한 논란이 있을 수도 있다. 그럼에도 불구하고, 장기적인 안목에서 보았을 때 지역 간 불균형도 점진적으로 향상되고 있다는 점을 알 수 있다.

제 5 장

신생회원국에 대한 사례 조사

1. 서　론
2. 폴란드
3. 헝가리
4. 체　코
5. 슬로바키아
6. 슬로베니아
7. 에스토니아
8. 라트비아
9. 리투아니아
10. 결　론

제 5 장 신생회원국에 대한 사례 조사

1. 서 론

구공산권 출신 국가의 대량 가입은 유럽연합 통치 체제에 큰 부담으로 작용하였다. 농업 비중이 높은 경제 구조, 경쟁력 약한 중화학 공업 일변도의 산업 구조, 계획 경제하의 경쟁이 없던 노동시장 체제 등 그 어느 하나도 가볍게 다룰 수 없는 문제였다. 이런 경제 및 사회 구조를 가진 국가가 기존 서유럽에 위치한 결속국가에 비해 구조 및 결속기금의 양이 많은 것은 당연한 결과이다.

〈표 5-1〉이 보여주듯이 2004년 이후 가입한 구공산권 출신 신생회원국 모두가 구조기금과 결속기금을 지원받고 있으며, 그 구체적 액수는 2000년에서 2006년까지 실시되는 재정전망(financial perspectives)에 의해 결정되었다.[1] 특히 구조기금은 다음 세 가지 목적을 이룩하기 위해 지원되고 있다. 첫째, 낙후된 지역의 발전과 구조적 적응을 목적으로 하며, 둘째, 구조적 어려움을 겪고 있는 지역의 경제적 그

1) 유럽연합의 예산은 7년을 주기로 발생한다. 다년 예산이 책정된 이후, 매년 개별 예산도 다시 책정된다.

<표 5-1> 2004년 가입 신생회원국가에 대한 유럽연합의 구조기금 할당량 (2004 - 2006년, 백만 유로)

국 가	제1 목표지역	제2 목표지역	제3 목표지역	국경지역 개발 프로그램 (Interreg)	Equal	결속 기금	총 계
체코 공화국	1454.27	71.30	58.79	68.68	32.10	936.05	2621.19
에스토니아	371.36	0.00	0.00	10.60	4.07	309.03	695.06
사이프러스	0.00	28.02	21.95	4.30	1.81	53.94	113.44
라트비아	625.57	0.00	0.00	15.26	8.03	515.43	1164.29
리투아니아	895.17	0.00	0.00	22.49	11.87	608.17	1537.70
헝가리	1997.72	0.00	0.00	68.68	30.29	1112.67	3207.36
몰 타	63.19	0.00	0.00	2.37	1.24	21.94	88.74
폴란드	8275.81	0.00	0.00	221.36	133.93	4178.60	12809.70
슬로바키아	1041.04	37.17	44.94	41.47	22.27	570.50	1757.39
슬로베니아	237.51	0.00	0.00	23.65	6.44	188.71	456.31
총 계	14959.64	136.49	125.68	478.86	252.05	8495.04	24451.18

출처: Hughes, Sasse and Gordon, 2004, p. 6.

리고 사회적 수렴을 목적으로 하며, 마지막으로, 취업, 직업교육, 그리고 교육 체제와 정책 근대화 및 적응도를 조력하는 것을 목적으로 한다. 한편 결속기금은 구조기금보다는 그 영향력이나 효과가 제한적이다. 결속기금의 주요 목적은 환경 및 교통관련 하부구조 지원이 그 목적이다.

이와 같은 목적을 추구하는 지역정책 속에, 본 연구의 분석 대상은 2004년 이후 가입한 신생회원국 모두를 포함하지는 않는다. 사례 조사의 대상국으로 폴란드, 헝가리, 체코, 에스토니아, 리투아니아, 라트비아, 슬로베니아와 슬로바키아를 선정한다.

그럼 왜 이들 8개국만 분석의 대상이 되었는가? 전 장에서도 언급했듯이, 루마니아와 불가리아가 2007년부터 실시하는 제2차 구조기금프로그램의 수혜자가 되지만, 2000년에서 2006년까지 실시된 1차 구조기금프로그램의 수혜 대상자는 아니다. 현재 진행 중인 재정전망은 2013년이 되어야 마무리된다. 따라서 현재로서 그 정확한 분석이 어렵다. 오히려 본 연구는 2006년에 1단계로 마무리된 구조기금프로그램의 중간 평가의 성격을 가진다는 점을 유념할 필요가 있다.

둘째, 키프로스와 말타가 본 연구의 사례 조사에서 제외된 이유는 이들 국가는 2004년 가입한 중·동유럽국가와는 여러 가지 면에서 상이점을 보이기 때문이다. 가장 중요한 원인 중 하나가 바로 공산주의 방식의 정치, 경제 시스템을 공유하지 않기 때문이다. 또한 이들은 구공산권 출신 국가들에 비해 상대적으로 부유한 그룹에 속한다. 〈표 5-1〉에서도 보여주듯이 키프로스의 경우 일인당 국민 소득이 유럽연합 평균의 75% 이상으로, 제1목표 지역에 속하지 않는다.

따라서 본 장에서는 전 장의 사례 조사가 주는 교훈과 시사점을 고려하여, 구공산권 출신 회원국을 중심으로 한 두 번째 사례 조사를 실시한다. 이를 위해, 구공산권 출신 개별 국가에 대한 지역정책 수렴 정도를 유럽연합 가입 이전과 가입 이후로 나누어 고찰하고 이 과정에서 나타난 사회통합 정도도 분석한다.

2. 폴란드

폴란드는 폴란드어로 폴스카로 불리는 중부 유럽에 위치한 공화국이다. 국토의 75%가 해발 200미터 이하이며, 여러 국가와 국경을 마주하고 있다. 동쪽으로는 벨라루스, 우크라이나, 리투아니아 및 러시아, 남쪽으로는 체코 및 슬로바키아, 서쪽으로는 독일 등 7개국과 접하고 있고, 북쪽으로는 발트 해에 접해 있다. 한편 수도인 바르샤바는 폴란드의 중앙부에 위치하고 있으며, 정치, 경제, 사회 및 문화의 중심지이다.

정치 체제는 기본적으로 행정부, 입법부 그리고 사법부의 삼권분립에 기초하여 운영되고 있다. 행정부는 대통령과 각료회의로 구성되어 있다. 의회의 형태는 양원제로 상원 100명, 하원 460명으로 구성되어 있으며, 임기는 4년이다. 하원은 중선거구 비례대표제를, 상원은 중선거구 다수대표제를 채택하고 있다. 의회 내각제의 정부형태를 취하고 있는 하원은 국정 운영기관인 정부 구성에 직접 참여하며, 상원은 국정 운영 참여권 없이 하원의 견제기능을 주로 담당한다. 또한 행정 구역은 16개 주(województwo)로 구성되어 있다.[2)]

유럽 중부 중심에 위치한 주요 국가 중 하나인 폴란드는 1989년 공산권 몰락과 함께 유럽으로의 귀환을 천명하였다. 따라서 유럽연합 가입을 제일 중요한 외교 정책 중 하나로 삼고 국가 운영을 해왔을 뿐만 아니라, 이런 정책 방향에 따라 2004년 유럽연합 가입이 성공적으로 이루어졌다. 그러나 폴란드의 유럽연합 가입은 기타 구공산권 출신 동유럽 국가처럼 사회 및 경제통합의 난제를 해결해야 하는 내부 및 외부의 요구를 낳았고, 이런 문제를 해결하기 위한 한 방편으로 가입 이전부터 PHARE 프로그램이 실시되었다.

특히 폴란드는 2004년 동유럽 출신의 유럽연합 가입국 중 그 인구

2) 특히 폴란드는 NUTS 2 지역에 행정조직과 부합하는 16개의 지역개발프로그램을 실시하는 데 노력하고 있으며, 그 근본적인 이유는 지역개발프로그램과 실제 구분된 지역 간의 연계된 프로그램 실시를 통해 중앙과 지방정부 간의 공조를 모색하기 위함이다.

크기에 있어 큰 국가로 분류될 수 있다. 유럽연합 27개국 중 인구규모에 있어 6번째로 큰 국가이며, 유럽연합 전체 인구의 8.5%나 차지한다. 그러나 일인당 국민 소득 기준을 보았을 때 유럽연합 평균치 이하이다. 2007년 구매력 환산 일인당 국민 소득은 16,600달러이고, 폴란드의 산업이 GDP에서 차지하는 비중은 농업이 3%, 공업이 32%이며, 서비스업이 66%이다. 따라서 폴란드의 가입은 향후 지역정책 이행에 있어 그 시사점과 함의는 중요하다.

2.1. 지역화 및 분권화에 대한 평가

폴란드는 약 3,800만의 인구를 가진 중앙집권 체제 국가이다. 행정상의 지방정부 조직은 1989년에 설립되었다. 1999년 국가 행정 개혁(the State Administrative Reform)의 결과로 지역과 지방 수준의 자치 조직이 설립되어야 한다고 결정되었다. 공산권 몰락 이후 진행된 지역화는 지방자치 조직 구성에 일정 수준 기여를 한 것으로 판단된다. 그 구체적인 실례가 바로 2000년부터 실시한 NUTS 구분법에 따른 지역 분화 작업이었다. 이런 시도에 의해, 폴란드는 2,489개의 시(municipality(NUT 5)), 373개의 지구(powiats(NUTS 4)), 44개의 지구 연합(groups of powiats(NUTS 3)) 그리고 16개의 주(voivodship; województwo(NUTS 2))로 구분되었다.

지역개발법(the Law of Regional Development)이 2000년에 채택되었다. 이 법에 따라, 지역 관련 프로그램 수립 및 관리 그리고 관련 제도 구축 등 지역정책을 관장하는 주요원칙이 상세히 명시되었을 뿐만 아니라, 지역정책 자금 공급 토대로 활용될 주 연락망(voivodship contracts)도 구축되었다. 또한 제도 구축을 위해 2000년 전까지 지역정책 입안 책무를 맡았던 내무부(the Ministry of Interior)와 함께 지역개발부(the Ministry of Regional Development)가 설립되었다. 지역개발부는 지역개발에 관한 평가와 감시 등의 업무를 수행하였다(Bailey and De Propris, 2002: 315-316).

민주적 선거에 의해 선출된 지역정부와 중앙정부가 존재하는 다층적 통치의 구조를 갖추기 시작했으며, 관련 기관들 간의 업무도 분담되기 시작했다(Gorzelak, 2000). 새롭게 신설된 지방자치 정부는 지역과 관련한 업무를 계획하며, 지대 관리 및 환경 보호 업무를 하였다. 물론 그 업무의 성격이 약간 주변적이라는 논란이 있지만, 지방자치 정부 설립을 통해 운영되고 있는 지역 수준의 통치 구조는 중앙행정부와 자치 정부 당국이 공존하는 것이 그 특징이다. 총리가 임명한 행정관(Voivod)은 중앙정부의 대리자 역할을 수행하면서 지역에서 발생하는 업무를 관장하는 국가 기관으로서의 기능을 담당하였다.

뿐만 아니라, 선거에 의해 선출된 지역의회(sejmiks)와 집행관(Marshal)이 주도하는 관리 위원회가 지방자치 정부를 구성하였다. 이들 기관으로 구성된 지방자치 정부는 중앙정부가 추구하는 지역정책 목적을 고려하여, 실제 개별 지역의 이익을 반영한 지역전략 개발 등의 업무를 이행하고 있다. 또한 총리와 행정관이 지방자치 정부의 법적 관리 업무를 수행하며, 지역 회계국(Regional Audit Chambers)이 재정 분야 업무를 담당하였다. 직접 선거로 선출된 주(County)의회가 군 단위의 입법 기능을 수행하며, 주의회가 지명한 주관리단(County Management Boards)이 관리 기능을 맡았다.

재정 분야에서도 지역화가 어느 정도 진전되었다. 지역과 지방자치 행정구(gminas)와 같은 자치정부뿐만 아니라, 군 단위 자치정부에서도 자체 법률 인력과 소득원을 가지고 있었다. 특히 지방자치 재원은 개인소득세나 경찰 및 소방서와 같은 주 단위 서비스 및 관리 업무 이해에 필요한 자금 및 보조금에 기반을 두었다. 또한 군 산하에 활동하고 있는 지방자치행정구는 지역적 요구에 부응하기 위한 행정 업무 서비스를 제고하면서 실제 지방자치 행정 업무 고리에서 가장 기초적이지만, 가장 중요한 업무를 수행하고 있다. 물론 정부 행정과 같은 행정기능을 지방자치행정 관리단이 수행하지만, 특히 눈여겨 볼 점은 직접 선거를 통해 지방 법률을 통과할 수 있는 권한이 지방자치 행정국인 주들에게 부여된 점이다(Jewtuchowics and Czernielewska-Rutkowska, 2006: 142).

효율적인 지역정책에 필요한 정부와 민간 분야 행위자들 간의 파트너십이 정착되는 모습도 나타났다. 1980년대부터 시작된 노동조합 운동이나 시민 사회 주체들 간의 연대 운동이 있었다. 이런 운동은 결국 지역정책의 성공적 운용에 필수불가결한 파트너십 원칙을 공고히 하는 교두보 역할을 하게 되었다. 특히 1990년대 들어서 민간 분야의 비정부기구 활동을 촉진하기 위한 법적·제도적 기반이 마련되었고, 이는 사회적 대화 촉진과 사회 전반에 걸친 파트너십 활성화를 위한 분위기를 고양시켰다.

오늘날 폴란드 내에는 4만 6천여 개의 비영리 단체와 7천여 개의 재단이 활동하고 있다. 특히 유럽연합 가입 후 유럽화의 일환으로 받아들여야 할 점이 바로 정부와 시민 단체 간의 조화로운 발전이었다. 이에 따라 실제 구조기금을 관장하는 정부 위원회에 비정부기구를 대표하는 이들의 적극적 개입이 나타났으며, 이는 〈표 5-2〉 수치에서 잘 나타나고 있다. 이 표에 의하면, 기업분야, 인력개발, 지역개발, 기술지원 등 다양한 분야에 있어 비정부기구들이 참여하여, 현재 그 숫자가 늘어나고 있는 추세이다. 따라서 유럽연합 가입 이전인 2003년

<표 5-2> 운용프로그램 운영에 비정부기구 참여 수

운용프로그램	비정부기구들의 수
기 업	3
인력개발	6
지역개발	7
기술지원	1
EQUAL	7
커뮤니티지원프로그램	10
교 통	2

출처: Harvey(2004).

부터 비정부기구의 활동을 관장하는 법이 신설되었을 뿐만 아니라, 브뤼셀에 연락 사무소를 설치하였다. 유럽연합 회원국이 된 이후에는 이들 시민 단체의 활동이 더욱 두드러졌다. 특히 이들 단체들이 가지고 있는 전문지식은 성공적인 지역정책 운영에 필수적이었다. 이런 중요성을 충분히 인식한 폴란드 정부는 국토개발계획 초안 작성에 있어 시민 단체들의 자문을 적극적으로 구하면서 이들의 자연스러운 참여를 유도하였다(Wisniewski, 2007: 206-206).

그러나 폴란드가 지역, 시, 주, 그리고 지방자치행정구 순의 자치정부조직을 가지고 지역정책 이행의 효율성을 높이고자 했지만, 중앙정부와 지방정부 간의 불분명한 권한 배당과 이에 따라 발생되는 정부 간 권한을 조율하는 것은 실패하였다. 단기적인 측면에서 보면, 효율적인 지역정책을 이행하는 데 있어 심각한 문제로 대두되었다. 또한 유럽연합 가입 과정에서 중앙정부의 행정능력 향상에만 집중한 집행위의 선택으로 인해, 이런 문제들은 보다 복잡하게 되었다. 한편 지역정부의 재정 자립도도 문제가 되었다. 충분한 지방 재원을 조달하기 어려운 상황이어서, 지역정부는 재정적으로 과도하게 중앙정부에 의존하였다. 법적으로도 자신에게 주어진 업무를 수행하는 데 어려움을 겪었다. 따라서 폴란드가 지역개발계획 수립 단계에서 지역 행정부에게 자체 프로그램 내용을 개발할 수 있는 권한을 부여했으나, 이는 계획 단계에서만 가능했지 실제 프로그램 관리나 통제 및 이행에서는 제한되었다(Bachtler and McMaster, 2008: 9-19).

결론적으로, 유럽연합 가입 이전부터 지역 차원의 정부 수립을 통한 법적, 행정적 준비가 있었으나, 그 수준에 있어서는 의문의 여지가 있다. 유럽연합 가입 후 지역화 및 분권화가 당초 목표했던 정도로 이루어지지도 않았고 그에 따른 경제 및 사회 격차 해소에도 한계를 보였다. 이런 점을 감안하여, 지금부터 2004년 유럽연합 가입 후 지역정책 이행 수준과 그에 따른 경제, 정치 그리고 사회적 지표에 근거한 수렴화 정도를 살펴보자.

2.2. 결속 정도에 대한 평가

2007년부터 시작될 새로운 재정 전망에 따라 2000년부터 시작되었던 1차년도 구조기금프로그램은 2006년도에 마무리되었고, 본 구조기금프로그램의 이행에 대한 평가가 필요하다. 그럼 지역정책의 원활한 이행을 위한 유럽화가 얼마나 발생하였고 그 과정에서 지역 간 격차가 얼마나 해소되었는가를 살펴보자.

유럽연합 가입 이후 2004년에서 2006년까지 제1차 구조기금프로그램을 관장했던 폴란드의 국가발전계획(National Development Plan)은 많은 문제점을 드러냈고 그에 따라 대내외적 비판의 대상이 되었다. 비판의 첫 번째 이유는 바로 폴란드가 지역정책 제반 의무를 충족시키지 못했다는 점이다.[3)] 유럽연합 가입 후 폴란드에게 할당된 구조 및 결속기금을 최대한으로 활용하기 위해 백방의 노력이 있었고 그에 따른 소기의 성과도 있었다. 그러나 유럽연합을 가입한 지 2년이 지난 2006년 기금 수용 정도를 측정해 보았을 때 부정적 시각을 가지지 않을 수 없다.

2006년까지 할당된 자금을 충분히 활용하지 못했다는 평가가 나왔고 지방 행정조직의 비효율성이 그 주된 이유였다(Vreheijen, 2007: 4). 폴란드에게 최초로 할당된 구조기금과 결속기금은 약 110억 유로였으나, 2006년 당시 실제 이 액수의 약 24.5%인 27억 유로만 집행되었다(European Parliament, 2007: 13). 앞서 언급한 지방 행정조직의 비효율성과 함께, 기술, 경험 및 대응 투자의 부족도 중요 이유로 거론되었다. 폴란드의 경우, 아직 지역정책하에 할당된 기금을 효율적으로 이용하기에 필요한 제도적 능력이나 인적자원이 부족한 것이 사실이다.

비효율적 자금 운용의 문제도 있었지만, 실제 지역정책을 운용하는데 필요한 다층적 통치를 통한 유럽화도 기대 이하였다. 지역정책이 효과적으로 이행되기 위해서는 재정적인 문제를 넘어서 유럽연합의 초국가적 기구(집행위)와, 중앙정부 및 지역정부 간의 파트너십이 필요불가결하다. 이에 대한 폴란드의 입장은 상반되게 나타났다. 우선 2007년에서 2013년까지 국토개발계획(National Development Plan)의 작성에 있어 광범위하게 개입하였다. 지역정책에 직·간접적으로

3) 유럽연합의 구조 및 결속기금을 원안대로 흡수하지 못한 점에 대한 반론 역시 주목할 필요가 있다. 일각의 논의에 의하면, 가입 전에도 나타난 것처럼, 폴란드는 자국에서 할당된 구조기금을 원안대로 흡수할 수 없다는 점을 처음부터 주장했다는 점을 감안했을 때(Kaniewska and Zawalińska, 2005: 71), 제1차 구조기금프로그램이 종료되는 2006년 당시 폴란드의 자금 수용성이 떨어지는 점은 예견된 문제이며, 폴란드가 지역정책을 효율적으로 이행하지 못한 결과라는 점을 유념할 필요가 있다.

이해관계를 갖고 있는 각계각층의 정치 및 경제 행위자들로부터 광범위한 자문을 구하였다. 이는 실제 지역정책 수혜자의 입장이 프로그램 계획, 집행 및 관리 단계에 주요한 변수로 작용한다는 인식에 기초한 행위였다. 또한 2007년에서 2013년까지 실시될 국토개발계획 수립 과정에서 민간사회를 위한 운영 프로그램이 제안되었고 본 프로그램의 최종 수혜자가 비정부기구 자신이라는 인식 속에 프로그램 개발에 적극적으로 참여하였다(McMaster and Bachtler, 2005: 11). 이로서 운용프로그램(Operational Programmes)과 가용할 수 있는 자금이 증가함으로 인해 실용적인 대응도 가능해졌다.

그러나 행정조직의 취약점은 지역정책 이행에 문제점으로 대두되었다. 낡은 조직 및 관리 체계로 인해 제도의 비효율성은 무시할 수 없게 되었고 중앙정부와 지역 및 지방정부 간의 조율이 취약하다고 지적되었다. 메카프(Metcalfe, 1993)의 연구는 행정조직에서 수직적 그리고 수평적 공조의 측정 정도를 보여주고 있는데(〈표 5-3〉), 이 표에 따르면 폴란드의 정책 조율 정도는 슬로바키아 공화국과 같은

〈표 5-3〉 정책조정척도

정책측정척도	
9.(최상)	전체적 전략 제시
8.	우선순위 결정
7.	행동의 범위 결정
6.	정책 차이의 중재
5.	정책에 관한 합의 모색
4.	기관 간 의견차 회피 노력
3.	타 기관과 협의(피드백 수준)
2.	타 기관과 대화(정보 교환)
1.(최하)	개별적 의사결정

출처: Metcalfe(1993); Verheijen(2007. 24).

수준이다. 즉, 정책 공조에 필요한 수직 및 수평적 협조가 부족한 수준인 2단계로 나타났다(Verheijen, 2007: 25). 또한 행정조직의 수직 및 수평적 공조가 잘 안 되고 있는 점과 함께, 양질의 행정 서비스를 제공하는 데 문제가 있고 그에 따른 부패 위협도 간과할 수 없다는 평가가 내려졌다(Ministry of Regional Development, 2007: 18).

따라서 지역정책을 이행할 때 파트너십 원칙이 충실히 지켜지지 못했다고 볼 수 있다. 본 원칙을 준수하는 것은 지역개발과정에 참여하는 다양한 형태의 경제 및 정치 행위자들 간의 정보의 비대칭성을 제거하기 위해 필요하지만, 〈표 5-3〉에서 나타난 것처럼, 공적 기관과 사적 기관 간의 파트너십이 미약하다. 이로 인해 실제 프로그램의 원칙을 통한 안정적이고 합리적인 지역정책을 운영하는 데 어려움이 있다. 또한 장기적 관점에서 볼 때도, 어려움이 산재해 있다. 유럽구조기금의 운영계획을 세우고, 운영의 모든 의사결정이 협동적이고 조직적으로 이루어져야 하는 당위성이 지켜지는 데 문제점이 없지 않다(Armstrong and Wells, 2005: 40). 사실 유럽구조기금의 운영은 다년간에 걸친 사업기간을 예산 단위로 삼기 때문에, 사업기간 전에 충분한 사전 연구 및 각 계층의 필요를 철저히 반영한 프로그래밍이 이루어져야 한다. 이런 가정 속에서만, 유럽구조기금의 성공적인 운영을 기대할 수 있다. 그러나 2004년에서 2006년 기간 동안 진행되었던 1차 구조기금프로그램이 짧다는 이유로 분권화에 대한 당위성의 논리보다는 효율성의 논리가 우선시되었다. 따라서 제도적으로나 정황적으로 볼 때, 시민 사회의 적극적 참여는 한계를 가질 수밖에 없었다.

유럽연합 가입을 전후하여 중앙정부 차원의 효율적인 지역정책 운용이 정책 목표였기 때문에, 이 목표를 수행하는 데 있어 시민 단체의 활동을 중요한 변수로 고려하지 않았다(Wisniewski, 2007: 206).

특히 2006년에 마무리된 제1차 구조기금프로그램에서 비정부기구나 기타 시민 단체의 역할은 상대적으로 제한되었다. 오히려 폭넓은 형태의 파트너십보다는 중앙정부 중심의 효율적 지역정책을 통한 균형발전을 강조하였다. 이런 정책적 판단에 민간 분야의 참여와 결속기금에 대응한 폴란드 측의 자체 자금 창출이 어려웠었다.

또한 수직적 공조도 쉽지 않았다. 중앙과 지방정부 간의 협조와 의견 조율도 문제시되었다. 중앙정부는 의사결정에서부터 대응자금을 제공하는 것이나 그 외 이행 과정의 결정에 주도권을 행사하였고 (Kaniewska and Zawalińska, 2005: 78), 지방정부는 이를 수용하는 입장이었다.

마지막으로, 중앙과 지역 간의 권한이 어떻게 공유되어야 하는지에 대한 문제점도 심각하게 대두되었다. 예를 들어, 중앙정부와 선거에 의해 선출된 지역정부 간의 책임 공방을 두고 자주 혼선을 빚었고 이로 인해 지역정책을 이행함에 있어 당국 간 책임 조율이 어렵고 복잡해졌다(McMaster and Bachtler, 2005: 10).

한편 지역화 및 분권화가 빨리 진행되지 않음으로 인해 발생하는 행정력 부재는 경제통합에 있어서도 부정적인 결과를 초래하였다. 경제통합의 측면에서 볼 때, 현재까지의 경제적 수렴 정도는 그리 흡족하지 않았다. 국내 총생산이 지역 경제통합의 좋은 지표가 되지만, 이것이 사회적 격차가 줄어들고 있다는 결정적 증거로는 사용될 수 없다. 상대적으로 낙후된 지역이 겉보기에 만족할 만한 경제 성장률을 보인다고 할지라도 실업률 문제나 늘어나는 일인당 국민 소득의 격차는 여전히 지역 발전에 부정적 여파를 끼쳤다.

사회 및 경제 분야의 수렴도를 살펴보기 위해 다음 두 가지 사항에 대한 분석이 필요하다. 우선 사회적 격차 해소 정도를 평가하기

〈표 5-4〉 폴란드의 경제 및 사회 수렴도

연 도	2000년	2001년	2002년	2003년	2004년	2005년	2006년
EU 27 평균실업률(%)	8.7	8.5	8.9	9.0	9.1	8.9	8.2
전체 노동자 대비 실업률(%)	16.1	18.2	19.9	19.6	19.0	17.7	13.8
EU 27 평균취업률(%)	62.2	62.5	62.3	62.5	62.9	63.4	64.4
전체 노동자 대비 취업률(%)	55.0	53.4	51.5	51.2	51.7	52.8	54.5
EU 27 평균 일인당 국민 소득(PPP)	100	100	100	100	100	100	100
일인당 국민 소득(PPP)	48	48	48	49	51	51	53

출처: 다양한 eurostat.

위해 유럽연합 가입을 전후하여 나타난 취업 및 실업률의 추이를 살펴볼 필요가 있다. 사회적 격차 해소 추이에 대한 평가와 함께 타 국가와의 경제적 격차 해소 추이를 살펴보기 위해서는 실제 구매력 환산 일인당 국민 소득의 변화 추이도 함께 분석해야 한다.

〈표 5-4〉에 의하면, 폴란드의 실업률은 현재에도 우려의 대상이다. 2000년 폴란드의 실업률은 16.1%로 유럽연합 27개국 평균의 두 배 정도 높은 수치를 보여주었고 2004년 유럽연합 가입 당시에는 오히려 악화되어 19.0%를 나타냈다. 또한 제1차 구조기금프로그램이 끝나는 2006년에도 유럽연합 27개국의 평균 실업률이 8.2%인 반면 폴란드의 실업률은 13.8%로 여전히 높은 수준을 보이고 있었다. 구공산권 산화 계획 경제 체제에서 시장경제 체제로 변환하면서 잉여 노동자의 수가 급속도로 증가하였는데 이들을 흡수할 수 있는 여력이 부족했기 때문이다. 즉, 유연한 노동시장을 발 빠르게 개발하지 못하고 경제구조를 다양화하는 작업을 빠르게 시작하지 못한 것이 주요 원인으로 꼽히고 있다(Molle, 2007: 62-63).

전체 노동자 대비 취업률도 유럽연합 27개국 평균에 미치지 못한

<표 5-5> 폴란드의 지역 간 격차

지역분류[1]	지 역	일인당 국민 소득(PPP) (EU 27=100) 2004년 기준	취업률(2005년)		
			농 업	산 업	서비스
기초산업	Lódzkie	46.7	16.2	25.1	58.7
수 도	Mazowieckie	76.8	16.8	31.0	52.2
기 타	Malopolskie	43.4	23.1	27.9	49.0
광산촌	Slaskie	57.0	4.3	38.8	56.8
기초서비스	Lubelskie	35.2	35.9	19.3	44.8
농 촌	Podkarpackie	35.4	25.6	28.3	46.0
농 촌	Swietokizyskie	39.3	33.2	22.5	44.2
농 촌	Podlaskie	37.9	34.4	20.7	44.9
엔지니어	Wielkopolskie	54.5	16.5	34.8	48.8
기초서비스	Zachodniopomorskie	47.2	10.2	28.2	61.7
기초서비스	Lubuskie	45.4	11.4	31.9	56.7
기초서비스	Dolnoslaskie	51.7	8.5	33.0	58.4
기 타	Opolskie	43.6	18.2	31.6	50.3
기초산업	Kujawsko-Pomorskie	45.4	17.2	32.4	50.5
기 타	Waminsko-Mazurskie	39.4	16.4	30.4	53.2
기초서비스	Pomorskie	49.6	11.7	30.5	57.8

주: 1) 신생회원국의 지역분류는 지역의 중심 산업을 고려하여 다음 8가지 즉, 수도, 농촌, 광산촌, 기초산업, 엔지니어, 기초서비스, 관광, 기타로 나뉜다.

출처: Landesmann and Roemisch(2005); Commission(2007a).

다. 2000년 전체 취업률은 55%로 유럽연합 27개국 평균인 62.2%에 미치지 못하고, 2004년과 2006년에도 각각 51.7%와 54.5%로 유럽연합 평균 이하를 보여주고 있다. 따라서 폴란드는 슬로바키아와 함께 신생 유럽연합 회원국 중 취업률과 실업률 등 사회통합 정도를 나타내는 지표에 있어 최하위 그룹에 속하는 것으로 나타나고 있다.

그럼 경제적 격차 해소 추이가 가지는 함의는 무엇인가? 폴란드의 일인당 국민 소득은 유럽연합 평균에 비해 낮은 것으로 나타나고 있다. 2000년에 48%에서 2004년에는 51%로 약간 상승하였으나, 1차 구조프로그램이 끝나는 2006년에도 그리 크게 향상되지 않은 53%에 그쳤다. 따라서 전술한 것처럼, 유럽연합의 지역자금이 실제 필요한 분야에 적절히 사용되어 그 파급효과를 최대한으로 이끌어내지 못했다는 것을 알 수 있다.

국토 전체의 발전도 중요하지만, 지역 간 균형 발전을 모색하는 것도 중요하다. 그러나 폴란드의 경우, 기존 결속국가의 사례에서도 언급된 것처럼, 국토 균형 발전은 실현되지 않았다. 오히려 특정 지역에만 경제 성장이 집중되는 경향이 있었고 이를 설명하는 여러 가지 논의가 있다.

첫째, 폴란드는 여타 구공산권 출신 회원국처럼 공산권 몰락 이후부터 유럽연합 회원국이 된 이후 내내 자유화 과정을 겪어야 했다. 단극 체제로 재편된 후 국제 사회는 신자유주의적 시각 속에 무한 경쟁의 미덕만을 강조하였다. 이런 상황 속에 폴란드도 높은 경쟁의 파고를 회피할 수 없었다. 따라서 전환기 경제가 시작된 개방 초기시기에 지역 간 격차가 심화되는 현상이 나타났고 이를 어쩔 수 없는 현실로 받아들였다. 즉, 시간이 지남에 따라 거래 비용이 줄어들고 적합한 경제 개혁이 실시되기 전까지는 지역 간 격차가 유지될 수밖에 없다고 보았다(Kaniewska and Zawalińska, 2005: 80). 특히 국가 차원의 경제 발전이 주된 관심사인 현실 속에서 지역 간 격차 해소와 조화로운 균형 발전이라는 논의는 다소 현실감이 떨어져 보였다.

이런 정황 속에서, 낙후된 농촌이나 사양 산업이 밀집된 지역에 일정액의 공동체 기금이 할당되어 있지만, 기금의 상당량이 주요 대도시 지역에 집중되거나, 지방 요충지 간 교통망 확충과 같은 장기적인 사업에만 집중적으로 투자되었다(McMaster and Bachtler, 2005: 5). 따라서 하부구조 건설보다는 연성적인 경제 발전에 주도적 역할을 통한 지역 균형 발전은 어렵게 되었다. 사실 유럽연합 가입 후 몇 년간의 지역정책의 초점은 도로, 통신 등 경성 분야의 하부구조 건설에 주력하였다(Gorzelak and Kozak, 2008: 147).

도시 중심의 빠른 성장이 주변 농촌 지역의 발전에 촉매 역할을 해왔음을 부인할 수 없으나, 경제 발전이 더딘 지역이 다수로 판명되면서 지역 불균형은 더욱 심화되었다. 따라서 도시 내 빈민지역 문제로 인해 발생하는 사회적 소외를 해결할 효과적 도시정책이 필요하며, 경제적으로 빈곤한 지역들이 어떻게 부족한 하부구조를 확충하고 그 과정 속에서 제한된 공공 서비스를 제공하는가도 주요 관심사였다. 이는 결국 상대적으로 저발전된 지역에서 심각하게 발생하는 인구유출현상을 어떻게 완화하는가에 대한 하나의 대답이 될 뿐만 아니라, 일자리 감소란 부정적 현상을 최소화하는 제도적 장치로 작동하게 된다(European Parliament, 2007: 14).

이를 보여주는 첫 번째 지수가 바로 지역 간 일인당 국민 소득의 격차이다.[4] 폴란드도 대부분의 구공산권 출신 신생회원국의 경우와 마찬가지로 수도와 산업 분류에 따른 지역 간 격차가 심한 것으로 드러났다. 마조위키(Mazowieckie)와 같은 수도권의 경우 어떤 지역보다 일인당 국민 소득이 높은 것으로 나타났으며, 슬라스키(Slaskie) 지역

4) 동유럽 출신 신생회원국의 국가적 특수성 때문에 지역 간 구매력 환산 일인당 국민 소득 계산에 있어 다음 두 가지 사항을 유념하여야 한다는 주장이 있다. 첫째, 지역 간 일인당 국민 소득을 계산할 때 지역 간 존재하는 물가 차이를 고려하지 않았다. 본 지표는 국가 간 물가 차이는 고려 대상에 삼았지만, 기존 자료 부족으로 인해 지역 간 물가 차이를 고려하지 않았기 때문에 지역 간 소득 격차가 다소 과대평가되었다는 주장을 유념할 필요가 있다. 둘째, 특정 기업들은 기업 이윤을 지역을 기초로 해서 등록하기보다는 수도와 같이 본사 소재지 중심으로 이윤을 신고하였기 때문에 실질적으로 지역 간 소득 격차를 이해함에 있어 이 점 또한 고려 대상에 넣어야 한다는 주장도 유념해야 한다.

도 실질소득이 타 지역에 비해 상대적으로 높은 것으로 나타났다. 슬라스키 지역 같은 경우 광업이 활발한 지역이지만, 과거 몇 년간 실질 소득이 증가한 것으로 드러났다(Landesmann and Roemisch, 2005: 52).

물론 일인당 국민 소득의 변화 추이와 취업률 간의 상관관계가 부족해 보이지만, 대부분의 동유럽권 출신 신생회원국의 경우 농업 분야가 실제 노동시장에서 매력적이지 않은 인력을 흡수한다. 농업지역으로 분류된 포드칼패키(Podkarpackie), 스웨코키지스키(Swietokizyskie) 그리고 포드라스키(Podlaskie)와 같은 지역은 실제 취업률의 상당수인 25.6%, 33.2% 그리고 34.4%가 농업 분야에서 발생하고 있는데 이는 실제 취업률을 과장해서 보여주는 원인이 된다. 이런 점을 고려해 볼 경우, 일인당 국민 소득이 높은 지역일수록 취업률이 높은 것으로 나타났고, 이로 인해 경제적 격차와 사회적 격차가 동시에 발생하고 있다는 것을 알 수 있다. 결론적으로, 폴란드 내부 지역 간 격차는 경제 및 사회 분야 모든 곳에서 존재하는 것으로 판단된다.

3. 헝가리

헝가리 공화국은 헝가리어로 머저르 쾨즈타르셔샤그(Magyar Köztársaság)로 불리는 중부 유럽에 위치한 국가이며, 수도는 부다페스트이다. 헝가리는 93,030평방 제곱킬로미터의 면적을 지니고 있다. 남북 250km, 동서로는 524km이다. 2,258km의 국경을 이루며 서쪽으로는 오스트리아, 남서부로는 세르비아, 크로아티아, 슬로베니아를 접한다. 북동쪽으로는 우크라이나가 있고 북쪽에는 슬로바키아가 있다. 2006년 당시 1,007만 6,000명의 인구를 가지고 있으며, 현재 인구의 84.4%가 핀-우그리아어파의 헝가리어를 사용하는 헝가리인(마자르인)이다. 또한 집시라고 불리는 로마인이 5.3%를 차지하며, 독일인, 루마니아인, 터키인, 슬라브계의 슬로바키아인, 세르비아인, 슬로베니아인, 우크라이나인, 크로아티아인, 유대인과 같은 기타 민족도 함께 거주하고 있다.

현재 국경은 1차 세계대전 이후 생긴 것으로 1920년 트리아농 조약 이후 헝가리 제국은 원래 영토의 71%를 잃었고 인구의 58.5%도 사라졌다. 나치군과 연합하여 슬로바키아와 우크라이나, 루마니아, 유고슬라비아와 맞닿고 있는 일부 지역에 대한 영토권을 확보하기도 했다. 그러나 2차 세계대전 이후 이러한 영토를 모두 잃었다. 1991년 소련이 해체되자 헝가리는 서유럽 국가들과 관계를 더욱 긴밀히 하며 1999년에는 북대서양 조약기구(NATO)에, 2004년 5월 1일에는 유럽연합에 가입했다.

폴란드에 비해 그리 크지는 않지만, 약 1천만이 넘는 인구를 가진 헝가리가 유럽연합의 지역정책을 효율적으로 이행하고 이에 따른 경제 및 사회 수렴에 성공하는 데 있어 의문점이 없지 않다. 헝가리는 1990년대 초반 마이너스 경제 성장을 보이다가 1990년대 중반부터 회복기를 보였다. 그러나 2004년 유럽연합 가입을 전후하여 보여준 경제 성장률은 급격히 하락하여 연 평균 1%의 성장률을 보였다. 지역화 및 분권화에 있어서도 부다페스트 수도에 집중된 경제 발전으로 인한 국토 균형 발전에 관한 문제나 현재 NUTS 2 체제로 나누어진 지역 분권 체제가 지니는 효율성에 대한 의문점은 여전히 제기되고 있다. 이런 정황 속에서, 제1차 구조기금프로그램이 종료되는 2006년까지 나타난 사회 및 경제 수렴 정도를 고찰해 보자.

3.1. 지역화 및 분권화에 대한 평가

헝가리는 전통적으로 중앙집권적 국가 형태를 띠고 있으며, 이런 중앙집권적 전통은 지난 천 년 동안 지속되어 왔다. 중앙집권적 전통을 가진 헝가리에 지방 조직이 없었던 것은 아니다. 지방 조직의 근간은 주(county)이며, 현재 부다페스트를 포함한 총 주의 개수는 19개이다. 주의 기원은 12세기경으로 거슬러 간다. 19세기 중반까지 지속된 봉건 제도하에서 주는 국가 속에 또 다른 국가로 인식되었다. 각 주는 왕과 귀족의 이권을 보호하기 위해 존재했었다.

그러나 1950년대에 접어들면서 소련 스타일의 지방의회(council)가 소개되었다. 지방의회는 단일 국가 체제 속의 중앙집권적이고 계급조직적인 지방정부 체제였다. 구공산권 시절 지방의회가 지방 체제의 근간이 된 것처럼 보이나, 여전히 지방체제의 근간은 주였고 이 지방체제는 유럽연합 가입을 즈음하여 변모하기 시작했다(ILona, Paraskevopoulos and Horváth, 2004: 431-432).

1980년대에서 1990년대를 걸치면서 행정조직의 변화가 있었다. 이 변화는 특히 중앙정부 중심의 제도와 재정 운영 방식에 지역화의 바람을 일으켰다. 1990년 발효된 지방자치 정부법안(the 1990 Act on Local Self-Government)에 따라, 1,600개인 지방의회(local council)는 3,000개 이상의 지방정부로 대체되었을 뿐만 아니라, 하위 국가 단위의 지방정부의 역량도 강화되는 효과가 발생하였다. 그러나 과거 지방정부의 근간이 되었던 주의 역할은 오히려 감소하였다. 세금 징수와 같은 주의 고유 권한이 약화되었고, 기초적인 직무만을 수행하게 됨으로써 자신의 역할이나 영향력이 상대적으로 약화되었다(Ellison, 2007: 15). 이런 일련의 과정은 과거 공산주의 시절 지나치게 중앙 집권화되었던 행정조직을 개혁하기 위한 일환의 노력이며, 이런 노력은 결국 헝가리 내 지역화 및 분권화를 가능케 한 계기가 되었다.

1996년 지역개발및토지사용계획에관한법(Law on Regional Development and Land-use Planning)이 재정되었다. 이 법에 따라, 지역개발과정에 변화가 일어났다. 지역 재정비 사업은 보다 장기적인 측면에서 이행될 수 있게 되었고, 재원이 중앙정부에만 머물러 있는 것이 아니라, 지방정부 수준까지 할당하는 효과가 나타났다.

유럽연합 가입과 함께 행정적으로도 재구분되었다. NUTS 3 수준의 주를 중심으로 NUTS 2 수준의 7개 지역으로 재편되었다.[5] 2004년 유럽연합 가입 당시 구공산권 출신의 다른 신생회원국과 비교해 보았을 때, 헝가리는 준비가 잘된 회원국으로 구분되었다. 그 근본적인 이유는 헝가리 내에서 생성되고 있었던 하부구조가 유럽연합의 지역정책을 수용하는 데 합당하였기 때문이다.

상기에서 살펴본 법률 및 제도적 개혁에 따라, 헝가리 내에서 진척된 지역화는 4가지 특질을 가지게 되었다(Futo, Kovacs and Fleischer, 2006: 109). 우선, 지역정부 최말단에 시가 존재하게 되었다. 이 시들은 지역개발 의제를 만들어낼 뿐만 아니라, 주개발의회의 구성원들이 된다. 둘째, 주개발의회는 지역정책을 책임지고 대표하는 행정부서이다. 셋째, 지역의회 설립은 점진적으로 이루어졌다. 마지막으로, 중앙정부 차원에서 국가지역개발위원회가 설립되었다. 본 위원

5) 현재도 헝가리 내에서 NUTS 3와 NUTS 2와 효율성에 대한 논란이 여전히 진행되고 있다.

회는 지역의회, 각 정부 부서, 수도 및 지역정부의회, 상공회의소 그리고 노동조합을 대변하는 역할을 하였다.

또한 중앙정부와 하부정부 단위 행위자 중 시민 단체와의 파트너십도 확립될 수 있는 기반이 마련되었다. 지역정책을 효율적으로 운용하기 위해 헝가리 정부는 시민 사회의 역할도 중요하게 인식하였다. 따라서 지역정책 프로그램 과정에서 이들 단체의 참여를 허용하였다. 국토종합개발이나 분야별 운용프로그램(SOP: Sectoral Operational Programmes) 계획 단계에서 지역정부 등 다수의 하부정부 단위 행위자와 함께 시민 사회의 참여가 허용되었다. 특히 〈표 5-6〉은 여러 가지 형태의 운용프로그램(OP: Operational Programmes) 기간 동안 각계각층에서 구성된 참여자 구조를 보여주고 있는데, 이 조사에 의하면 지역정책 운용 계획 단계에서 시민 단체가 전체 구성원 중 가장 높은 비율로 27%를 차지하고 있었다.

그러나 1990년대 이후 목격된 지역화의 움직임에도 불구하고, 여전히 관심의 대상이 되는 주요 의제 중 하나가 바로 현재 수준의 주를 보다 축소시킬 것인가, 아니면 현재 주를 확대 재편할 것인가였다. 이런 논의는 행정적 편의에 의한 것이라기보다는 정치적 이유에 의한

〈표 5-6〉 프로그램 기간 중 참여자 구조

행위자	비율(%)
개 인	8
지방정부	8
예산기관	24
전문가 그룹	25
시민 사회	27
사회 파트너	1
기 업	7

출처: 헝가리 국토개발원; Lakatos(2007: 172).

것이었다. 그러나 헝가리가 보여준 지역화에 대한 진척은 공동체 회원국 가입과 함께 당연히 와야 할 현상이라고 생각했으나, 실제 지역화의 수준은 기대 이하였다. 그 이유는 여러 가지로 해석될 수 있다.

첫째, 19개의 주로 구성되어 있지만, 지역 당국의 통치는 중앙정부 의지에 의해 좌지우지되어 왔다. 지역화를 추진하기 위한 노력에도 불구하고, 전통적으로 중앙정부 중심의 통치 체제의 전통을 가지고 있었다. 따라서 중간정부 단위의 주와 같은 지방정부의 역할에 대한 구체적인 관계 정립이 없었던 관계로 인해 실질적인 지역화는 한계를 드러냈다(Futo, Kovacs and Fleischer, 2006: 109).

헝가리의 지역정부가 3천 개 이상이나 되는 현실에서 정부의 다양한 업무를 효과적으로 이행하는 데 있어 이들 주가 효율적인 행정조직으로 간주될 수는 없었다. 또한 1996년 지방정부 설립을 관한 법 제정 후, NUT 2 시스템이 소개되기 시작했다. 1999년 법에 의거하여 획정된 지역행정구역 발전과 이에 따른 재정에 있어 독립적 권한도 부여받았다. 그러나 이런 형태의 지역화는 진정한 의미의 지역화가 진행되기보다는 중앙정부의 권한을 강화시키는 형태의 지역화였다.

지역개발의회(Regional Development Council)가 개별 지역을 대표하는 단체임에도 불구하고 본 의회의 선출 과정이 중앙정부의 권한을 강화시켜 주는 결과를 초래했다는 논의가 있다. 지역개발의회 선출방식을 살펴보면 그 이유를 알 수 있다. 지역개발의회는 전적으로 지역의 민의를 반영하는 선출 방식에 의해 구성되어야 하지만, 선거권 중 절반만이 실제 지역을 대표하는 이들에게 돌아가고 나머지 반은 다양한 정부부처를 대표하는 중앙정부 공무원 몫이었다. 이로 인해 지역단체의 단합된 모습이 형성되지 않을 경우 지역개발의회는 쉽게 중앙정부의 의중에 의해 좌지우지되었다(Fowler, 2001).

또한 NUTS 2 체제에 따른 지역화는 오랫동안 헝가리 지역을 형성했던 전통과 상반된 현상이었고 그 결과도 그리 긍정적이라고 볼 수 없다. 주나 실제 지역 수준에 존재하는 제도 및 조직의 체제와 유럽연합 가입 후 지역정책의 효율적 운용을 위해 획정된 NUT 2 시스템과는 상당한 괴리가 있다(Dezséri, 2007: 32). 헝가리의 지역을 구분했던 전통적 단위는 현재 NUTS 3에 속하는 지역이었다. 따라서 지역정책을 효율적으로 운용하는 데 필요한 하부구조 및 행정조직 등이 NUTS 3 수준에서는 어느 정도 갖추어져 있었다. 그러나 세 개의 NUTS 3 지역을 하나의 NUTS 2 지역으로 묶는 현재의 방식은 효율적이라기보다는 오히려 비효율성을 초래한다는 비판이 있었다(Inotai and Szemlér, 2005: 111). 한편 지방정부의 재정 독립도도 낮았다. 따라서 자신만의 지역정책을 운영하면서 대응성의 원칙을 충실히 이행하는 것도 한계가 있었다. 뿐만 아니라, 독자적 지역 행정에 필요한 전문지식을 갖춘 인력도 부족하였다.

헝가리 내부 정치 상황도 지역화에 그리 도움이 되지 않았다. 2002년 사회당 정부 출범 이후 지역정부 수립을 위한 직접 선거 실시와 독자적 재원 확충 계획을 세웠으나, 결국 실패로 돌아갔다. 실패의 가장 큰 원인 중 하나가 바로 개헌에 필요한 의석의 3분의 2를 확보하지 못했기 때문이다. 헝가리는 두 개 거대 당이 정당정치를 장악하고 있는데 이들 당 간의 합의를 이루는 것은 사실 불가능해 보였다.

2004년 유럽연합 가입 이후 국토개발계획(National Development Plan)이 설립되었고 이에 따라 지역화 및 분권화를 추진하였다. 그러나 본 계획은 지역 분권화에 있어 한계점을 드러냈다. 왜냐하면 7개 지역을 위해 제정된 지역운영프로그램(Regional Operation Program)을 중앙정부가 관장했기 때문이다. 이런 일련의 행위는 중앙집권적 경제 발전을 우선시하는 선택의 결과였다. 결국 효율성을 강조한 일련의 행보들은 실질적 지역화에는 걸림돌이 되었다.

유럽연합 차원에서 보인 애매한 입장도 지역화의 걸림돌이 되었다. 원론적으로는 헝가리의 지역화 및 분권화를 촉구하는 것이 집행위의 입장이었으나, 실질적으로 유럽연합의 구조 및 결속기금을 사용함에 있어 효율성을 강조한 나머지 중앙집권적 통제를 선호하게 되었다 (Ellison, 2007: 18). 이상과 같은 헝가리의 지역화 과정은 〈표 5-7〉과 같이 정리 될 수 있다.

결론적으로, 지방자치주가 어느 정도 경제적인 독립은 향유하고 있었으나, 제도적, 구조적 결함으로 인해 지방정부의 영향력은 제한적

〈표 5-7〉 20세기 이후 헝가리의 지역정책 변화 추이

지역정책	관료적 (1985년－1990년)	전환기 (1991년－1995년)	지역화 (1996년 이후)	유럽연합과의 양립 수준
목 적	평준화	평준화	재정비	중 간
목 표	저개발	저개발	시장의 부정적 영향력 해소	중 간
대상 그룹	저개발 지역	저개발 지역	문제 지역	높 음
수 단	지역개발, 기관 기금 및 계획	지역개발 기금 및 프로젝트	지역개발, 추가 재원 및 프로그램에 대한 제안	중 간
재정조달 방법	중앙	중앙	지방	낮 음
인센티브의 형태	자동적	자의적	자의적	중 간
이행의 주체	주의회	지방정부	지역개발의회	낮 음
개발효과	단발적	단발적	통합적	중 간
주요개발 분야	산 업	하부구조(가스 및 전화)	제조업, 기업 서비스 및 혁신 분야	낮 음
수혜 인구수	4%	17%	29%	중 간
국민 소득 대비 재정 보조율	국민총생산의 0.05%	국민총생산의 0.2%	국민총생산의 0.3－0.5%	낮 음

출처: Horváth(1999); Inotai and Szemlér(2005).

일 수밖에 없었다. 파편적으로 형성된 지방정부 조직이 필요한 수준의 행정 서비스를 제공하는 것은 한계가 있었다. 오히려 주의 역할에 대한 논의는 지역화 과정에 있어 불안정을 초래하였고 중간 차원의 권력 집중을 이룩하는 데 걸림돌이 되었다.

3.2. 결속 정도에 대한 평가

2007년부터 시작된 새로운 예산 계획에 따라 2004년부터 시작된 1차연도 구조기금프로그램은 2006년도에 마무리되었다. 이에 따라 1차연도 구조기금프로그램의 이행 평가가 필요하다. 지역정책의 원활한 이행을 위한 헝가리의 유럽화가 얼마나 진척되었고 그 과정에서 지역적 불균형은 얼마나 해소되었는가를 살펴보자.

헝가리의 지역정책 제반 의무 충족도는 미흡하다고 볼 수 있다. 가입 후 2년간 헝가리에 할당된 지역기금 수용 정도를 측정해 보면 그 이유를 충분히 알 수 있다. 2006년까지 헝가리에게 할당된 자금을 충분히 활용하지 못했다는 평가가 나왔고 그 주된 이유는 유럽연합 가입 후 이행하고자 했던 행정 분야의 개혁이 예상했던 것보다 미비했기 때문이다.[6] 사실 유럽연합이 제공하는 결속 및 구조기금을 최대한 효율적으로 활용하기 위해서는 행정기반이 건실해야 하는 데 이 분야에 대한 평가는 그리 좋은 편이 아니었다(Verheijen, 2007: 4).

---

6) 헝가리가 유럽연합이 제공하는 구조 및 결속기금을 전량 소화하지 못할 것이라는 예측은 사실 헝가리의 유럽연합 가입 과정에서도 나타났다. 예를 들어, 농업발전프로그램(SAPARD)이 실시되었던 첫 두 해 동안 헝가리는 1999년 가격으로 연 3,800만 유로의 농업발전프로그램 기금을 사용하지 못했다. 그 주된 이유는 정치적 이유였고, 따라서 본 프로그램이 실시되는 세 번째 해가 되어서야 본 기금의 40%를 사용할 수 있게 되었다(Inotai and Szemlér, 2005: 101).

구체적으로 살펴보면, 헝가리에게 최초로 할당된 구조기금과 결속기금은 2004년에 약 29억 4,590만 유로였으나 2006년 당시 실제 이 액수의 약 32.6%인 9억 5,900만 유로만 집행되었다(European Parliament, 2007: 13). 또한 실제 헝가리 중앙정부가 지역정부에게 할당한 기금은 전체 유입자금의 24%를 차지했으나, 유럽연합이 제공하는 기금은 약 4%에 그친 것으로 나타났다(Ellison, 2007: 20).

실제 지역정책을 이행함에 있어 다층적 통치를 통한 유럽화도 한계를 보였다. 지역정책이 효과적으로 이행되기 위해서는 재정적인 문제를 넘어서 유럽연합의 초국가적 기구(집행위)와, 중앙정부, 지역정부 그리고 시민 사회와 같은 하위정부 행위자 간의 파트너십이 중요하다. 그러나 이에 대한 헝가리의 입장은 그리 만족스럽지 않았다. 지역정책을 원활하게 운용하기 위해서 각 계층 간 주요 정치 행위자들 사이의 협력이 이루어져야 했지만, 실질 상황은 그렇지 못했다. 2004년 유럽연합 가입 후 2006년까지 제1차 구조기금프로그램이 마무리되는 기간 동안 효율성의 취지하에 중앙정부가 모든 업무의 중심에 있었고, 지역 당국도 유럽연합이 제공하는 구조기금에 대한 대응자금을 제공할 능력이 부족하였다.[7] 따라서 지역정부는 중앙정부에 재정적으로 의존하게 되었고 이런 현실은 중앙정부와 지방정부가 동등한 관계에 입각한 수직적 공조를 이루는 데 걸림돌로 작용하였다.

---

7) 공동자금의 부족은 단순한 행정적 차원의 문제이기보다는 정치적 그리고 정권적 차원의 문제였다. 사실 유럽연합 회원국이 되기 이전 1998년부터 2002년까지 존속되었던 과거 헝가리 정부는 향후 지역정책 이행에 필요한 공동자금 재원 마련을 위한 정책적 모색이 부족하였다. 이런 연유로 인해, 2004년 유럽연합 가입 이후 헝가리는 지역 수준의 자립적 재원 마련이 어려웠고, 이로 인해 자금 분야에 있어 실질적 지역화 및 분권화가 한계를 보였다.

성공적인 지역정책 이행에 필요한 또 다른 변수 중 하나인 시민 단체와의 파트너십도 기대 이하였다. 국토개발계획이나 운용프로그램을 구체화하는 단계에서 시민 단체의 참여를 거의 허용하지 않았다. 이런 이유는 여러 가지로 설명될 수 있다(Lakatos, 2007: 171-173). 첫째, 헝가리는 전통적으로 시민 사회의 활동이 활발하지 않았다. 이에 따라 실제 지역에서 실시될 프로젝트 선정 과정에 있어 이들 시민 단체의 참여가 저조했다. 둘째, 헝가리에서 활동하는 다수의 비정부 기구와 시민단체들은 최근에 형성되었다. 따라서 이들 행위자들은 현재에도 학습화의 단계에 있다. 그 결과 시민 단체들은 지역정책을 이행하는 데 있어 중앙정부의 효과적인 파트너로서의 역할을 이행하는 데 어려움을 겪었다. 셋째, 헝가리에서 활동하는 시민 단체를 대표하는 통솔기구(umbrella organization)가 없었기 때문에, 실제 지역정책 프로그램 과정에서 이들 단체들의 효율적 참여를 이끌어내기가 쉽지 않았다.

행정조직의 취약점도 지역정책 이행에 문제점으로 대두되었다. 오래된 조직 및 관리 체계로 인해 제도의 비효율성은 무시할 수 없게 되었고 중앙정부와 지역 및 지방정부 간의 조율도 취약하다고 지적되었다. 2006년까지 제1차 구조기금프로그램이 실시되는 기간 동안 NUTS 2 수준에서 보여줄 수 있는 행정조직의 역할은 한계가 있었다. 이를 통감한 헝가리 당국은 운용프로그램(Operational Programme)을 지역 수준에서 관장하기보다는 중앙정부 수준에서 관장하기로 결정했고, 이 점에 있어 집행위의 실질적인 동의가 있었다(Inotai and Szemlér, 2005: 104).

헝가리는 1989년 공산권 몰락 이후 유럽연합 가입까지 이르는 동안 경제적 격변기를 겪었다. 특히 1990년대 중반에 있었던 은행권

〈표 5-8〉 헝가리의 경제 및 사회 수렴도

연 도	2000년	2001년	2002년	2003년	2004년	2005년	2006년
EU 27 평균실업률(%)	8.7	8.5	8.9	9.0	9.1	8.9	8.2
전체 노동자 대비 실업률(%)	6.4	5.7	5.8	5.9	6.1	7.2	7.5
EU 27 평균취업률(%)	62.2	62.5	62.3	62.5	62.9	63.4	64.4
전체 노동자 대비 취업률(%)	56.3	56.2	56.2	57.0	56.8	56.9	57.3
EU 27 평균(PPP)	100	100	100	100	100	100	100
일인당 국민 소득(PPP)	56	59	62	64	64	65	65

출처: 다양한 eurostat.

위기 이후 있었던 다양한 형태의 재정 및 금융 위기를 겪었다. 물론 경제 위기를 제외하고, 1990년대 중반부터 유럽연합 가입이 있었던 2004년까지 약 4%의 착실한 경제성장을 구가하였다. 그럼에도 불구하고, 가입 전후에 보여준 경제적 수렴 정도는 그리 흡족하지 않다.

〈표 5-8〉에 의하면, 2006년 유럽연합 27개국의 평균 실업률이 8.2%인데 헝가리의 실업률은 7.5%로 평균보다 낮다. 따라서 헝가리는 슬로베니아와 함께 신생회원국 중 실업률이 낮은 분류에 들어가는데, 그 주된 이유는 헝가리가 경제 체제를 다양화하기 위한 개혁을 상대적으로 빨리 시작했기 때문이다. 또한 서유럽과 지리적으로 가까울 뿐만 아니라, 변환기 경제 과정에서 유연한 노동시장을 발 빠르게 개발하였기 때문이다(Molle, 2007: 63).[8] 그러나 전체 노동자 대비

8) 비록 헝가리의 실업률이 유럽연합 평균치를 상회하는 것으로 나타났지만, 여기에는 유념해야 할 허수가 있다. 즉, 공산권 몰락 이후 전환기 경제 체제로 변화하는 첫 10년 동안 실제 취업 연령 인구인 18세에서 65세까지의 인구 중 약 1백만 명이 노동시장에서 사라졌고, 이런 수치는 이후 실업률 통계 자료 계측에 잡히지 않기 때문에 실제 실업률이 낮다는 논의도 유념할 필요가 있다.

<표 5-9> 헝가리의 지역 간 격차

지역분류[1)	지 역	일인당 국민 소득(PPP) (EU 27=100) 2004년 기준	취업률(2005년)		
			농 업	산 업	서비스
수 도	Közép-Magyarország	101.6	1.3	24.3	74.4
엔지니어	Közép-Dunántúl	61.1	4.6	43.1	52.3
엔지니어	Nyugat-Dunántúl	66.8	5.3	39.2	55.4
농 촌	Dél-Dunántúl	45.6	7.9	32.7	59.3
기초산업	Észat-Magyarorszáag	42.5	3.9	37.3	58.8
기초산업	Észak-Alföld	41.9	7.0	32.3	60.7
농 촌	Dél-Alföld	44.2	9.9	33.2	56.9

주: 1) 신생회원국의 지역분류는 지역의 중심 산업을 고려하여 다음 8가지로 나눈다. 수도, 농촌, 광산촌, 기초산업, 엔지니어, 기초서비스, 관광, 기타로 나뉜다.
출처: Landesmann and Roemisch(2005); Commission(2007a).

취업률은 유럽연합 27개국 평균에 미치지 못한다. 2004년 유럽연합을 가입할 당시 56.8%이고 2006년에도 57.3%로 60%를 상회하는 유럽연합 평균을 넘지 못했다.

헝가리의 일인당 국민 소득은 유럽평균보다 낮게 나타났다. 2000년에 56%에서 2004년에는 64%로 약간 상승하였다. 그러나 제1차 구조프로그램이 끝나는 2006년에도 크게 향상되지 않은 65%에 그쳤다. 앞서 언급한 것처럼, 지역자금이 여전히 실제 필요한 분야에 잘 투입되고 있지 않다는 점을 알 수 있다.

헝가리도 다른 구공산권 출신 신생국들처럼 공산권 몰락 후 급속한 자유화가 진척되었고, 그런 과정 속에 국가 전체의 생활수준이 높아졌다. 그러나 지역 균형 발전 차원에서는 아직 개선점이 많이 남아있다. 물론 지역정책을 통해 제공되는 구조 및 결속기금이 지역 균형 발전에 일조하였지만 상황이 만족할 만큼 호전된 것은 아니다. 따라서 2006년 1차 구조기금프로그램이 마무리되는 시점이 지났지만, 지역 간 격차는 좀처럼 좁혀지지 않고 있는 추세이다.

NUTS 2 지역 간 격차를 구체적으로 살펴볼 경우, 수도권 지역인 쾨젭 머저르오르서샤그(Közép-Magyarország)는 헝가리 전체 평균을 상회하는 것으로 나타났다. 그러나 그 외 농업, 폐광촌 및 기존 산업 지역으로 분류된 지역의 경제 성장률이나 실질 임금에 있어 낮은 수치를 보여주어 지역 간 격차의 원인이 되었다(Landesmann and Roemisch, 2005: 52). 또한 지리적으로 주변부 지역에 속하는 동부나 북부지역은 중부나 서부 지역에 비해 상대적으로 낙후된 것으로 나타나고 있다.

한편 동부와 북부 지역은 상대적으로 낮은 수준의 외국인직접투자(FDI)가 이루어지고 있다. 헝가리의 경제 근대화에 지대한 영향을 미쳤던 FDI는 오히려 지역 불균형을 초래하는 원인으로 간주되고 있다. 특히 오스트리아 국경 근처에 위치하고 있거나 비엔나・부다페스트 라인 선상에 있는 지역은 최근 빠른 경제 성장을 경험했는데 이는 다 FDI의 용이성 때문이라고 볼 수 있다(Inotai and Szemlér, 2005: 109). 이에 따라 동부나 북부 지역의 실업률은 부다페스트가 있는 수도권이나 서부 지역에 비해 실업률이 높은 것으로 나타나고 있다.

따라서 지역 간 격차로 인해 동부나 북부 지역 같은 곳은 현재 재정 독립도도 낮은 편일 뿐만 아니라, 향후 경제 발전을 통한 타 지역과의 경제 격차 해소에 많은 난관이 있을 것으로 예상된다. 또한 이들 지역은 철도나 고속도로와 같은 하부구조에 대한 투자도 미진하여 신속한 경제 발전을 기대하기 쉽지 않다(Ellison, 2007: 23).

4. 체 코

체코 공화국은 원어로 체스카 레푸블리카로 불리는 동유럽에 위치한 공화국이다. 1945년 소련의 위성국이 되었다가 1989년 공산권 몰락 이후 1993년 슬로바키아와 평화적으로 분리된 후 2004년 유럽연합 회원국이 되었다. 북서쪽과 서쪽은 독일, 남쪽은 오스트리아, 남동쪽은 슬로바키아, 북동쪽은 폴란드와 닿아 있다. 수도는 프라하이고, 주요 도시로 브르노, 오스트라바, 즐린, 플젠 등이 있다. 그리고 크게 체히, 모라바, 슬레스코 세 지방으로 나뉜다. 체히는 영어로 '보헤미아', 모라바는 '모라비아', 슬레스코는 영어로 '실레지아' 또는 독일어로 '슐레지엔'으로 불리기도 한다.

현재 체코의 전체 인구는 천만을 약간 상회하며, 일인당 국민 소득은 2007년 기준 1만 7천 달러 정도이다. 동유럽 출신 신생회원국 중 슬로베니아 다음으로 높은 국민 소득 수준을 보이고는 있지만, 서유럽에 위치한 기존 회원국에 비해 경제적·사회적으로 낙후된 것으로 나타나 있다. 따라서 유럽연합 가입 이전부터 사회 및 경제 수렴의 과정을 거쳤다. 이를 효율적으로 이행하기 위한 제도 및 법적 준비작업으로 지역화 및 분권화를 추진하였고 그에 대한 첫 번째 평가가 필요한 시기이다. 그러나 개략적으로 보면, 2004년 유럽연합 가입을 전후하여 특징지어졌던 체코의 지역화 및 분권화의 추이와 이런 과정 속에서 나타난 사회 및 경제통합은 아직은 갈 길이 먼 것으로 판단된다. 그 이유에 대해 보다 자세히 살펴보자.

4.1. 지역화 및 분권화에 대한 평가

체코 공화국의 지역화 역사는 중세 시대로 거슬러 올라가지만, 현대적 차원의 지역화 및 분권화는 1848년에 도입되었다. 그리고 체코의 역사는 합병과 독립을 거듭하다가 1945년 공산화 과정을 통해 지역화가 사실상 정지되었다. 그러나 실질적 차원의 지방정부의 역할은 1990년 탈공산화가 시작되면서 재기되었다(Lacina and Vajdova, 2000). 다시 말해, 1993년 이전 지금의 체코 공화국으로 분리되기 전에는 유럽연합 형태의 지역정책은 존재하지 않았다고 볼 수 있다. 따라서 현재 체코 공화국으로 독립한 이후 체코의 지역정책은 많은 부분에서 취약점을 보였다. 통합적이고 다양한 분야의 접근이나 다년간 시행될 프로그램이 부재했으며, 지방정부나 비정부 행위자들과의 파트너십 강화를 위한 분권화에 대한 계획도 불분명하였다.

그러나 1996년 1월 체코 공화국이 유럽연합 회원국 가입을 신청하면서 체코 내 지역정책 시행을 위한 준비 작업이 본격적으로 시작되었다. 1996년 11월 유럽연합의 결속 정책 준비를 위한 체코 정부의 행보가 있었고, 조정 책무를 가지는 지역개발부(Ministry of Regional Development)가 설립되었다.

또한 파트너십의 원칙을 준수할 것을 요구받았다. 따라서 유럽연합의 지역정책 관리에 있어 집행위와 중앙정부가 신뢰할 수 있는 파트너로 활동할 지역정부를 선출할 것을 요구받았다. 이들은 행정적 자율권을 가지는 것만 아니라, 재정적으로도 독립되어 있어야 했다. 또한 필요할 경우 법적으로 자치권을 가지는 지역정부를 민주적으로 선출해야 했다. 따라서 1997년 12월 체코 공화국은 주(kraj)를 기초로 한 14개 자치지역을 재편하였고, 개별 자치주는 주 의회를 가지게 되었다.

주의 탄생은 1992년 설립된 헌법에 기초한 것으로 유럽연합 가입 과정 이전부터 진행되어 온 내부 정치 발전의 산물이다(Baun and Marek, 2006: 412). 물론 지역정책의 근간이 된 논의는 공산권이 몰락한 후 체코 공화국 설립과 함께 시작되었으나, 실질적 행보가 시작된 것은 유럽연합의 가입이 가시화된 후부터였다.

1997년 집행위가 체코 중앙정부와 지방정부 사이에 선거로 선출된 기관이 없다는 점을 비판하였다. 이런 비판이 있은 후 지역정부 창설을 위한 신생 법안을 초당적 합의를 통해 성사시키는 등 본격적인 지역화의 행보를 시작하였다(Commission, 1997). 새로운 지역 창설을 규정하는 법률에 따라, 14개의 주는 주의회를 직접 선거를 통해 선출

<표 5-10> 체코의 자치지역

주	주 도
프라하(수도)	
이호체스키 주(Jihočeský kraj)	체스케 부데요비체(České Budějovice)
이호모라프스키 주(Jihomoravský kraj)	브르노(Brno)
카를로바르스키 주(Karlovarský kraj)	카를로비 바리(Karlovy Vary)
크랄로베흐라데츠키 주 (Královéhradecký kraj)	흐라데츠 크랄로베(Hradec Králové)
리베레츠키 주(Liberecký kraj)	리베레츠(Liberec)
모라프스코슬레즈스키 주 (Moravskoslezský kraj)	오스트라바(Ostrava)
올로모우츠키 주(Olomoucký kraj)	올로모우츠(Olomouc)
파르두비츠키 주(Pardubický kraj)	파르두비체(Pardubice)
플젠스키 주(Plzeňský kraj)	플젠(Plzeň)
스트르셰도체스키 주(Středočeský kraj)	프라하(Praha)
우스테츠키 주(Ústecký kraj)	우스티 나드 라벰(Ústí nad Labem)
비소치나 주(kraj Vysočina)	이흘라바(Jihlava)
즐린스키 주(Zlínský kraj)	즐린(Zlín)

하였고 이를 바탕으로 한 주지사(hejtman)와 운영 이사회를 선출하고자 했다. 그러나 이 계획은 2000년 1월 지역 창설에 관한 신생 법안이 제정된 후 가능해졌다. 또한 이 법률에 따라, 향후 구조기금을 집행함에 있어 기존 17개 지역을 보다 넓은 결속지역으로 구분하여 8개의 NUTS 2 지역으로 재편하였다. 8개 NUTS 2 지역은 지역 의회 대표로 구성된 지역 이사회를 가지며 지역 이사회는 지역 경영자 역할을 하였다. 또한 구조기금지원을 수령하는 데 필요한 지역운영프로그램(Regional Operational Programmes)을 준비하는 책임도 부여받았다(Baun and Marek, 2006: 413). 그러나 체코 중앙정부는 지역으로의 정책 권한 이행을 반대하였다. 따라서 2003년 1월이 되어서야 중앙정부 통제하에 있는 행정단위(okresy) 네트워크가 공식적으로 폐지되었다.

지역정부는 재정 자립도가 낮았고 이에 따른 자치권과 효율성이 침해받았다. 지역정부가 징수하는 소규모의 세금 소득을 제외하고는 중앙정부 기금에 전적으로 의존해야 하는 등 지역정부 재원은 심각하게 부족하였다(Baun and Marek, 2006: 413). 따라서 새롭게 부여된 권한을 지역정부가 잘 이행할지가 의문시되었다. 또한 지역개발 프로젝트에 필요한 공동 출자가 어려웠고 구조기금도 효과적으로 활용될지 의문시되었다(Ferry and McMaster, 2005: 20-22).

14개의 지역을 다시 8개의 NUTS 2 체제 지역으로 병합시키는 것도 여러 가지 문제를 유발시켰다. 14개 주를 8개 지역단위로 재편하는 과정에서 나타난 첫 번째 문제는 자기 지역에서 발생하는 문제를 스스로 해결할 독립적 재정이 충분하지 못하다는 것이다(Yoder, 2003: 282). 뿐만 아니라, NUTS 2 지역 내 동질성이 높은 지역을 결속지역으로 편입시키는 것과 비교해 이질의 둘 또는 그 이상의 행정지역을 구조기금 운용 편의에 따라 재편하는 것은 여러 가지 문제점을 낳았다. 예를 들어, 북서부의 NUTS 2 지역의 크랄로베흐라데츠키 주와 파르두비츠키 주는 역사적으로 경쟁 관계에 있었다. 그런데 이 행정지역을 합치는 것은 구조기금정책을 이행하는 데 득보다 실이 많았다는 견해를 간과할 수 없다. 또한 행정지역과 결속지역 구분은 구조기금 관리에 있어 자치 주정부의 역할도 약화시키는 결과를 초래할 수 있었다(Baun and Marek, 2006: 414).

체코 정부는 구조기금 운용의 효율성을 위해 중앙 집권 체제를 선호하였고 유럽집행위도 이를 지지하였다. 이에 따라 지역정부가 가질 수 있는 정치적 중요성이나 영향력이 제한되었다. 구체적으로 살펴보면, 유럽연합 가입의 일환으로 체코 정부는 국토개발계획(National Development Plan)을 수립할 것을 요구받았다. 그러나 2002년 1월 지역개발부가 선호한 공동지역운영프로그램(Joint Regional Operational Programmes)이 채택되었다. 체코지역개발부는 중앙집권적인 공동지역프로그램 선정의 정당성을 브뤼셀이 주창하는 지역화와 분권화의 논리보다는 유럽집행위가 지지하는 효율성과 편의의 논리에서 찾았다.

결론적으로, 유럽연합의 가입은 체코의 지역화에 두 가지 상반되는 영향을 끼쳤다. 우선, 가입 신청국이 준수해야 할 의무사항에 따라 지역정부라는 새로운 통치체제가 창출될 수 있었다. 그러나 효율성을 강조하는 중앙집권적 접근법은 가입 과정에서 선호되었다. 그로 인해 새롭게 탄생한 체코 내의 자치 주정부들의 역할은 축소될 수밖에 없었다. 새로 구성된 주정부는 구조 개발 정책의 관리에 있어 제한된 역할을 하게 되었고, 이런 과정에서 이들의 정치적 중요성과 미래의 영향력도 약화될 수밖에 없었다(Baun and Marek, 2006: 409-428).

4.2. 결속 정도에 대한 평가

체코의 지역 발전을 위해 5개의 단일운영프로그램(Single Operation Programme)과 하나의 공동지역운용프로그램 그리고 2개의 단일프로그램 문서로 구성된 국토개발계획이 채택되었다. 이 계획에 따라 진행된 지역정책은 산업 및 서비스 분야의 경쟁력 제고, 기술적 하부구조의 개발, 인력개발, 환경, 지역 발전 및 다기능 농업 산업 육성 및 관광 분야에 중점을 두며 사업을 진행하였다. 그 전체 예산은 〈표 5-11〉에서 잘 보여주고 있다.

체코도 폴란드와 같이 지역정책의 제반 의무를 얼마나 충족시켰는지가 논란의 대상이 되었다. 가입 후 2년간 체코의 지역기금 수용 정도를 측정해 보았을 때 체코에게 할당된 자금을 충분히 활용하지 못했다고 평가되었다. 체코에게 최초로 할당된 구조기금과 결속기금은 약 22억 2,400만 유로였으나 2006년 당시 이 액수의 약 23.5%인 5억 2,100만 유로만 집행되었다(European Parliament, 2007: 13).

〈표 5-11〉 2004-2006년간 체코에 할당된 구조기금(백만 유로)

	2004−2006	2004	2005	2006
결속기금	945.3	316.9	266.1	362.3
구조기금(전체)	1584.4	381.5	528.9	674.0
목적 1(13개 주 = 7개 NUTS 2 지역)	1454.3	339.0	485.5	629.8
목적 2(프라하)	71.3	23.3	23.8	24.2
목적 3(프라하)	58.8	19.2	19.6	20.0
공동체 이니셔티브(전체)	100.8	28.6	32.1	40.1
INTERREG	68.7	21.0	21.4	26.3
EQUAL	32.1	7.6	10.7	13.8
전체구조 운용	2630.5	727.0	827.1	1076.3

출처: EC(2003).

구조기금 이용이 부진한 이유는 다음과 같이 설명될 수 있다(Marek and Baun, 2008: 173-175). 첫째, 회원국의 공동 지출을 강조하는 부가성의 원칙이 제대로 이행되지 않았기 때문이다. 구조 및 결속기금 명목으로 지원하는 기금에 대응한 체코 정부 차원의 지원이 필요한데, 체코에는 이런 대응 자금에 대한 법제화가 부족한 현실이었다. 실제 프로젝트에 참여하는 행위자들은 프로젝트가 끝난 사후에 자신들이 투자한 자금을 회수할 수 있기 때문에 쉽게 유럽연합이 시행하는 프로젝트에 참석하지 못하였다. 이런 일련의 과정이 반복되면서 애초 프로젝트 이행 자체가 어려워지고 이에 따른 유럽연합의 기금 사용이 줄어들게 되었다. 둘째, 기금을 관리하는 지역개발부와 다른 부처 간의 협력이나 조정이 제도적 문제로 인해 원활하지 못했다. 부처 간 협력 부재와 그에 따른 구조기금 이행 과정의 문제점은 이들 부서에서 일하는 공무원의 잦은 이직으로 인한 유능한 공무원 부재와도 관련이 있었다. 이런 이행상의 문제로 인해 체코의 자금 수용률은 떨어졌다. 마지막으로, 필요 이상의 행정적 조직이 산재하는 현실이 결국 유럽연합이 제공하는 기금을 효율적으로 사용하는 데 걸림돌이 되었다.

다층적 통치를 통한 유럽화도 한계점을 보였다. 지역정책을 효과적으로 운용하기 위해서는 재정적인 문제와 함께 초국가적 기구(집행위), 중앙정부 그리고 주정부와 같은 실제 행위자들 간의 연대나 공조가 필수적이었다. 이에 따라 지역정책 관리 당국인 체코지역개발부는 체코 개발 프로그램과 결속 및 구조기금에 관한 협의 과정에서 주요 역할을 수행하였다. 그러나 중앙과 주정부 간의 수직적 협력이 미약할 뿐만 아니라 정책 책임을 가진 중앙정부와 지방의 이행 집단 간의 효과적인 커뮤니케이션이 부재했으며(Blažek and Jan, 2006), 관계 부

〈표 5-12〉 체코의 경제 및 사회 수렴도

연 도	2000년	2001년	2002년	2003년	2004년	2005년	2006년
EU 27 평균실업률(%)	8.7	8.5	8.9	9.0	9.1	8.9	8.2
전체 노동자 대비 실업률(%)	8.7	8.0	7.3	7.8	8.3	7.9	7.1
EU 27 평균취업률(%)	62.2	62.5	62.3	62.5	62.9	63.4	64.4
전체 노동자 대비 취업률(%)	65.0	65.0	65.4	64.7	64.2	64.8	65.3
EU 27 평균(PPP)	100	100	100	100	100	100	100
일인당 국민 소득(PPP)	69	71	71	74	76	77	79

출처: 다양한 eurostat.

서 간의 협력도 미약한 것으로 파악되었다. 이는 지역개발에 관여하는 기관의 재정 자립도가 취약한 점과 함께 주요 개선점으로 대두되었다(Blažek and Uhlíř, 2007: 878-879).

기초 경제 지표는 상당히 개선되었다. 2000년부터 2006년까지의 취업률은 65% 전후로 움직이면서 유럽연합 27개국 평균보다는 높은 수치를 보였다. 실업률도 2000년에서 2006년까지의 통계를 보면, 8.7%에서 7.1%로 줄어들면서, 유럽연합 평균보다는 낮은 수치를 보였다. 그러나 장기 실업률은 여전히 높게 나타났으며, 이는 체코가 부과하는 높은 세금에 따른 구조적 부작용이라고 판단되었다(Commission, 2007b: 34).

한편 체코의 일인당 국민 소득은 폴란드보다는 높게 나타났으나 여전히 유럽연합 27개국 평균에는 미치지 못했다. 2000년 가입 전 체코의 일인당 국민 소득은 유럽연합 평균의 69%였는데 2004년에는 76% 그리고 2006년에는 79%로 향상되었다. 약 10%의 향상을 보이고 있으나 아직 유럽연합의 평균치에는 미치지 못하고 있다.

14개 자치주는 유럽연합 가입과 함께 8개의 NUTS 2 지역으로

<표 5-13> 체코의 지역 간 격차

지역분류[1]	지 역	일인당 국민 소득(PPP)(EU 27=100) 2004년 기준	취업률(2005년)		
			농 업	산 업	서비스
수 도	Praha	157.1	0.6	20.1	79.3
기초서비스	Strední Cechy	69.9	4.1	38.0	57.9
엔지니어	Jihozápad	69.6	5.8	43.6	50.6
기초서비스	Severozápad	60.7	2.7	41.2	56.1
엔지니어	Severovýchod	63.7	4.0	46.6	49.4
기초산업	Jihovýchod	67.4	6.0	40.6	53.4
엔지니어	Stredni Morava	59.8	4.9	43.2	51.9
기초산업	Moravskoslezsko	61.1	3.1	42.6	54.3

주: 1) 신생회원국의 지역분류는 지역의 중심 산업을 고려하여 다음 8가지로 나눈다. 수도, 농촌, 광산촌, 기초산업, 엔지니어, 기초서비스, 관광, 기타로 나뉜다.

출처: Landesmann and Roemisch(2005); Commission(2007a).

재편되었다. 이들 8개의 자치 지역은 유럽연합이 이행하는 지역정책 속에서 효율적으로 경제 및 사회 발전을 추구하고자 하였으나, 실제 상황은 기대에 미치지 못했다. 체코의 경우 특정 지역에만 경제 성장이 집중되는 경향이 나타났다.

최초 지역 발전을 구상할 때, 수도 프라하에만 경제 발전을 집중하기보다는 기타 주요 지역에도 분산시켜 균형 발전을 추구하고자 했다. 그러나 프라하의 총생산은 국내 총생산의 약 25%를 차지하였고, 실업률도 타 지역의 절반 수준밖에 되지 않았다(Blažek and Uhlíř, 2007: 881). 뿐만 아니라 프라하의 일인당 국민 소득은 유럽연합 27개국 평균의 157.1%를 차지하면서 기타 지역과의 현격한 격차를 보였다. 따라서 프라하를 제외한 다른 지역은 상대적으로 일인당 국민 소득이 낮게 나타났다. 특히 모라프스코슬레즈스코(Moravskoslezsko)나 세베로자파드(Severozápad)와 같은 광산촌이나 기초산업 및 서비스 지역은 낮은 성장률을 보였다. 또한 모라프스코슬레즈, 세베로자파드(Severozápad) 그리고 이호비초드(Jihovýchod) 같은 기초 서비스 지역이나 기초 산업 지역의 일인당 국민 소득은 낮은 것으로 나타났다(Landesmann and Roemisch, 2005: 52). 이에 따라 경제적 발전이 더딘 지역이 다수이고 발전의 중심인 대도시 내부의 경제적 차별도 해결해야 할 현안으로 대두되었다.

5. 슬로바키아

1993년 1월 1일 체코슬로바키아 연방 해체와 함께 제2의 슬로바키아 공화국이 탄생되었다. 슬로바키아는 슬로벤스카 레푸블리카로 불리며, 공산권이 무너지기 전에는 현재 체코와 같은 나라였다. 그러나 공산권 몰락 이후 체코와의 분리 독립에 성공하여 현재의 공화국의 기틀을 마련하였다. 2004년 3월 29일 북대서양 조약기구(NATO) 가입 후 같은 해 5월 1일 유럽연합에 가입하였다. 유럽연합 회원국이 된 이후에도 유럽연합 통합 과정에 적극적으로 참여하여, 2007년 12월 21일 셍겐(Schengen)조약에 가입하였고, 2009년 1월 1일에는 유로 존 가입도 성공하였다.

서쪽으로 체코, 북쪽으로 폴란드, 동쪽으로 우크라이나, 남쪽으로 헝가리, 남서쪽으로 오스트리아와 접해 있다. 수도는 브라티슬라바(Bratislava)이며 슬로바키아어가 공용어이다. 2007년 기준 인구는 537만 명이며, 면적은 49,035km^{2}인 국가로서 전체 국토는 4개의 NUTS 2 지역으로 구분되어 지역정책이 이행되고 있다.

슬로바키아의 사회 및 경제 부분의 변화는 체코슬로바키아 공화국 시절인 1989년 말부터 시작되었다. 경제 분야의 변화는 슬로바키아인들의 삶에 급격한 변화를 초래하였다. 1991년 당시 실업률은 1.5%에서 11.8%로 급격히 증가하는 등 엄청남 고통을 감내해야 했고, 과거 중앙집권적 경제 운영에 대한 많은 비판과 함께 혁신적인 변화의 높은 요구도 있었다. 이런 사회 및 경제적 격변 속에 유럽연합에 가입한 슬로바키아의 지역정책의 수렴에 대한 논의는 의미심장하다. 이런 배경 속에서 지역정책의 실효성을 고찰하자.

5.1. 지역화 및 분권화에 대한 평가

슬로바키아의 지역정책의 원형은 1960년대 체코공화국 산하 체제에서부터 시작하였다. 1990년 이전에는 지역 및 국토 계획 시스템 속에 지역 계획 관련 문제들이 다루어졌다. 소위 지역 계획은 국가경제계획의 하부체제로 발전하였고, 국가 경제 속에 지역 균형 발전을 그 목적으로 하였다(Búšsik, 1998).

그러나 실질적인 지역정책의 전환기는 1991년부터 시작되었다. 구공산권 몰락 이후 1990년 초반부터 슬로바키아의 법, 경제, 행정 분야의 개혁이 본격적으로 시작되었다. 특히 1993년 슬로바키아 공화국 탄생과 함께 독립국에 필요한 제도적 정비가 시작되었다. 그러나 경험 및 인력 자원의 부족, 다양한 구조적 문제, 행정 능력의 부재 등으로 인해 제도 개편은 원활히 진행되지 못했다.

1995년 유럽연합 가입을 신청하였지만, 슬로바키아 헌법의 구조적 문제와 민주적 결핍으로 인해 1999년 헬싱키 회담 이후가 되어서야 가입 협상이 시작되었다. 물론 유럽연합 가입 협상이 1999년부터 시작되었지만, 슬로바키아의 지역화는 1996년부터 시작되었다. 이 시기부터 지역정책이란 구체적 정책 구현에 필요한 행정적, 법적 제반 준비가 본격화된 시기라 볼 수 있다.

1996년부터 시작된 지역화 및 분권화를 위한 행정차원의 준비가 전체 행정부분을 망라하여 진행되지는 않았지만, 지역 차원의 국가 행정조직이라는 점에서 의의를 가진다. 그 의의에 대한 사후 논의를 차치하더라도, 슬로바키아의 지역 행정 정비는 다음과 같이 정리될 수 있다. 1996년 행정조직 정비에 의해 8개의 주(Kraj)와, 79개의 도시지역(district)이 설립되었고, 도시지역 하부 조직으로 2,875개의 자치체(municipalities)가 설립되었으며, 자치체 중 136개는 읍(town)의 형태를 띠고 있었다.

1998년에 지역행정조직 기능을 담당할 수 있는 지역 단위 정부 설립을 위한 두 번째 시도가 있었다. 즉, 지방자치 정부 설립을 시도하였다. 특히 1998년 10월에 실시된 국회의원 선거는 지방자치의 기틀을 공고히 하는 계기를 마련하였다. 본 선거는 자치체 수준에서 지방정부 및 시장을 직접 선출하게 되는 계기가 되었다.

최종적으로 슬로바키아는 서부 슬로바키아, 동부 슬로바키아 그리고 중앙 슬로바키아 3개 지역으로 구획되어 있으며, 4개의 NUTS 2 지역으로 나누어져 있다. 주(county)가 새로운 국토 구획의 근간이 되었고, 수도 브라티슬라바도 NUTS 2의 한 지역으로 간주되어 있다. 그러나 1996년 법에 의해 NUTS 3 수준에 해당하는 8개의 자치정부도 설립하였다. 슬로바키아의 행정조직 속에 지방정부는 1) 지역발전 2) 지역발전전략 3) 공공계약 관리 4) 의료 5) 문화 분야에서 자치권을 인정받았다. 이런 자치권을 통해 지방정부는 지역발전에 있어 독자적인 책임을 질 뿐만 아니라, 경제 및 사회 발전 프로그램 준비에 있어서도 관여를 하였다(Bassa, 2007: 75-76).

지역이 새롭게 구획되었기 때문에, 이에 상응하는 지역정부 설립도 필요하였다. 또한 중앙정부와 시민 단체 간의 파트너십도 어느 정도 형성되기 시작하였다. 국토계발계획에 관한 법령에 따라, 민간단체가 국토개발계획과 같은 지역정책의 세부계획 프로그램 과정에 참여하도록 제도화하였다. 이는 민관 간의 파트너십을 공고히 하는 데 일조하였다. 지역화 시도는 유럽연합 가입을 위한 협상과정을 전후해서 나타났다. 1990년부터 지역 수준의 시민 단체 간의 연대가 결성되기 시작했고, 이들 단체는 문화, 사회, 하부 구조 및 환경 분야에서 활동하였다. 약 50개의 비공식적인 지역 연대가 읍이나 군 수준에서도 형성되었고, 이들의 형성은 결국 지역자치를 위한 제도화 정착에 중요한 기여를 하였다(Silvan, 2000: 181).

그러나 지역정부의 설립에 필요한 법적, 행정적 그리고 제도적 준비가 신속히 이행되어야 하는 시대적 요구에도 불구하고, 중앙집권적 행정조직의 전통은 상당 기간 유지되었다. 그 결과 1993년 독립과 함께 지역자치에 대한 논의는 한참 동안 발생하지 않았다. 물론 1991년 통합지역정책에 대한 기본적인 원칙과 방향이 제시되었음에도 불구하고, 그 본격적인 준비 작업은 1999년 지역개발을 위한 첫 번째 통합 계획안이 의회에서 통과되면서부터였다. 2001년 지역개발계획이 채택되면서 행정조직의 분권화가 본격적으로 시작되었지만, 중앙과 지역 간 파트너십이 효율적으로 발생할 수 있는 수준의 행정적 조직도 역시 갖추어지지는 않았다(Frank, Hvozdíková and Kvetan, 2005: 165).

실제 지역정책을 입안하는 프로그램단계에서부터 이행 및 감독 과정에까지 비정부기구와 같은 하부정부 단위의 행위자들의 참여는 제한적이다. 예를 들어, 환경, 농업 및 지역 발전을 위한 운영프로그램을 고안하기 위한 실무자 모임에 비정부기구들의 참여를 유도하였지만, 실상은 기대에 미치지 못하였다. 또한 지역정책 이행 및 감독 과정에서 비정부기구는 25% 지분을 가진 주요한 행위자로 인식되었지만, 실제 공동체지원체제 및 운용프로그램 감독위원회에서 이들에게 주어진 자리는 한 석에 불과했다(Bassa, 2007: 78).

지역정부의 독자적 재정 능력을 향상시키는 데 필요한 준비 작업이나 그 실제 이행 단계에서도 개선 노력이 필요했다. 2001년 지역재정 자립을 위한 법률이 재정되었지만, 독립적 재정을 바탕으로 한 지역 차원의 적극적 참여가 결여되었고, 보충성의 원칙도 제대로 실현되지 못했다. 특히 재정의 분권화가 2005년부터 시작되었지만, 지역정부 간의 협력이 기대 이하여서, 지역정책에 관한 재정 업무는 중앙정부 주도로 이루어지고 있었다.[9] 따라서 지역과 지방 수준의 재정분야 협조는 상대적으로 결여되었고 지방 재정 독립권의 훼손과, 그에 따른 행정적 그리고 법적 준비의 미비는 슬로바키아 내 지역 간 경제 및 사회적 격차 해소에 부정적 영향을 미치는 것으로 판단되었다.

5.2. 결속 정도에 대한 평가

2004년 유럽연합 가입 후의 지역정책은 2003년 슬로바키아 정부가 채택한 국토개발계획에 따라 지역 균형 발전이란 전체 테마 속에

9) 대표적인 일례가 트랜친(Trenčín) 지역 내의 자치체의 경험이다. 분권화의 일환으로, 경제사회개발계획(the Economic and Social Development Plan)을 준비하는 책무가 지방에 맡겨졌지만, 재원은 지역에서 관장하는 것으로 계획되었다. 그러나 트랜친 지역을 대표하는 당국이 이런 임무를 성공적으로 수행하지 못했다(Frank, Hvozdíková and Kvetan, 2005: 166).

진행되었다. 이 계획에 따르면, 경쟁력 향상, 일자리 창출, 균형적인 지역개발 그리고 농촌 및 지역개발을 국토개발계획의 우선순위로 채택하였고, 이는 제1차 구조기금프로그램이 끝나는 2006년까지 진행되었다. 이를 위해 다음 4가지 운용프로그램을 운용하였다(Slovakia, 2003).

- 산업 및 서비스 분야: 산업 생산 발전 지원과 산업 생산에 있어 연구와 개발의 효율적 통합을 위한 보다 좋은 여건 설립을 추구한다. 또한 에너지 효율성 향상과 관광 증진에 매진하는 것을 목적으로 한다.
- 인력개발: 노동시장의 유연성 향상과 실업률 축소 및 로마 소수민족 사회와 같은 사회 취약 계층의 사회적 소외 위험을 최소화한다.
- 기초 하부구조: 교통 접근성 향상을 통한 지역 균형 발전을 추구하고 환경 보호 및 지역 하부구조 갱신을 추구한다.
- 농업 및 지역개발: 농업 및 수산업 생산 효율성 증대와 농산물 및 수산물 가공 과정 근대화를 추진한다. 이와 함께, 농촌 인구의 삶의 질을 향상시키고자 한다.

이런 기본적인 운용프로그램을 통해 슬로바키아는 유럽연합 평균 일인당 국민 소득의 50%를 상회하는 것을 목표로 하였다.

그러나 운용프로그램을 통해 할당된 자금 중 지역정책의 제반 의무를 충족시키는 데 있어 그 효율성이 얼마나 높았는지는 논란의 대상이 되고 있다. 가입 후 2년간 분석된 지역기금의 수용 정도를 측정해 보았을 때 슬로바키아에게 할당된 자금을 충분히 활용하지 못했다고 평가되었다. 최초로 할당된 구조기금과 결속기금은 약 16억 3,660만 유로였으나 2006년 당시 이 액수의 약 27.6%인 4억 5,160

만 유로만이 집행되었다(European Parliament, 2007: 13). 이처럼 구조기금 이용이 부진한 이유는 기술, 경험 및 대응 투자의 부족 등과 함께 지방 행정조직의 비효율성 때문이라고 보고되었다(European Parliament, 2007: 13).

지역정책을 이행함에 있어 다층적 통치를 통한 유럽화도 한계를 보였다. 슬로바키아의 지역정책은 관계부처 간 이사회가 가장 중요한 조정기관으로 그 업무를 관장하였다. 그러나 실제 결속기금과 운용프로그램 등의 관리 당국인 건설지방개발부에 의하면, 수평적 부처 간의 협력이나 공조는 한계를 드러내고 있다고 진술하고 있다. 관계 부처 간의 역할이나 책무의 할당 등에 대한 분명한 잣대나 그에 따른 업무 추진이 없기 때문에, 부처 간 업무에 있어 혼선이나 불확실성이 존재하였다(Bassa, 2007: 77).

수직적 공조의 경우도 분명한 한계를 드러냈다. 지역정책을 효과적으로 운용하기 위해서는 재정적인 문제와 함께 초국가적 기구, 중앙정부 그리고 주정부와 같은 실제 행위자들 간의 연대나 공조가 중요하다. 그러나 중앙과 주정부 간의 수직적 협력이 미약할 뿐만 아니라 정책 책임을 가지고 있는 중앙정부와 지방의 이행 집단 간의 효과적인 커뮤니케이션도 부재한 것으로 드러났다. 또한 관계 부서 간의 협력도 미약한 것으로 파악되었다. 예를 들어, 유럽연합 가입 전 이행할 지역개발을 위한 국가 차원의 계획안들이 작성되었다. 대표적 일례가 바로 1999년에 작성된 지역개발 계획안과 2001년에 작성된 가입 후 자금 관련 계획안 등이다. 그러나 실제 지역정책에 필요한 가장 중요한 국토개발계획은 2003년은 되어서야 채택되었다. 정책문건 준비가 지연된 가장 중요한 이유 중 하나가 바로 문건 작성 당시 부처 간 공조가 미약했고, 그에 따라 실제 이행 당국의 승인도 지연되었기 때문이다(Frank, Hvozdíková and Kvetan, 2005: 166).

또한 중앙과 시민 단체 간의 파트너십도 미약했다. 슬로바키아의 국토개발계획은 2003년 채택되었고, 중점 사업 분야는 기본적인 하부구조 산업 및 서비스 분야, 농업 및 인력 개발이었다. 그러나 실제 국토개발계획을 수립, 결정 그리고 이행하는 데 있어 이들 단체의 자문은 미약했다. 그 이유는 다음과 같은 설명이 있다(Bassa, 2007: 79). 첫째, 제3섹터 위원회가 비정부기구의 유일하고 공식적인 대변기구였다. 따라서 중앙정부가 비정부기구 참여에 대한 실질적 결정을 내리며, 이런 의사결정 과정은 결국 시민 단체의 독립적이고 자발적 의사결정 능력을 떨어뜨렸다. 둘째, 슬로바키아에서 활동하고 있는 다수의 시민 단체 간 의사소통이 원활하지 않은 것으로 드러났다. 이로 인해 하부정부 단위 행위자 중 하나인 비정부기구와 같은 시민 단체들의 단일된 목소리가 전달되기에는 한계가 있었다.

이런 제도 및 행정적 논의를 염두하면서, 실제 슬로바키아가 이룩한 사회 및 경제 격차 해소의 추이를 살펴보자. 2000년부터 2006년까지의 취업률은 50%대였다. 구체적으로 살펴보면, 2004년 유럽연합

<표 5-14> 슬로바키아의 경제 및 사회 수렴도

연 도	2000년	2001년	2002년	2003년	2004년	2005년	2006년
EU 27 평균실업률(%)	8.7	8.5	8.9	9.0	9.1	8.9	8.2
전체 노동자 대비 실업률(%)	18.8	19.3	18.7	17.6	18.2	16.3	13.4
EU 27 평균취업률(%)	62.2	62.5	62.3	62.5	62.9	63.4	64.4
전체 노동자 대비 취업률(%)	56.8	56.8	56.8	57.7	57.0	57.7	59.4
EU 27 평균(PPP)	100	100	100	100	100	100	100
일인당 국민 소득(PPP)	50	53	54	56	57	60	64

출처: 다양한 eurostat.

가입 당시 슬로바키아의 취업률은 57.7%로 유럽연합 27개국 평균 이하였고, 제1차 구조기금프로그램이 종료되는 2006년에도 59.4%로 여전히 평균 이하를 기록하고 있었다. 뿐만 아니라, 취업률보다 실업률은 훨씬 나쁜 상황이 지속되었다. 2004년 가입 당시 평균 실업률은 17.6%를 기록하며, 유럽연합 평균의 거의 두 배를 기록하였으며, 2006년에도 13.4%로 여전히 두 자릿수를 보여주고 있다. 그 이유는 다음 세 가지 요인에 기인한다(Molle, 2007: 63).

첫째, 자국 경제 개방으로 인해 무역의 흐름이나, 반인플레 정책 그리고 경직된 경쟁이 노동시장에 불리하게 작용했기 때문이었고;

둘째, 지나친 규제와 높은 실업수당 등이 오히려 경직된 노동시장의 기능을 더욱 저하시키는 결과를 초래했을 뿐만 아니라, 지나친 보호주의에 따라 노동시장에 미치는 부정적 여파가 컸기 때문이며;

마지막으로, 임금과 관련된 두 가지 여파 때문이었다. 임금의 상승은 실업 수당과 같이 복지 분야의 예산을 가중시켰을 뿐만 아니라, 기업은 노동과 같이 유동성이 작은 분야에서 자본이나 재화처럼 유동성이 높은 분야로 세금 부담을 옮기는 경향을 보였다. 이런 성향은 결국 노동시장에 악영향을 끼치게 되었다.

이에 따라 슬로바키아도 폴란드의 경우처럼, 구공산권 산화 계획경제에서 시장경제로 변환하면서 잉여 노동자의 수가 급속도로 증가하였지만, 이들을 효과적으로 흡수하기에는 역부족이었다. 유연한 노동시장을 발 빠르게 개발하지 못하고 경제구조를 다양화하는 작업을 신속하게 시작하지 못한 점이 주요 원인으로 꼽히고 있다.

슬로바키아의 일인당 국민 소득은 유럽연합 27개국 평균에는 미치지 못하고 있다. 2000년 체코의 일인당 국민 소득은 유럽연합 평균의 50%였는데 유럽연합 가입 해인 2004년에도 57%였다. 유럽연합

<표 5-15> 슬로바키아의 지역 간 격차(실질구매력 수준의 1인당 국민 소득)

지 역	일인당 국민 소득(PPP)(EU 27=100) 2004년 기준
Bratislavský kraj	129.3
Západné Slovensko	52.7
Stredné Slovensko	46.7
Východné Slovensko	42.3

출처: Commission(2007a).

가입 후 점진적으로 증가하여 2006년에는 64%로 향상되었다. 이로 인해 제1차 구조기금프로그램이 마무리되는 2006년까지의 단기적인 목표인 유럽연합 평균 일인당 국민 소득의 50% 상회라는 목표는 달성했지만, 여전히 기타 구공산권 신생회원국에 비해 그리 높지 않은 것으로 나타났다.

슬로바키아의 경우 특정 지역에만 경제 성장이 집중되는 경향이 나타났다. 수도 집중 현상을 해소하기 위한 노력의 일환으로 수도권을 제외한 기타 주요 지역의 균형 발전을 추구하였다. 따라서 브라티슬라바의 경우 다른 회원국의 수도권과는 달리 그 인구수가 급격히 증가하지 않았다. 오히려 브라티슬라바 교외의 인구가 증가한 것으로 나타났다.[10)]

그러나 수도의 일인당 국민 소득은 유럽연합 27개 평균보다 훨씬 상회하는 129.3%를 나타냈지만, 그 외 NUTS 2에 속하는 지역은 유럽연합 평균의 절반 수준에 그쳤다. 특히 프레소브(Prešov)와 코시체(Košice)와 같은 동부 슬로바키아 지역과 반스카(Banská)와 같은 남부 국경지역 그리고 질리나(Źilina)와 같은 일부 북부 지역은 사회 및 경제 지표상으로 상당히 낙후되어 있는 것으로 나타나고 있다. 설

10) 브라티슬라바의 교외는 오스트리아 국경 지역까지 확장되는 현상을 보이고 있다.

득력 있는 주장 중 하나가 바로 이들 지역의 산업 구조와 밀접한 관계가 있다(Silvan, 2000: 186-189). 이들 대부분의 지역은 기술적으로 낙후되어 있고, 통신 및 교통 인프라가 미약하여, 접근성이 떨어진다. 또한 전통적으로 농업이 주요 산업으로 자리 잡고 있거나, 과거 구공산권 산업 체제의 산물인 광산 지역이었다.

6. 슬로베니아

슬로베니아는 원어로 레푸블리카 슬로베니야로 불리는 중부 유럽 남쪽에 위치한 국가이다. 서쪽으로는 이탈리아, 서남쪽으로는 아드리아 해, 남동쪽으로는 크로아티아, 북동쪽으로는 헝가리, 북쪽으로는 오스트리아와 국경을 접하고 있다. 예전에는 유고슬라비아의 일원이었으나, 공산권 붕괴 이후 1992년 독립하여 현재의 공화국이 되었다. 수도는 류블랴나(Ljubljana)이고, 전체 면적은 20,273km²이며, 인구는 약 2백만여 명의 작은 국가이다.

독립 후 유럽으로의 회귀를 슬로베니아의 외교 정책 중 가장 중요한 의제 중 하나로 채택하였다. 이런 외교 정책의 일환의 결과로서 2004년 3월 29일에는 NATO에 가입하였으며 2004년 5월 1일에는 유럽연합에 가입했다. 현재 구공산권 출신 중 상대적으로 부유한 국가로 2007년 유로화 가입에도 성공하였다.

여타 구공산권 출신 신생회원국에 비해 부유한 국가로 분류되나, 지역정책의 혜택은 받고 있다. 특히 지역정책 운용을 효율화하기 위한 지역화 및 분권화 작업을 병행하였다. 현재 슬로베니아는 193개의 시(자치체: Municipalities)가 있으며, 그중에서 특히 인구가 많은 11개의 시는 특별시에 속해 있다. 또한 7개의 지방이 있지만, 행정구역으로는 구분되지 않는다.

6.1. 지역화 및 분권화에 대한 평가

슬로베니아는 소국으로 NUTS 2 시스템상 하나의 지역으로 분류되었다. 그럼에도 불구하고, 지역화 및 분권화를 위한 준비는 1991년 유고슬라비아로부터 독립하면서 시작되었다.[11)] 마스트리히트 조약에 명시된 보충성의 원칙은 이때부터 슬로베니아 체제에 받아들여지기 시작했다. 상당 정도의 공공 사무는 지방정부가 담당하였고 중앙정부는 이를 보충하는 역할을 수행하였다.

1994년 지역자치정부사무국(the Local Self-Government Bureau)이 설립된 이후, 슬로베니아의 자치체(municipality) 체제 속에 하부수준의 자치 당국이 생성되었다. 이들 자치체들은 1995년 62개에서 142개로 늘어났다. 1998년에는 기존의 자치체 중 그 규모가 큰 조직을 두 개 또는 그 이상으로 분리하였다. 이로서 이들 자치체의 전체 숫자는 193개로 늘어났다. 현재에도 이들 지차체의 숫자를 증가시키고자 하는 요구는 계속되고 있다.[12)]

1996년에는 경계관계개발부(Ministry of Economic Relations and Development)가 지역하부구조에 공동투자와 농촌지역 보존 및 지역

---

11) 물론 유고 공화국 시절에도 지역정책이 전혀 없지는 않았다. 예를 들어, 1971년 일정의 지역정책의 형태를 가진 정책이 이행되었고, 이에 따라 당시 슬로베니아의 16%에 해당하는 인구가 지역정책의 수혜자가 되었다(Sicherl and Kukar, 2000: 203).

12) 자치체는 NUTS 시스템에 의하면, NUTS-5 지역으로 분류될 수 있다.

개발기금의 책무를 맡게 되었다. 또한 부서는 특정 지역 중소기업에 대한 투자 및 농업 분야의 자금을 대부하는 기능도 담당하였다. 특히 1998년 지역 발전을 위한 제2차 초안은 경제적으로 낙후된 곳, 인구 감소 지역, 실업과 구조적 문제를 갖고 있는 산업 지역, 발전 가능성이 미약한 국경 지역에 대한 우선적 지원을 하는 내용을 다루기도 했다(Sicherl and Kukar, 2000: 204).

그러나 효율적인 지역정책을 위한 제도적 기틀을 본격적으로 갖추기 시작한 시점은 1999년부터이다. 1999년 지역균형 발전촉진법(The Promotion of Balanced Regional Development Act)이 제정된 이후 지역정책 이행에 필요한 제도적 기틀이 마련되었다. 이 법에 따라 NUTS-3 수준의 12개의 자치 지역이 형성되었고, 정부가 임명한 지역개발당국(RDA: Regional Development Authorities)이 자치지역을 대표하였다.

현재 슬로베니아는 중앙정부와 자치체로 구성된 2원적 행정조직의 단일 국가로서 58개의 행정조직과 210개의 자치체로 구성되어 있다. 또한 2005년에는 결속 정책의 원활한 운용을 위하여, 동부 슬로베니아와 서부 슬로베니아의 두 개 지역으로 나누어졌다. 그리고 1차 구조기금프로그램이 거의 마무리되어가는 2006년 11월에는 NUTS 2 지역으로 분류되었다.

지역균형 발전촉진법에 기초하여, 구조정책위원회(the Council for Structural Policy)와 중앙지역발전원(NARD: National Agency for Regional Development)도 설립되었다. 이들 기구들은 지역구조정책에 있어 주요 기구들로 역할하며, 지역정책을 관장하며, 개발을 장려하고, 또한 기타 중앙정부부처 수준에서 필요한 행정조직을 설립하는데 일조하였다. 2002년 12월에는 구조정책 및 지역개발국(Government Office for Structural Policy and Regional Development) 내 구조기금을 관리하는 관리당국(Managing authority)이 설립되었다. 이 관리당국과 지불을 담당하는 재정당국(Paying authority)은 구조기금 관리를 담당하는 중앙정부의 역할을 맡았다.

한편 지역 수준의 행정조직도 정비하려는 노력이 있었다. 우선 지역정책 관리당국 간의 파트너십이 형성되기 시작했고, 이런 시도는 통계의 목적으로 구분된 지역 단위(SCTU-3)에서 점진적으로 진행되었다. 또한 중앙정부와 비정부 단체와 같은 시민 단체와의 파트너십도 제도적으로 보장하려는 시도가 있었다. 기타 유럽연합 회원국의 경우처럼, 슬로베니아도 국토개발계획을 수립하는 과정에서 중앙정부 내의 지역개발국과 지역 단위의 다양한 정치 및 경제 행위자들 간의 자문 및 의견 조율이 있었다.

그러나 상기에서 살펴본 슬로베니아의 지역화 및 분권화의 추이와는 달리, 슬로베니아의 지역화 및 분권화 과정에서 드러난 한계점을 간과할 수 없다. 구조기금과 결속기금을 관리하기 위해 중앙통제식 관리 제도를 유지하고자 했다. 또한 2005년 지역균형 발전법에 의해 설립된 NUTS 3 수준의 12개의 지역은 기능적 지역으로 어떤 정치적 의사결정 구조를 가지고 있지 않았다. 이들 지역은 지역개발프로그램 준비과정이나 결속 정책 계획단계에서 지역 수준의 참여라는 제한된 역할만을 맡았다. 따라서 슬로베니아 내에 존재하는 상당수의 자치체들은 그 규모가 너무 작고 설립된 지 얼마 되지 않아서 지역에 산재해 있는 현안들을 효율적으로 처리하는 데 한계를 보였다. 이는 결국 소규모 국가인 슬로베니아를 수도권, 동부권, 서부권으로 재분류하자는 슬로베니아 측의 주장이 의미 없게 되었고, 오히려 결속기금의 효율적 관리를 위해서는 중앙통제식 방식을 선택해야 된다는 유럽의회의 논의가 설득력을 가지게 된 사례이다(European Parliament, 2002).

슬로베니아의 지역화가 기대만큼 진전하지 못한 점은 유럽연합이란 외부 환경의 정책적 전환도 한몫하였다. 집행위는 슬로베니아 내에 다수의 지역 수준 정부가 존재하는 것만으로 만족하였다. 또한 2006년까지 공식적인 지역행정조직 형성은 유예받은 상태였다(Marek and Baun, 2002).

6.2. 결속 정도에 대한 평가

슬로베니아는 2003년 채택된 단일프로그램문서에 근거하여 국토 발전을 위한 구조기금 사용에 있어 그 우선순위를 다음과 같이 정하였다.

> 슬로베니아의 연 평균 성장률이 유럽연합 15개국 평균을 상회하는 것이며;
> 기존 일자리 보존 및 새로운 일자리 창출에 기여하는 형태의 경제 성장을 추구하는 것이며(2004년에서 2006년까지 가입 후 제1차 구조기금 프로그램이 마무리되는 시기 동안 최소 4천 개의 새로운 일자리 창출);
> 마지막으로, 주변 지역 발전과 같은 지역 균형 발전을 위한 전략적 접근을 모색하는 지역 발전을 추구하는 것이다.

이런 목표하에, 가입 후 2년간 슬로베니아의 지역기금 수용 정도를 측정해 보았을 때 다른 동유럽권 출신 신생회원국에 비해 많이 활용된 것으로 평가되었다. 슬로베니아에게 최초로 할당된 구조기금과 결속기금은 약 4억 1,550만 유로였고, 2006년 당시 이 액수의 약

34.1%인 1억 4,190만 유로가 집행되었다(European Parliament, 2007: 13). 이로서 슬로베니아의 자금 수용정도는 당초 기대에는 미치지 못하지만, 상대적으로 기타 신생회원국과 비교했을 때 가장 효율적인 것으로 나타났다.

지역정책을 이행함에 있어 다층적 통치를 통한 유럽화도 한계가 있었다. 지역정책을 효과적으로 운용하기 위해서는 재정적인 문제와 함께 실제 행위자들 간의 연대나 공조가 필요하다. 지역정책 관리 당국이 슬로베니아의 개발 프로그램과 결속기금 및 구조기금에 관한 협의 과정에서 주요 역할을 수행했다.

가입 전 유럽연합의 제반 요구 사항을 충족시키기 위해서 법적, 제도적 정비가 요구되었다. 이런 과정에서 발생하는 경험은 효율성을 중요시하게 되는 풍토를 낳게 되었다. 따라서 구조 및 결속기금 관리에 있어 중앙정부가 주도하는 제도를 당분간 유지할 것을 결정하였다.

한편 관리당국과 재정단국 산화에 경제부, 노동부, 가족 사회부 그리고 농산 식품부가 개별 기금을 지원하는 조정의 역할을 맡았다. 중간단계 수준에서 다수의 중앙정부 부처가 지역정책에 참여하는 등 슬로베니아의 지역정책은 중앙정부 중심으로 운영되었다. 따라서 부처간 수직적 공조도 어느 정도 이루어졌다.

그러나 시민 단체 등 하부정부 단위의 정치 및 경제 행위자의 적극적 참여는 제한되었다. 이들 단체의 개입은 프로그램 초안 작성 시 자문 역할을 했지만, 그 후 실제 이행에 있어서는 제한을 받았다. 이에 따라, 수직적 파트너십은 한계를 보였다. 또한 지역개발에 관여하는 지방 지역 수준의 재정 자립이 취약한 것도 주요 개선점으로 대두되었다.

슬로베니아의 사회통합정도를 보여주는 실업률과 취업률의 추이를

〈표 5-16〉 슬로베니아의 경제 및 사회 수렴도

연 도	2000년	2001년	2002년	2003년	2004년	2005년	2006년
EU 27 평균실업률(%)	8.7	8.5	8.9	9.0	9.1	8.9	8.2
전체 노동자 대비 실업률(%)	6.7	6.2	6.3	6.7	6.3	6.5	6.0
EU 27 평균취업률(%)	62.2	62.5	62.3	62.5	62.9	63.4	64.4
전체 노동자 대비 취업률(%)	62.8	63.8	63.4	62.6	65.3	66.0	66.6
연 도	2000년	2001년	2002년	2003년	2004년	2005년	2006년
EU 27 평균(PPP)	100	100	100	100	100	100	100
일인당 국민 소득	79	79	81	82	85	87	89

출처: 다양한 eurostat.

살펴보면, 유럽연합 27개국 평균보다는 상회하는 것으로 나타난다. 우선 2000년부터 2006년까지의 취업률은 60%로, 유럽연합 평균보다 약간 높았다. 구체적으로 살펴보면, 2004년 유럽연합 가입 당시 슬로베니아의 취업률은 65.3%로 유럽연합 27개국 평균 62.9% 보다 약간 높게 나타났고, 제1차 구조기금프로그램이 종료되는 2006년에는 66.6%로 여전히 평균보다 약간 상회하는 것으로 나타났다.

실업률도 유럽연합 평균보다는 낮은 것으로 나타났다. 2004년 가입 당시 평균 실업률은 6.36%로 유럽연합 평균인 9.0%보다 낮은 것으로 나타났고, 2006년에도 8.2%로 여전히 낮은 것으로 나타났다. 슬로베니아도 헝가리와 같이 신생회원국 중 실업률이 낮은 분류에 들어간다. 그 주된 이유는 헝가리의 경우와 유사하게 분석된다. 즉, 변환기 기간 동안 경제 체제를 다양화하기 위한 개혁을 상대적으로 빨리 시작했고, 서유럽과도 지리적으로 가까워서 많은 직접 투자와 그에 따른 일자리 창출이 용이하였기 때문이다. 또한 유연한 노동시장 개척을 위한 신속한 대응정책이 성과를 거두었기 때문이다(Molle,

2007: 63).[13)]

경제적 격차 해소를 위한 행보도 긍정적인 면을 많이 가지고 있다. 2004년에서 2006년까지 유럽연합 27개국 평균 국민 소득 성장률이 2.4%인 반면, 같은 기간 동안 슬로베니아의 성장률은 4.9%를 기록하며, 유럽연합 평균치의 두 배 가까운 수치를 보였다. 따라서 가입 전후 슬로베니아의 일인당 국민 소득은 유럽연합 27개국 평균보다는 낮은 것으로 나타났지만, 유럽연합 가입 이후 점진적 증가세를 보이고 있다. 2000년 가입 전 슬로베니아의 일인당 국민 소득은 유럽연합 평균의 79%였는데 2004년에도 85%였다. 유럽연합 가입 후 일인당 국민 소득은 점진적으로 증가하여 2006년에는 89%로 향상되었다. 그러나 여기서 간과하지 말아야 할 점은 슬로베니아가 보여준 일인당 국민 소득의 향상은 경제 수렴도의 속도라는 것이다. 사실 유럽연합 가입이 가시화되었던 21세기 전반부에 보여준 경제 격차 수렴의 정도는 최근 유럽연합 가입 후 보여준 수렴 속도의 두 배 가까웠다(ISMERI, 2008: 6). 그러나 현재 그 수렴 속도는 상대적으로 더디어졌고, 이 점이 가지는 향후의 함의도 유념할 필요가 있다.

마지막으로, 슬로베니아 전체는 하나의 NUTS 2로 구분되어 있기 때문에 지역 간 갈등의 차원은 다르게 접근되어야 한다. 비록 NUTS 2 수준에서는 지역 간 격차를 논의할 수 없지만, 실제 지역 기능을 하고 있는 NUTS 3 수준에서의 지역 간 격차를 논의할 수 있다. 〈표 5-17〉에서 나타난 것처럼 류블라냐가 포함된 수도권 및 특정

---

13) 취업률 향상을 보이고 있는 것이 사실이지만, 실제 취업의 형태에 대한 논의도 유념할 필요가 있다. 현재 슬로베니아의 취업 형태는 노동 집약적 산업 분야인 섬유, 가죽 및 신발 산업에 많은 고용이 발생하고 있다. 따라서 기술집약적 산업 분야가 최근 그중요도를 높이고 있긴 하지만, 여전히 전체 고용 시장으로 볼 때에 미약한 것으로 파악된다.

〈표 5-17〉 슬로베니아의 지역 간 격차(실질구매력 수준의 1인당 국민 소득, 2002년 기준)

	슬로베니아 국가전체 비율(%)	유럽연합 25 평균(%)
슬로베니아	100	75.3
Osrednjeslovenska	141.8	106.8
Obalno-kraska	103.4	77.8
Goriska	96.7	72.8
Jugovzhodna Slovenija	90.1	67.8
Savinjska	89.1	67.0
Gorenjska	87.8	66.1
Spodnjeposavska	83.9	63.2
Podravska	83.9	63.1
Koroska	80.0	60.2
Notranjsko-kraska	78.1	58.8
Zasavska	72.8	54.8
Pomurska	69.0	52.0

출처: Eurostat.

지역이 보여준 부의 편중 현상은 무시할 수 없다.

지역적 편차는 크게 네 분류로 나뉘어 논의될 수 있다. 첫째, 류블라나 및 해안 지역 그리고 고렌즈스카(Gorenjska) 지역은 상대적으로 발전되었고, 향후 발전 가능성이 높은 지역으로 분류된다. 한편 고리스카(Goriska)나 돌렌즈스카(Dolenjska)와 같이 근대적 기업과 농업이 혼합적으로 운영되는 지역이나, 관광분야가 지역의 주요 산업으로 자리 잡고 있는 지역은 수도권 지역만큼의 발전 정도나 일인당 국민 소득 수준을 보이지는 않지만, 나름대로 발전을 이루어 왔다. 그러나 포드라브스카(Podravska)나 코로스카(Koroska)와 같이 과거 중화학 공업 지역은 상대적으로 낙후되어 있다. 마지막으로 포뮬스카(Pomurska)와 같은 농촌 지역은 더욱 낙후된 것으로 나타나고 있다.

이런 지역 간 격차는 일인당 국민 소득의 격차에서 두드러진다. 중부 슬로베니아로 분류되고 류블랴나 수도를 포함하고 있는 오스렌드제 슬로벤스카(Osrednjeslovenska) 지역의 일인당 국민 소득은 슬로베니아 평균의 141%를 상회할 뿐만 아니라, 슬로베니아 총 국민 소득의 36%를 차지하고 있다(ISMERI, 2008: 6).

결론적으로, 슬로베니아가 여타 구공산권 출신 신생회원국에 비해 실업률 및 취업률과 같은 사회 지표나 일인당 국민 소득과 같은 경제 지표에서 좋은 성과를 보이고 있지만, 내부 지역 간 격차는 완전히 해소되지 않고 있는 상태라는 것을 유념할 필요가 있다. 경제 발전에 필요한 내부발전요소의 부재를 그 주된 이유로 들 수 있다. 상대적으로 낙후된 지역에 인력 재원의 부재, 선도적 기업 투자 등이 부재한 것이 중요한 이유 중 하나이다. 이와 함께, 유럽연합 단일 시장 내의 높아져만 가는 경쟁도 특정 지역 저개발에 한몫을 하고 있다. 마지막으로, 통합적 지역정책의 부재도 주요 원인으로 꼽을 수 있다(ISMERI, 2008: 6-7).

7. 에스토니아

에스토니아는 북유럽에 위치하고 있는 에스티 바바리크라고 불리는 나라이다. 에스토니아의 북쪽과 서쪽은 발트 해가 있으며, 동쪽은 러시아, 남쪽은 라트비아와 닿아 있다. 수도는 탈린(Tallinn)이고 인구는 약 140만 명이며 전체 면적은 45,226km^{2}인 소규모 국가이다. 국토 전체가 빙하 침식에 의한 평야 지대이며, 러시아와의 경계에 추드스코

예 호가 있다. 발트 해와 핀란드만을 끼고 있기도 하다. 평균 해발고도가 50m에 불과해서 가장 높은 지대가 318m에 지나지 않는다.

에스토니아에는 6개의 지방이 있다. 수도가 위치한 하류마(Harjumaa), 대학도시가 위치한 타르투마(Tartumaa), 공업지대가 많은 북동부의 비루마(Virumaa), 남부지역인 물기마(Mulgimaa), 남동쪽의 세투마(Setumaa), 섬지역 사아레마(Saaremaa)가 있다. 그리고 에스토니아 인근의 도서 지역은 1,500여 개 이상인 것으로 추측되며 가장 큰 두 섬은 사레마(Saaremaa)와 히우마(Hiiumaa)이다.

주민은 1998년 당시 에스토니아인이 65.3%, 러시아인이 28.1%, 우크라이나인이 2.5%, 벨라루스인이 1.5%, 핀란드인이 1%, 기타 1.6%이다. 따라서 구소련 해체 후 발트 3국 내에서 법적으로 외국인이 되어버린 러시아계 주민의 문제가 라트비아, 리투아니아 수준은 아니지만 사회적 갈등요소로 작용하고 있다. 에스토니아는 발트 연안 국가 중 상대적으로 부유한 국가이다. 그러나 유럽연합 가입과 함께 지역정책의 수혜자가 되었다. 이런 점을 고려해서, 에스토니아의 유럽연합 가입 전후 이루어졌던 분권화 및 지역화의 추이와 함께, 그 과정에서 사회 및 경제적 통합이 얼마나 진척되었는지를 살펴보자.

7.1. 지역화 및 분권화에 대한 평가

고르바초프가 주창한 개혁과 개방의 기치가 높았던 1980년대 말부터 에스토니아의 행정 및 정치 개혁이 시작되었지만, 공식적 시발점은 에스토니아가 정치적 독립을 통한 행정 및 정치 체제의 변혁을 단행한 1991년 8월이었다. 그러나 에스토니아가 구소련의 일부로 있었던 시절에 지역정책은 주요한 안건이 되지 못했고, 관련 기금도 지역 간 격차 해소를 위해 조성되었다기보다는 산업 생산 지역을 기준으로 이행되었다.

이런 정황 속에서, 1989년 11월 출범한 민주적 지역정부 탄생과 함께 에스토니아의 지역화를 위한 행정 및 정치 체제의 개편이 시작되었다. 1989년에 제정된 지역정부기초에관한법(Law of the Foundations of Local Government)은 지역정부 설립을 규정하였고 이에 따라 2중 정부 체제가 형성되었다. 자치체(municipality(vallad)), 자치구(borough(alevid))와 시(city(linnad)) 구성이 그 첫 번째 단계이고, 15개 군(county(maakonnad))과 6개의 독립시(vabariiklikud linnad) 형성이 두 번째 단계였다(Sulev, 2000). 그러나 이중적인 지역정부 체제는 1993년 에스토니아 헌법 채택과 지방정부 입법에 관한 변동이 있기 전까지는 계속해서 유지되었다.

구공산권 시절 지역정책을 경시했던 풍조가 남아 있었지만, 유럽연합 가입 협상이 시작되었던 1990년대 초반부터 지역 균형 발전과 이에 필요한 제도 구축 작업이 시작되었다. 우선 1993년 에스토니아 지역자치체제에 대한 의미 있는 변화가 발생하였다. 지역자치 정부 조직은 군수(maavanernad)가 이끄는 일반적인 국가 행정조직으로 변경되었다. 군수는 개별 군의 지역정부 대표들과 국무총리의 제안에 따라 중앙정부가 지명하였다. 프랑스 관선도지사(prefet)처럼, 군수가 수행해야 할 가장 주요한 업무는 군에 소재한 지방정부의 이익을 대변하고 지역정부 업무를 관장하는 것이다. 또한 군 정부 이외에도, 타 중앙정부기관들이 세무, 이민, 시민권, 통계와 같은 분야에서 관할권을 가지고 있다.

지자체 간의 지역 협회들도 존재한다. 이 협회들은 명확한 법적 근거 없이 자발적으로 형성되는 지자체 차원의 대표이다. 이런 종류의 지자체 차원 협회들의 업무 범주는 협소하지만, 지역 공무원에 대한 평가를 하고, 군수 임명에 있어 중앙정부와 협의를 하는 등 법에 근거한 일정한 임무를 수행하였다(Sulev, 2000: 67-71).

에스토니아는 적은 인구와 협소한 국토를 가진 소규모 국가이다. 따라서 유럽연합 가입 협상이 시작될 때부터, 에스토니아 전체가 NUTS 2로 분류되었다. 이런 구분하에 하르주 군을 포함하는 북에스토니아 지역, 중앙 지역, 북동 지역, 서부 지역 및 남부 지역의 5개 지역은 NUTS 3으로 세분화되었고 군은 NUTS 4에 포함되었다. 이처럼 유럽연합 가입 협상이 시작될 때부터 에스토니아의 지역정부 활성화를 위한 기본 틀이 형성되었다.

1994년 정부 부처 간 업무 조율을 특정한 지역정책 업무를 할당받지 못한 부서에서 관장하는 지역정책안이 받아들여지기 시작했다. 이에 따라 1995년 내무부(Ministry of Internal Affairs)는 일반적인 지역정책을 관장하는 부서로 지정되었다. 이와 함께 지역정책이사회(Regional Policy Council)는 관계 부서의 대표자로 구성된 중앙정부 차원의 기구로 활동하였다. 따라서 본 이사회는 지역정책의 원칙을 발전시키고 이 원칙을 실제 적용하는 데 필요한 업무 간 조율을 하는 책무를 부여받았다.

1998년 이전에는 에스토니아에서 실시되는 지역개발프로그램 이행이 관계 부처에서 임명된 실무자 그룹에 의해 관장되었다. 그러나 1998년 이후에는 지역 균형 발전에 사용되는 기금을 에스토니아 지역개발처(Estonian Regional Development Agency)가 관장하였으며, 지역개발부처장이 실제 지역정책 이행 여부를 결정하였다. 이 부처는 원활한 지역정책 운용을 위해 파트너십 원칙을 준수하고자 노력했다. 이에 관계부처, 군 정부, 지역정부 및 민간 기업을 지역개발 시작부터 이사회 회원으로 위촉하여 운영하였다.

지역정책을 원활하게 운영하기 위한 행정적, 제도적 그리고 법적 정비 작업에도 불구하고, 구공산권 출신 가입신청국의 준비 상태를 보여주는 집행위 발간 보고서는 부정적인 견해를 피력하였다(Commission, 1998). 이런 의견을 반영하여, 에스토니아 정부는 자국의 지역정책을 유럽연합의 지역정책 노선에 부합하는 방향으로 재정비하기 위한 조치를 취하였다. 그 결과 1999년 신지역개발전략을 채택하였고, 공동 자금 출자와 지역개발을 위한 다년 예산 프로그램안도 허용하였다. 2000년에는 국가지역개발이사회가 설립되어 지역개발의 효율성 제고를 목적으로 삼았다. 특히 지역부(the Ministry of Regional Affairs)의 주도하에, 관계 부처 대표, 두 명의 선출직 군수, 지역정부 당국 협의회 대표와 다른 관련 단체 대표들의 적극적 참여를 통한 파트너십 개발도 적극적으로 추진하였다. 그리고 목적 1하의 단일프로그램문서에 관한 프로그램 작성 전반에 관한 관리당국(Managing Authority)의 책무를 2001년 재무부(Ministry of Finance)가 맡았다.

에스토니아가 실시하는 지역정책은 여타 구공산권 출신 국가와는 다른 면을 가지고 있었다. 1990년대 중반부터 지방자치 정부 수를 감축하자는 논의가 지역정책의 주요 의제였다. 1990년대 중반부터 에스토니아 집권당들은 자국의 지역정부의 숫자를 감축하는 등 파편화된 지역정부의 효율성 문제를 집중적으로 공략하였다. 그중 개혁당(Reformierakond)을 중심으로 결성된 연합정부가 제시한 개혁안이 가장 급진적이었다. 본 연정은 기존의 군과 상위 5개 도시를 기초로 한 15 + 5 형태의 지역정부 설립을 구상했다.[14] 따라서 2002년 집

14) 그러나 지방정부의 정치적 후원을 잃을 수 있다는 우려로 인해 이들 제안들이 실제로 이행되지는 못했다.

권에 성공한 개혁당과 중앙당 연정은 중앙정부 중심의 하향식 방법보다는 자발적 협력과 연계를 통해 지역정부 단위 수를 조정하는 시도를 하였다(Kettunen and Kungla, 2005: 363).

2003년 3당이 설립한 연립정부가 집권한 이후, 지역정부 개혁을 위한 구체적 준비가 시작되었다. 이에 따라 지방정부 협회들보다 한 단계 발전한 모습인 지방정부 대표들로 구성된 지역자치정부(maakogu)를 형성하고자 하는 움직임이 있었다(Kettunen and Kungla, 2005: 364). 이런 새로운 개혁에 관한 논의는 공공 서비스의 효율적이고 효과적인 제공을 위해 현재 파편화된 지역정부 체제가 안고 있는 문제를 해결하기 위한 새로운 접근 방법이었다. 새롭게 구획될 지역정부는 유럽연합이 지역정책의 명목으로 제공하는 다양한 형태의 기금을 흡수하는 데 훨씬 유리한 입장에 서게 될 것으로 간주했다. 또한 본 개혁은 지역 및 지방자치 정부가 여타 유럽연합 회원국들의 지역자치정부와 연계를 통한 업무를 할 경우 효과적인 프로젝트 파트너로서 역할을 할 수 있다고 보았다. 이런 논의 속에, 2004년 봄, 당시 에스토니아의 집권 연립 정부는 현 군 정부의 상태를 변화시키는 합의를 하였다. 이 합의에 의해, 군수는 지역부(Ministry of Regional Affairs)의 추천에 의해 임명되었고, 군 정부 감독에 있어 내무부(Ministry of Interior)의 감독 기능을 강화하는 것이었다.

그러나 효율적 지역정책 운용을 위해 상대적으로 중앙정부의 역할이 강조되었다. 지역기금을 관리·관장하는 주요 역할을 중앙정부 부처인 재무부가 수행했다는 점이 그 실례이다. 또한 지역화보다는 중앙 집권체제에 도움이 되는 개혁이 당시 유럽연합의 정책 방향에 부합하다는 논리가 우세하였다. 물론 지역 행정 및 지역화에 대한 개혁의 필요성을 인정하였지만 넓은 층의 실질적 지지는 미미했다. 특히 정부 내에서 지역정부 활동에 도움이 되는 법률 제정과 같은 업무에 있어 관계 부처 간 타결은 쉽지 않았다. 지역 발전에 관한 많은 논의들이 관련 정부 부서의 사안으로 묶여 있을 뿐 아니라 연정으로부터의 적극적 지지도 끌어들이지 못하였다. 이처럼 제도권 내에서 발생하는 제약은 지역 개혁에 대한 국내의 미미한 지지와 함께 에스토니아 지방정부 조직의 유럽화에 있어 걸림돌로 작용하였다. 사실 경제 개혁이 에스토니아의 주안점이었고, 지역자치를 원하는 소수민족들의 요구가 초래할 수 있는 여러 가지 문제를 증폭시키기보다는 중앙집권 통제하에 지역정책을 관여하고자 했다. 이와 함께, 지방정부의 지도자들도 지역 차원의 권력 강화를 반대하였다(Kettunen and Kungla, 2005: 353-378).

7.2. 결속 정도에 대한 평가

에스토니아는 다른 국가에 비해 경제적으로 낙후되어 있다. 국가 전체 규모가 작을 뿐만 아니라, 가입을 준비하기 시작했을 때 일인당 국민 소득은 유럽연합 평균의 40% 정도였고, 일자리도 많지 않았다. 또한 빠른 성장세를 보이는 다른 지역에 비해 에스토니아는 혁신적이지도 않았고 기술력이 우수한 노동력이 풍부하지도 못했다. 유럽연합 가입이 이루어졌을 때, 이런 낙후성을 완화하기 위한 유럽연합의 지원과 그에 상응하는 에스토니아 측의 노력도 있었다. 이런 상황 속에서, 결속 및 구조기금의 수혜를 받았고, 이들 기금의 상당량이 도로 구축과 같은 건설 및 토목 사업에 할당되었다. 이와 함께, 지역권 수준의 지역 발전 프로그램 원조, 기업에 대한 지원, 기술, 연구 및 혁신을 위한 지원 그리고 환경 보호와 개발이 우선 지원 대상

분야였다.

그러나 이들 기금의 활용에 대한 기대효과가 클 것이라는 당초의 예상과는 달리 지역정책은 그리 큰 효과를 내지 못했다는 비판의 목소리도 간과할 수 없다. 특히 제반 의무 충족도는 논란의 대상이었다. 2006년까지 에스토니아의 지역기금 수용 정도는 기대에 부응하지 못했고 지방 행정조직의 비효율성이 가장 큰 이유라고 논의되었다. 에스토니아에게 할애된 구조기금과 결속기금은 약 6억 440만 유로였으나 2006년 이 액수의 약 29.4%인 1억 7천 7백 7십만 유로만 집행되었다(European Parliament, 2007: 13).

또한 지역정책의 효율적 운용에 필요한 다층적 통치의 한계성도 부인할 수 없다. 유럽연합 차원의 기구들과 에스토니아의 중앙정부 및 지역정부 간의 공조가 필요하였고, 에스토니아도시연합(Estonian Union of Cities)이 지역정책의 이행과 관리에 파트너로 활동하였다(European Parliament, 2007: 13). 또한 2003년에서 2006년 기간 동안 실시되었던 단일문서프로그램을 준비하면서, 사회적 파트너로 인식되는 지역정부, 군 정부, 이해집단 등 다양한 형태의 정치 및 경제 주체들의 의견 수렴 작업도 있었다. 파트너십 원칙에 의거해 결정된 문건들은 대중에게도 공개되는 등 사회적 대화가 있었다(Ministry of Finance of the Republic of Estonia, 2003).

그럼에도 불구하고 에스토니아의 경우 소규모 국가로 전 국토가 NUTS 2로 규정되었고 이에 따른 구조적 제약이 지역화에 걸림돌이 되었다. 군 정부와 같은 지역자치 단위의 기본이 되는 정치 행위자의 적극적 행보보다는 중앙정부 관할 부처의 역할이 중요하게 간주되는 실정이었다. 지역정책의 효율적 운용에 필요한 수직적 파트너십보다는, 지역정부는 오히려 중앙정부 부처의 효율적 업무 처리에 방해가

되는 요소로 인식되었다. 군 정부의 수장들은 소인국의 수장으로 여겨졌지, 전체 국토의 균형 발전에는 도움이 되지 못한다고 여겨져서 이들 수장들 활동의 적법성을 의심하는 등 비판의 대상이 되었다(Kettunen and Kungla, 2005: 364).[15)]

그러나 가입 후 보여준 경제적 격차 해소의 성과는 상당히 고무적이었다. 전환기 경제를 처음 시작할 때는 고전했으나, 이후 괄목할 만한 경제 성장을 이루었다. 이에 사회적 격차 해소에도 성과가 있었다. 1990년대 보였던 일자리 창출 없는 경제 성장의 패턴은 2000년대 중반부터 다른 면모를 보였고(Estonian Ministry of the Interior, 2005: 40), 이런 경제 상황의 변화는 실제 취업 및 실업률에도 긍정적 영향을 미쳤다.

취업률의 경우를 살펴보면, 1990년 에스토니아의 취업률은 고전을 면치 못했다. 취업 인구의 감소와 함께, 과거 일자리를 제공했던 1차와 2차 산업에서 형성되었던 일자리가 감소추세를 보였기 때문이다(Regional Development Department of the Ministry of Internal Affairs, 2009: 11). 그러나 21세기 들어 그 추세가 다소 누그러지는 모습을 보였다. 2000년에는 60.4%에서 2006년에는 68.1%로, 유럽연합 평균인 64.4%보다는 높은 수치를 보였다. 이런 빠른 성장의 배경은 지금까지 에스토니아가 보여준 빠른 경제 성장 덕분이었다.

실업률의 경우도 비슷한 패턴을 보였다. 에스토니아는 지난 10년간 연 평균 7% 성장을 구가하는 놀라운 수준의 경제 성장률을 보였다. 그러나 이런 높은 성장과 일자리 창출에도 불구하고, 최근까지

15) 군 정부의 역할은 많이 감소했지만, 특정 분야에 있어 지역자치 단위의 영향력은 오히려 증가하는 모습을 나타낸 곳도 있다. 그 대표적인 예가 바로 환경 분야를 관리 감독하는 지방자치 단체이다.

<표 5-18> 에스토니아의 경제 및 사회 수렴도

연 도	2000년	2001년	2002년	2003년	2004년	2005년	2006년
EU 27 평균실업률(%)	8.7	8.5	8.9	9.0	9.1	8.9	8.2
전체 노동자 대비 실업률(%)	12.8	12.4	10.3	10.0	9.7	7.9	5.9
EU 27 평균취업률(%)	62.2	62.5	62.3	62.5	62.9	63.4	64.4
전체 노동자 대비 취업률(%)	60.4	61.0	62.0	62.9	63.0	64.4	68.1
EU 27 평균(PPP)	100	100	100	100	100	100	100
일인당 국민 소득(PPP)	45	46	50	55	57	63	68

출처: 다양한 eurostat.

에스토니아의 실업률은 그리 좋은 편은 아니었다. 실업률은 2000년에는 12.8%로 유럽연합 27개국 평균보다 높게 나타났다. 이런 높은 실업률의 근본 원인 중 하나가 바로 구조적 실업 문제였다. 에스토니아 내 노동력이 보여준 교육 수준이나, 기술력, 경험 유럽연합 가입을 전후하여 요구되는 빠른 노동시장의 변화에 부응하지 못했기 때문에 상기와 같은 높은 실업률을 보였다고 판단되었다(Estonian Ministry of the Interior, 2005: 40). 그러나 유럽연합 가입 후 2006년 제1차 구조기금프로그램이 끝나는 시점에 실업률은 5.9%를 보이며 유럽연합 27개 국 평균보다 낮은 수치를 보였다.

경제적 격차 해소를 보여주는 일인당 국민 소득의 변화 추이를 살펴보면, 점진적인 발전이 있었다는 점을 알 수 있다. 일인당 국민 소득은 다소 낮은 수준이었다. 2000년 일인당 국민 소득은 유럽연합 평균의 45%로 다소 낮은 수준으로 시작했으나, 이후 빠른 성장을 보였고 2004년에는 57%로 2005년에는 68%로 증가하였다(Commission, 2007b, 55).

상대적으로 소규모 국가에 속하지만, 에스토니아 내 지역 간 격차

〈표 5-19〉 에스토니아의 지역 간 격차(실질구매력 수준의 1인당 국민 소득, 2002년 기준)

	에스토니아 국가전체 비율(%)	유럽연합 25 평균(%)
에스토니아	100	46.6
Põhja-Eesti(북부)	153.2	71.4
Lääne-Eesti(서부)	72.6	33.8
Kesk-Eesti(중부)	70.2	32.7
Lõuna-Eesti(남부)	66.6	31.1
Kirde-Eesti(북서부)	58.6	27.3

출처: Eurostat.

는 오래전부터 문제시되어 왔다. 그러나 이런 지역 간 격차에 대한 논의가 가시화되기 시작한 것은 유럽연합 가입이 본격적으로 시작될 때부터였다. 특히 구공산권 몰락과 함께 정치 및 경제적 격변기가 시작된 이후 에스토니아 내부 지역 간 격차는 심화되었다(Kilvits, 2000: 99). 〈표 5-19〉가 보여주듯이, 수도권이 포함된 북서부 지역의 일인당 국민 소득은 에스토니아 소득 평균을 상회하는 153.2%를 나타냈고, 반면 가장 낙후된 지역으로 분류되는 남부 에스토니아 지역은 전체 평균의 66.6%를 나타내고 있다. 특히 이다비류바(Ida-Virumaa) 지역이나 도서지역의 경우 정부로부터의 사회 보장 제도를 통한 지원이 없을 경우 이들 지역의 임금 격차는 훨씬 심각한 것으로 추정된다.

수도권이 포함된 북부 지역에 부가 편중된 이유는 여러 가지이다(Kilvits, 2000: 105-107). 우선, 에스토니아에 등록된 산업의 거의 50%가 수도권이 포함된 하류마(Harjumaa) 지역에 위치하고 있다. 또한 에스토니아 무역에 가장 중요한 항구들이 이 지역에 편중되어 있다. 특히 수도 탈린에는 에스토니아 전 인구의 3분의 1이 거주하며, 돈의 3분의 2가 이 지역에서 유통된다. 반면, 상대적으로 낙후된 남부 지역에는 농업이 주를 이루고 있고, 농업 분야가 경제적 낙후성을 초래하는 주 원인 중 하나가 되고 있다.16) 구소련에 속해 있을 때는, 집단 농장체제로 있던 농업 분야 종사가가 탈냉전과 에스토니아 독립과정에서 새롭게 재편되었다. 이런 과정에서 다수의 농지들은 소규모 자급자족 농업 체제로 변환되었고, 효율적 농업 산업 발전은커녕 경제적 낙후를 초래하는 고비용 저효율의 농업이 지속되었다. 이런 악순환의 고리는 결국 지역 경제 발전을 가로막고 높은 실업을 초래하는 결과를 낳았다.

8. 라트비아

원어로는 라뜨비야로 명명되는 라트비아는 발트 3국 중 하나이다. 북쪽은 에스토니아, 동쪽은 러시아, 남쪽은 리투아니아와 접하고 있으며 서쪽은 발트 해와 리가 만에 닿아 있다. 제2차 세계 대전이 일어나면서 라트비아 소비에트 사회주의 공화국이 되어 소비에트 연방에 편입되었으나, 1991년 소비에트 연방으로부터 독립하였다.

수도는 리가(Riga)이며, 수도 리가 외에 26개의 구역(rajoni)과 7개의 도시(lielpilsētas)로 나뉜다. 라트비아는 서부의 쿠제메(Kurzeme), 중부의 젬갈레(Zemgale), 북부의 비제메(Vidzeme), 동부의 라트갈레(Latgale) 4부분으로 나뉘며, 지역 간에 큰 발전편차를 보이고 있다. 252만 9천의 인구 중 1/3이 수도인 리가 지역에 집중해 살고 있다. 전체 면적은 64,589km^{2}이며, 인구는 2005년 약 230만 명인 소국이

16) 임금을 결정하는 요소는 다양하다. 대표적인 상수들은 생산성, 실업률, 노동참여율, 인구 연령 구조 등이다.

다. 이 중 라트비아인이 58.8%를 차지하며, 그 외 소수민족으로 러시아인이 28.6%, 벨라루스인이 4.1%, 우크라이나인이 2.7%, 폴란드인이 2.5%, 리투아니아인이 1.4%, 기타가 2%이다.

구소련에서 독립한 후 경제적, 정치적 전환기를 겪었다. 자유 민주주의와 자본주의 시장경제를 도입하여, 경제 및 정치 발전을 추구하고 있다. 그러나 라트비아는 서유럽 국가들에 비해 낙후되어 있다. 일인당 국민 소득은 2005년 1만 2,800 달러로 유럽연합 평균 이하이며, 지역정책의 순 수혜자로 정치적, 경제적 그리고 정책적 함의를 가진다.

8.1. 지역화 및 분권화에 대한 평가

1998년 라트비아의 행정조직은 하나의 지역정부 조직을 갖추고 있었다. 이런 조직에 의해, 26개의 지역정부(상위 개념의 지역정부)[17]와, 77개 읍과 486개의 하위 개념의 지역정부(Pagasts)로 나누어졌다.

라트비아는 전 국토가 NUTS 2 지역으로 구분되었고, 지역정부는 다시 크게 두 가지 체제로 나누어져 있다. 첫 번째 지방 체제는 1998년 기점으로 형성된 486개의 지방자치시와 77개의 읍, 7개의 시로 구성되어 있다. 두 번째 지방 조직은 26개 지역정부와 7개 도시로 구성되어 있다. 두 가지 조직 모두 7개 시를 지방정부를 대표하는 행정단위로 포함하고 있다. 또한 각 지역마다 자치권의 정도도 다르다. 그럼 라트비아 정부의 지역화 작업의 역사는 어디에서 시작했

17) 물론 보다 크게 재편된 행정조직이 농촌 지역의 민주적 자치정부 이행에 걸림돌이 된다는 논의도 무시할 수 없지만, 상위 개념의 행정조직은 국정 관리 기능을 이행하기에는 너무 작다는 논의가 있다(Karnite, 2000: 131).

는지 살펴보자.

라트비아 지역정부의 역사는 과거 구소련 시절로 거슬러 간다. 구소련 시절 라트비아의 지방정부는 중앙정부 행정조직의 하부단위로, 중앙정부가 이행하는 경제 및 사회 발전 계획을 이행하는 것이 주 업무였다(Vanags and Vilka, 2000: 119-122).

라트비아 독립 후 라트비아의 지역정부 설립을 위한 법적, 제도적 정비가 실시되었다. 법적 정비 과정을 살펴보면, 라트비아의 지역화를 위한 법적 정비는 1990년부터 시작한다. 지역 정비에 관한 최초의 법은 1990년 2월 15일에 제정되었는데, 이 법은 라트비아 대법원이 주정부, 시정부 그리고 지역정부에 관한 독립된 세 가지 법안을 통과시키면서 채택되었다. 이후 지역정책을 원활히 운용하기 위한 법률적 정비는 계속해서 진행되었다.

1993년 지역개발을 위한 기본적인 제도적 정비가 이루어졌고, 1995년 중앙정부는 지역정책 발전과 관련된 정책적 가이드라인을 채택하였다. 특히 1996년 의회가 채택한 라트비아 지역개발 정책에 대한 개념(Concept of Latvian Regional Development Policy)이 라트비아 지역정책의 기본 원칙을 제공하였다. 본 개념은 지속 가능한 발전을 위해서는 법적 근간이 필요하다는 논리를 펼치는 데 법적 틀을 제공하였다. 또한 이 법안은 국토개발계획(Planning for Territorial Development)에 관한 입법을 1998년 말경에 채택하는 데 일조하였다. 국토개발계획에 관한 법안은 지역 간 격차 해소와 군과 개별 지역 단위 간의 균형적인 발전과 이들 지역의 지역정책성 향상과 같은 내용을 담고 있었다. 이처럼 지역정책을 위한 법률적 정비는 1990년대에 큰 변화가 있었고, 지역정책은 의회조례, 정부 명령 등 다양한 법률적 방식에 의해 신설되고 발전하였다.

지역화를 위한 법률적 정비와 함께 제도적 정비도 있었다. 라트비아의 지역개발에 필요한 제도적 준비는 1993년 환경보호지역개발부(Ministry of Environmental Protection and Regional Development)를 설립하면서 본격적으로 추진되었다. 이 부서는 지역개발의 중심 부서로서의 역할을 하였다. 주로 지역개발국과 함께 관광인프라, 도시 환경 및 주택 사업, 지역개발 이행 업무를 담당하였고, 이후 2003년에는 지역개발 및 지방정부 조직부가 신설되었다.

그러나 유럽연합 가입을 전후하여 지역정책의 효율적 운용을 위한 법적, 제도적 정비가 있었지만, 라트비아의 지역화에서 발생하고 있는 몇 가지 문제점을 간과할 수 없다.

첫째, 26개 구역과 7개 도시로 나누어진 라트비아의 지역 재정 및 행정 자립도는 여전히 문제의 소지가 많다. 뿐만 아니라, 지역자치를 위한 구조도 너무 지나치게 분산되어 있고, 개혁이 필요한 상태이다. 그러나 이러한 요구는 현재 중앙 행정기관들의 기득권으로 인해 방해받고 있는 상황이다. 실제 지역정책의 원활한 이행과 감독에는 많은 수의 공무원과 공무를 필요로 하는 데 이런 점이 바로 필요 없는 행정편의주의로 빠지게 되는 위험성을 초래한다. 또한 정치 분야와 사회기금 간의 괴리 또한 주요 이슈로 자리 잡고 있다(Dezséri, 2007: 132).

둘째, 2006년 제1차 구조프로그램이 마무리되는 시점까지 라트비아에 제공되는 구조기금을 관장하는 기구는 재경부(Ministry of Finance)였다. 소국이 가지는 행정적 빈약성에 의해 재경부와 같은 단일 기구가 구조기금의 실제 사용 성격과는 무관한 관리 기능을 담당하였다. 그러나 이런 제도적 행태가 문제시되었고, 실제 2007년에서 2013년까지 새롭게 시행된 제2차 구조프로그램 시행 기간을 준비하면서 해결책이 제시되기도 했다. 사실 유럽연합이 제공하는 구조기금은 크게 두 가지 목적을 추구하고 있다. 첫째, 도로, 항만 댐과 같은 하부구조 건설을 위한 프로젝트와, 실업 및 사회적 격차 해소와 같은 복지 분야 향상을 위한 프로젝트로 나누어져 있다. 따라서 상호 보완적이지만, 그 성격에 있어 구별적인 프로젝트를 담당할 행정 기관의 이분법적 접근이 필요했다. 그럼에도 불구하고, 라트비아와 같은 소규모 국가의 경우 재경부가 이들 프로젝트를 일괄적으로 관장하고 있어 문제시되었다(Vanags and Pobyarzina, 2005: 200).

8.2. 결속 정도에 대한 평가

1991년 독립을 쟁취한 후, 라트비아 경제는 근본적인 변화를 겪었다. 대규모 제조업은 소규모 제조업이나 서비스 산업보다 더 빠른 붕괴를 경험하였고, 그에 따른 실업과 빈곤이 확산되었다. 물론 지난 몇 년 동안 라트비아 경제는 회복기를 가지는 것처럼 보였다. 그에 따라 서비스, 관광 그리고 정보 기술 산업과 같은 분야에서 빠른 성장세를 보여주었다(Marana, 2006: 227). 이런 일련의 경제 상황에도 불구하고, 라트비아는 구조 및 결속기금의 순수 수혜 대상자이며, 그에 따라 펼쳐진 지역정책이 라트비아의 사회 및 경제적 결속을 얼마나 호전시켰는지 고찰할 필요가 있다.

라트비아의 경우 2004년 가입한 구공산권 출신 신생회원국 평균치에 가까운 지역기금 수용률을 보였다. 2004년 할당된 구조 및 결속기금은 약 10억 9,280만 유로였으나, 2006년 이 액수의 약 25.2%인 2억 7,480만 유로가 집행되었다(European Parliament, 2007: 13). 특히 라트비아는 2004년 가입한 구공산권 출신 신생회원국에 비해

〈표 5-20〉 라트비아의 경제 및 사회 수렴도

연 도	2000년	2001년	2002년	2003년	2004년	2005년	2006년
EU 27 평균실업률(%)	8.7	8.5	8.9	9.0	9.1	8.9	8.2
전체 노동자 대비 실업률(%)	13.7	12.9	12.2	10.5	10.4	8.9	6.8
EU 27 평균취업률(%)	62.2	62.5	62.3	62.5	62.9	63.4	64.4
전체 노동자 대비 취업률(%)	57.5	58.6	60.4	61.8	62.3	63.3	66.3
EU 27 평균(PPP)	100	100	100	100	100	100	100
일인당 국민 소득(PPP)	37	39	41	44	45	50	56

출처: 다양한 eurostat.

지역정책을 원활하게 운용하는 데 필요한 행정 분야의 개혁이 상대적으로 성공적인 사례로 간주되었고, 이에 따른 자금 수용 정도도 양호한 편으로 평가되고 있다(Verheijen, 2007: 4).

또한 지역정책의 효율적 운용에 필요한 다층적 통치를 위한 파트너십도 어느 정도 이행되고 있는 것으로 평가되고 있다. 우선 수평적 공조의 효율성을 살펴보면, 소규모 국가인 라트비아의 정부 부처 간 협조가 어느 정도 진행되고 있는 것으로 나타나고 있다. 한편 수직적 공조도 성과를 보이고 있다. 2001년 국토개발계획 수립 당시 대중의 참여를 적극적으로 도모하였다. 그 결과 단일프로그램문서(Single Programming Document)의 초안과 보안판을 작성할 당시 70개의 비정부 단체의 의견이 반영되었고, 이들 문건을 인터넷에 공개하여, 대중의 의견도 함께 고려하고자 했다. 또한 시간이 지나면서, 민-관 관계의 질적 수준도 양적 수준과 함께 향상된 것으로 평가되고 있다(Artner, 2007: 135).

가입 후 보여준 경제적 격차 해소의 성과는 상당히 고무적이었다. 전환기 경제를 처음 시작할 때는 고전했으나, 이후 괄목할 만한 경제 성장을 이루었다. 1996년 이후 연 평균 60%의 성장을 구가하였다.[18] 실업률도 2000년에는 13.7%로 유럽연합 27개국 평균을 훨씬 상회하는 수치를 보이다가 2004년 유럽연합 가입을 전후하여 줄어들기 시작했다. 2006년 제1차 구조기금프로그램이 끝나는 시점에는 6.8%를 보이며 유럽연합 27개국 평균보다 낮은 수치를 보였다. 취업률의 경우, 2004년 유럽연합 가입 당시는 61.8%로 유럽연합 평균인 62.5%보다는 약간 낮은 수치를 보였으나, 2006년에는 66.3%로 유럽연합 평균인 64.4%보다는 높은 수치를 보였다.

라트비아는 1996년 이후 빠른 경제 성장률을 보였다. 1996년 이후 경제 성장률은 매년 60%를 상회하였다(Vanags and Pobyarzina, 2005: 194). 따라서 국가 전체 부와 함께 국민 생활수준도 점진적으로 향상되었다. 2000년 일인당 국민 소득은 유럽연합 평균의 37%로 낮은 수준으로 시작했으나, 이후 완만한 성장세를 보였다. 2004년에는 45%로 그리고 2006년에는 56%로 향상되었다.

전술한 것처럼, 라트비아의 경우 2중 구조로 지역구분이 되어 있으나, 7개 도시는 이들 2중 구조 모두에서 핵심적 지역 단위로 간주되고 있다. 또한 라트비아 전체가 NUTS 2 시스템으로 분류되고 있고, NUTS 2 단위 수준에서는 유럽연합 차원의 지원이 제공되고 있

18) 비록 높은 수준의 경제 성장을 구가했지만, 그 이면에 숨어 있는 허상에 대한 지적도 간과할 수 없다. 예를 들어, 높은 성장이 반드시 실질적 성장을 반영하였다고 볼 수 없다. 오히려 라트비아 경기 과열 현상 때문이라고 볼 수 있는데 그 이유는 다음과 같이 정리될 수 있다. 첫째, 신용대출의 증가가 매년 50% 이상이었고, 부동산 가격도 2005년에서 2006년 사이 60% 이상 증가하였다. 둘째, 국내 수요도 급격히 증가하였다. 이로 인해 2006년 하반기의 경우 수지 적자가 국민총생산의 25%에 다다랐다. 마지막으로, 임금 및 물가의 상승도 만만치 않은 수치였다. 이로 인해 라트비아의 경제 성장은 실질 성장으로만 보기는 어렵다는 견해도 간과할 수 없다.

<표 5-21> 라트비아의 지역 간 격차(실질구매력 수준의 1인당 국민 소득)

	라트비아 국가전체의 비율(%)	유럽연합 25 평균(%)
라트비아	100	38.9
Riga	181.7	70.8
Kurzeme	82.9	32.3
Pieriga	65.7	25.6
Vidzeme	57.9	22.5
Zemgale	55.7	21.7
Latgale	48.4	18.8

출처: Eurostat.

다. 그러나 NUTS 2의 하부 단위이자, 실제 지역 간 격차의 시금석이 되는 NUTS 3 지역 간 경제적 격차 해소는 라트비아의 몫으로 남아 있는 상황이다. 특히 구소련 체제 속에서 이행되었던 경제 발전 정책의 결과로, 농업 지역의 경우 기타 지역보다 낙후되어 있다. 농업 지역의 경우 농업은 산업의 하나로 간주되기보다는 라트비아인들의 주요한 삶의 방식으로 인정되며, 그에 따른 지원이 있어야 한다는 주장이 있다. 그러나 이런 종류의 입장이 실제 농촌 지역을 개혁하고 근대화하는 정책에 있어서 오히려 장애물로 여겨졌다(Karnite, 2000: 136). 이런 상황 속에서 라트비아의 지역 간 격차는 중요 현안으로 부상하고 있다.

구체적으로 살펴보면, 라트비아의 경우 특정 지역에만 경제 성장이 집중되는 경향이 나타나고 있다. 특히 수도 리가에 집중되고 있다. 대략 80만 명의 인구를 지니고 있는 수도 리가는 국가전체 비율을 훨씬 상회하는 181.7%의 일인당 국민 소득 수준을 보여주고 있으며, 유럽연합 25개국 평균의 70.8% 수준을 보이고 있다. 그러나 나머지 6개 도시의 경우 그 수준은 낮은 것으로 집계되고 있다.

두 가지 측면에서 지역 간 격차 해소를 하는 데 문제점이 있다

(Vanags and Pobyarzina). 첫째, 지역개발을 위해서는 유럽연합의 기금뿐만 아니라, 지역개발에 참여하는 이들로부터의 대응자금이 필요한데 이를 확보하기가 어렵다. 예를 들어, 2005년 리가와 리가 지역에 178개의 프로젝트가 실시되었고 이는 2,400만 유로 가치의 프로젝트였다. 그러나 라트게일(Latgale)과 같이 라트비아의 가장 빈곤한 지역의 경우 7개 프로젝트가 시행되었고 그 가치는 200만 유로에 그쳤다. 둘째, 라트비아의 지역 단위를 구성하는 지방정부는 500개가 넘을 뿐만 아니라, 이들 지방정부의 70%가 인구 2,000명 이하이다. 따라서 대응 자금 등 효율적 지역개발을 위한 한계가 있다. 이런 한계를 극복하기 위해 지역 간 통합을 시도하고 있지만, 이 또한 쉽지 않다. 라트비아가 넘어야 할 인종 간·지역 간 문제와 관련 되는데, 이 문제는 경제적 논리로는 해결할 수 없다.

9. 리투아니아

리뜨바로 불리는 리투아니아는 유럽 북동부에 위치해 있는 공화국이다. 수도는 과거 카우나(Kauno)였으나, 현재는 빌뉴스(Vilniaus)이며, 10개 주로 이루어져 있다. 리투아니아는 동쪽과 남쪽으로 벨라루스와 접해 있고, 서쪽은 발트 해를 바라보고 있다. 남서쪽으로는 러시아와 폴란드가 있으며, 북쪽은 라트비아가 있다. 라트비아, 에스토니아와 함께 발트 3국으로 불리는 리투아니아는 발트 3국 중 인구와 영토가 가장 많고 크다. 그러나 유럽연합의 전체 회원국의 평균에 비하면 소규모 국가로 분류될 수 있다.

지리적으로 리투아니아는 빙하로 조각된 나라라고 할 수 있다. 가장 높은 곳은 서부와 동부의 고지대인대 300m 이상인 곳은 없어서 가장 높은 아우토자스(Aukštojas Hill) 언덕도 294m 정도이다. 많은 습지와 호수가 있어서 삼림을 포함하여 전체 국토의 30%가 숲이다.

과거 구소련의 일부였다가 공산권 몰락 이후 독립하였다. 독립한 후 유럽연합 가입 신청을 하였고 2004년 정식 회원국으로 승인받았다. 리투아니아도 2004년 유럽연합의 신생회원국이 된 여타 구공산권 출신 국가처럼 기존 유럽연합 회원국에 비해 낙후된 지역이다. 2006년 제1차 구조기금프로그램이 마무리되는 시점 당시 리투아니아의 일인당 국민 소득은 유럽연합 평균의 56%를 차지하였고, 이 수치가 보여주는 사실은 리투아니아가 유럽연합 최하 빈국 중 하나라는 점이다. 또한 소국으로 국토 전체가 NUTS 2로 지정되어 2004년부터 2006년까지 제1목적 지역으로 분류되어 구조기금 혜택을 받았다. 이런 정황 속에서, 신생 유럽연합 회원국으로서의 리투아니아 지역정책 추이를 고찰해 보자.

9.1. 지역화 및 분권화에 대한 평가

에스토니아나 라트비아와 같은 발트 연안 국가들처럼 구소련 체제하에 있을 때 리투아니아의 행정체제는 중앙, 지방, 주와 같은 3단계 체제로 분류되었다. 그러나 유럽연합 가입을 전후하여 중앙, 지역, 주, 지방과 같은 4단계 체제로 분화되었다. 특히 리투아니아의 경우, 구소련연방 탈퇴 이후에도 상당 기간 중앙집권적 성격을 유지하였기 때문에, 보충성의 원칙에 필요한 제도적 틀이 마련되기에는 시간이 걸렸다.

지역화의 움직임은 1990년 후반부터 일기 시작하였다. 1996년 유럽연합 집행위가 리투아니아에게 결속정책에 필요한 행정적·법적 준비를 요구하면서 본격적으로 시작되었다. 유럽연합 가입 전 리투아니아의 준비는 크게 세 시기로 분류될 수 있다(Nakrošis, 2008: 206-207). 첫 번째 시기는 1996년에서 1998년까지 준비기간으로 그 범위가 제한되었고, 그 속도도 완만하였다. 구체적으로 살펴보면, 1996년에서 1998년 기간 동안 원활한 지역정책 운영을 위한 제도적 기틀 마련의 첫 번째 움직임이 있었다. 이에 따라 행정개혁자치부(MoPARLA: the Ministry of Public Administration Reforms and Local Authorities)는 균형 잡힌 지역개발에 필요한 두 가지 책무를 맡게 되었다. 그 첫 번째가 유럽연합이 제시하는 NUTS 체제에 따라 국토를 새롭게 분할하는 작업이었고, 두 번째가 바로 지역정책에 필요한 지침서의 초안을 작성하는 것이었다. 이런 작업을 통해 지역정책 가이드라인이라는 주요 법안이 채택되었다.

1999년에서 2000년 동안에 두 번째 움직임이 있었다. 그 준비 속도와 범주가 향상된 시기였다. 유럽연합이 지원한 가입 이전 준비 단계 프로그램인 PHARE, SAPARD와 ISPA를 관리하기 위한 준비와 함께[19], 국가 차원의 지역정책을 위한 법적 체제를 규명하는 등 정부 차원의 의제에 초점을 맞추어 준비한 기간이었다. 마지막으로, 2001년에서 2003년까지 유럽연합 가입 바로 직전까지 리투아니아는 구조기금에 대한 프로그램과 이 기금 운용에 관한 준비작업 등을 포함한 보다 포괄적 변화를 모색하는 준비 작업을 이행하였다.

---

19) 이 시기에 리투아니아에게 할당된 PHARE, SAPARD 그리고 ISPA의 개별 기금은 순서대로 연간 120억에서 140억 유로, 2,900만 유로 그리고 5,000만에서 7,000만 유로였다.

단계적 준비 단계 과정을 통해 리투아니아의 행정조직이 형성되었다. 리투아니아의 행정조직은 관리당국(the Managing authority)으로 재무부가 선임되었고, 경제부, 노동사회안전부 등 8개의 중앙정부 부처가 중간 단계의 업무를 관장하게 되었다. 특히 내무부는 주정부의 행정 지원을 하였고, 실제 지역정부가 유럽연합의 구조기금을 요청하는 과정에서 자문을 제공하기도 했다.

리투아니아 행정원(Lithuanian Institute of Public Administration)이 하부 단위의 행정력 향상을 위한 주요 기구로 활동했고 이에 따라 일선 정부 부서 단위 제도의 능력구축도 향상되었다. 도시 단위의 행정능력도 급속히 향상되어 수도 빌니우스는 유럽연합 내에서 전략적 도시 계획의 대표적 사례로 간주되기 시작했다(Verheijen, 2007: 22).

리투아니아도 다른 발트 해 출신 국가들처럼 국토 전체가 하나의 NUTS 2 시스템으로 분류되었다. 구조 및 결속기금을 관리하는 관리당국은 재무부인데, 이는 다른 발트연안 국가와 유사하다. 발트연안 국가를 제외한 다른 구공산권 출신 신생회원국의 경우와 달리 리투아니아의 경우 재무부가 주 관리당국이 된 점은, 지역 및 결속 정책을 이행함에 있어 재정 분야가 가지는 중요성 때문이다.

리투아니아는 소규모의 공무원 조직을 가지고 있다. 2006년 말 약 2만 5천 명의 공무원이 근무하고 있었다. 비록 타 국가에 비해 행정 공무원의 규모가 작은 것으로 보이나, 이런 규모의 공무원 수도 실제 2004년 유럽연합 가입과 함께 급속히 증가한 것이었다(Nakrošis, 2008: 214).

행정조직 개편 노력과 함께 법률적 준비 작업도 병행되었다. 리투아니아의 경우 지역 및 결속기금에 필요한 법적 구조는 다양한 형태의 법령 및 의결 과정에 의해 발생하였다(Dezséri, 2007: 120). 1980

년 중반부터 지역정책을 위한 리투아니아의 법적·제도적 틀이 갖추어지기 시작했다. 1998년 의회는 지역정책에 대한 가이드라인뿐만 아니라 2000년에는 지역개발에 관한 법률도 채택하였다. 그러나 지역정책 이행에 관한 법은 2002년에 채택된 법률에 의거하며, 이에 따라 리투아니아는 총 10개 주로 구성되는 주에 대한 계획이 포함되어 있다. 또한 개별 부서가 관장하는 국가프로그램은 주를 중심으로 형성된 지역 간 사회 및 경제적 불균형을 감소시키기 위한 개별적 조치였다.

그러나 지역정책 운행에 필요한 기본적 요건이 설립되었지만, 제도적 틀은 아직 미비한 것으로 판단되고 있다. 에스토니아나 라트비아와 같이 리투아니아는 지역 수준의 지방정부를 가지고 있지 않으며, 지역행정도 일반적으로 중앙정부에 의해 관장되고 있다. 이런 특징은 지역정책을 관장하는 체제에도 중요한 특질로 간주되고 있다. 중앙정부 차원의 관리 체제가 상대적으로 분산되고 있는 것이 사실이나, 지역 수준의 의미 있는 역할을 기대하기는 현재로는 요원해 보인다 (Dezséri, 2007: 35).

9.2. 결속 정도에 대한 평가

리투아니아가 유럽연합 회원국으로 얻을 수 있는 최대 이득 중 하나가 바로 유럽연합의 구조 및 결속기금이다. 2004년에서 2006년 사이에, 리투아니아가 받은 기금은 2004년 가격 대비 약 13억 8천만 유로였고, 이는 리투아니아 정부가 운용하는 국가투자프로그램(State Investment Programme)의 두 배에 다다르는 양으로서, 리투아니아의 재정정책에 중요한 부분을 차지하였다.

구조기금프로그램하에서 2006년까지 950개 이상의 프로그램이 유럽지역개발기금의 지원을 받았고, 700개 이상이 유럽사회기금 지원하에 이루어졌다. 그러나 리투아니아에게 할당된 구조기금에 대한 수용률은 기대 이하였다. 리투아니아의 경우 2004년 가입한 신생회원국의 평균치에 가까운 지역기금 수용률을 보였다. 2004년 할당된 구조 및 결속기금은 약 13억 8천만 유로였으나 2006년 이 액수의 약 25.6%인 3억 5,390만 유로가 집행되었다(European Parliament, 2007: 13). 그 주요 원인은 다음 두 가지로 설명될 수 있다(Nakrošis, 2008: 210-211). 유럽사회기금 집행이 행정적으로 느리게 처리되는 것이 그 첫 번째 원인이다. 실제 유럽사회기금에 대한 지출은 매회 승인 절차를 거쳐야 한다. 그러나 현재 리투아니아에서 실시되는 대부분의 사업들은 소규모이고 또한 그 숫자도 많다. 그러나 이런 사업들을 처리하는 행정적 절차상의 까다로움은 결국 자금 수용성을 떨어뜨리는 결과를 초래하였다. 둘째, 구조기금 혜택 속에 진행되었던 환경 정책도 비슷한 형태의 행정 절차상의 문제로 인해 기금 수용성이 떨어졌다. 예를 들어, 환경정책은 준비기간이 너무 길게 나타났다. 일반적으로 환경정책이 이행되기까지는 평균 4년의 시간이 걸렸다. 환경부와 관계 시와의 미흡한 협조, 대형투자계획에 필요한 인력의 부족 등이 주된 이유였다.

지역정책의 성공적 운용에 필요한 수직적 그리고 수평적 공조에 대한 평가도 중요하다. 리투아니아의 경우, 지역정책의 효율적 운용에 필요한 다층적 통치의 한계성을 부인할 수 없다. 우선 수직적 공조에 있어, 유럽연합 차원의 기구들과 리투아니아의 중앙정부 및 지역정부 간의 공조는 극히 제한적이었다. 사실 지역정책 운용의 중심은 중앙정부였는데, 그 배경에는 효율성 극대화라는 단기 전략이 주요 변수로 작용했기 때문이다.[20] 이에 따라, 실제 구조기금을 관장하는 행정조직은 관리당국인 재무부와 7개의 관련 부서, 정부위원회로 구성된 8개의 중간단계 기구 그리고 6개의 이행 기구와 같은 세 분류로 구성되어 있었다. 그러나 중앙과 지방 기구 간 수직적 관계는 구역별 중앙부서가 관장하고 지방부서의 역할은 미비한 것으로 평가되고 있다.

한편 리투아니아는 국토 전체가 NUTS 2로 구분되어 있다. 따라서 지역화를 통한 수직적 공조의 필요성을 제도적인 면에서부터 찾기 어려웠다. 물론 실제 지역 편차를 논의함에 있어, NUTS 3 수준의 지역 간 격차를 논의해야 한다는 의견이 있는 것도 사실이다. 그럼에도 불구하고, 기존 유럽연합의 틀 속에서는 리투아니아와 같은 소규모 국가에게 수직적 공조가 왜 필요한지를 설명하기는 쉽지 않다.

파트너십의 정도를 통한 수평적 공조도 논의의 대상이다. 첫째, 결속정책을 관장하는 중앙 부서 간 관계는 재무부를 중심으로 움직이고 있다. 2005년의 경우, 중간 단계 기구인 경제부(the Economics Ministry)의 독자권을 포기하는 사건이 있었다. 당시까지 경제부는 재무부와 협의 없이 독자적으로 세 가지 사업을 실시할 수 있었다. 그러나 이런 독자적 행보를 포기함으로 인해 재무부 중심으로 재편성된 정부조직은 관계 부처 간 수평적 힘의 관계가 설정되었고(Nakrošis, 2008: 215), 이런 중앙집권적 특징은 민관 관계를 결정짓는 수평적 파트너십에도 영향을 끼쳤다.

여타 발트 연안 국가들처럼 리투아니아가 가입 후 보여준 경제적

---

20) 특히 집행위는 리투아니아의 경우 지방자치단체의 제한된 행정능력을 이유 삼아, 2004년에서 2006년까지 제1차 구조기금프로그램이 실시되는 기간 동안 중앙집권적 접근을 장려하였다(Nakrošis, 2003).

<표 5-22> 리투아니아의 사회 및 경제 수렴도

연 도	2000년	2001년	2002년	2003년	2004년	2005년	2006년
EU 27 평균실업률(%)	8.7	8.5	8.9	9.0	9.1	8.9	8.2
전체 노동자 대비 실업률(%)	16.4	16.5	13.5	12.4	11.4	8.3	5.6
EU 27 평균취업률(%)	62.2	62.5	62.3	62.5	62.9	63.4	64.4
전체 노동자 대비 취업률(%)	59.1	57.5	59.9	61.1	61.2	62.6	63.6
EU 27 평균(PPP)	100	100	100	100	100	100	100
일인당 국민 소득(PPP)	39	42	44	49	51	54	58

출처: 다양한 eurostat.

격차 해소를 위한 노력은 고무적이었다. 전환기 경제를 처음 시작할 때 상당히 고전했으나, 이후 리투아니아는 괄목할 만한 경제 성장을 이루었다. 1995년에서 2002년까지 실질 일인당 국민 소득은 평균 5.5% 증가하였다. 실업률도 2000년에는 16.4%로 유럽연합 27개국 평균보다 높았으나 유럽연합 가입 후 2006년 제1차 구조기금프로그램이 끝나는 시점에는 5.6%를 보이며 유럽연합 27개국 평균보다 낮은 수치를 보였다. 한편 취업률의 경우 좀 더 개선 사항이 필요하였다. 2004년 유럽연합 가입 당시는 61.1%로 공동체 평균인 62.5%보다는 약간 낮은 수치를 보였다. 그러나 제1차 구조기금프로그램이 끝나는 2006년에도 유럽연합 평균인 64.4%보다는 낮은 수치인 63.6%를 기록하였다.

일인당 국민 소득은 발트 연안에 속해 있는 에스토니아보다는 낮은 성장률을 보였으나, 라트비아보다는 약간 상회하는 결과를 낳았다. 2000년 일인당 국민 소득은 유럽연합 27개국 평균의 39%였다. 그러나 2004년에는 51%로 그리고 2005년에는 58%로 성장하였다. 결론적으로 보면, 리투아니아는 에스토니아나 라트비아보다는 낮은

<표 5-23> 리투아니아의 지역 간 격차(실질구매력 수준의 1인당 국민 소득)

	리투아니아 국가전체의 비율(%)	유럽연합 25 평균(%)
리투아니아	100	42.4
Vilniaus	143.3	60.7
Klaipedos	108.5	46.0
Kauno	94.2	39.9
Panevezio	86.6	36.7
Telsiu	83.6	35.4
Utenos	82.7	35.1
Alytaus	77.2	32.7
Siauliu	74.0	31.4
Marijampoles	66.5	28.2
Taurages	57.8	24.5

출처: Eurostat.

수준의 경제 및 사회적 발전 수준을 보였으나, 유럽연합 가입 후 어느 정도의 증진이 있었다.

리투아니아도 라트비아처럼 국토 전체가 NUTS 2 시스템으로 분류되고 있고, NUTS 2 단위 수준에서는 유럽연합 차원의 지원이 제공되고 있다. 그러나 NUTS 2의 하부 단위이자, 실제 지역 간 격차를 측정하는 데 있어 기준이 되는 NUTS 3 지역 간 경제적 격차 해소는 중앙정부의 몫으로 돌리고 있는 상황이다. 이런 상황 속에서 리투아니아의 지역 간 격차는 중요 현안으로 부상하고 있다. 구체적으로 살펴보면, 리투아니아의 경우 특정 지역에만 경제 성장이 집중되는 경향이 나타났다. 수도 빌뉴스(Vilniaus)는 국가 전체 평균을 훨씬 상회하는 일인당 국민 소득의 수준인 143.37%로 나타났으며, 이는 유럽연합 25개국 평균의 60.7% 수준에 해당하는 것이다. 그러나 클레이피도스(Klaipedos)를 제외한 다른 지역은 리투아니아 평균 수준 이하인 것으로 집계되고 있다. 이런 지역 간 격차는 향후 리투아니아가 해결해야 할 주요 문제로 자리 잡고 있다.

10. 결 론

본 장에서는 2004년 이후 구공산권 출신 국가의 유럽연합 가입 후 이들의 사회 및 경제적 격차 해소에 있어 지역정책의 효율성을 가늠해보고자 했다. 기존 학제적 통념은 2004년 이후 유럽연합에 가입한 구공산권 출신의 회원국들은 여러 가지 이유로 인해 지역정책을 효율적으로 이행하지 못하며 이로 인해 실제 유럽연합 내 사회통합에 걸림돌이 될 것이라 주장했다. 그러나 이런 논의가 실제 어느 정도 타당한지를 고찰할 뿐만 아니라 이 과정에서 발생되는 사회통합의 정도를 고찰해 볼 필요가 있었으므로, 그 분석 내용을 정리해 보겠다.

2004년 이후 새롭게 가입한 구공산권 출신 신생회원국들은 유럽연합 내 지역 간 차별을 완화하기 위한 지역정책과 이에 수반된 구조 및 결속기금의 순수 수혜국들이었다. 이런 점을 고려하여, 본 장은 구조 및 결속기금이 이들 국가가 직면하고 있는 지역 불균형 해소와 그 과정에서 나타난 지역화와 분권화와 같은 유럽화의 진척 정도를 평가했고 그 결과가 현재로는 부정적이라는 결론을 내렸다. 즉, 이들 국가들이 안고 있는 제도적, 법적 한계로 인해 지역정책의 수렴 과정에 문제가 있을 것이라는 학제적 통념이 본 사례 조사를 통해 볼 때 현 시점에서는 타당한 것으로 나타났다. 그럼에도 불구하고 이들 국가들이 타 지역과의 격차 해소를 위한 지속적인 지원은 나름대로 성과를 거두었다고 첨언한다. 이런 논증 속에 본 장의 논의를 바탕으로 향후 지역정책 발전에 필요한 제언과 함의를 함께 정리해 보자.

구공산권 출신 신생회원국들 대부분이 행정 및 법률적 하부구조의 미비가 기존 지역정책 수행에 걸림돌이 되었다. 이는 실제 유럽연합 가입 이후 구조 및 결속기금을 수용 이행하는 데 문제점으로 대두되었다. 오랫동안 공산주의적 중앙 집권 체제 속에 있던 이들 국가들의 지역화 및 분권화가 기대만큼 이루어지지 않았다는 것이 그 첫 번째 이유였다. 사실 이들 국가들이 가입을 전후하여 지역화와 분권화에 대한 원론적인 개선 작업을 추진하였음에도 불구하고, 중, 단기적으로 효율성이란 논리에 밀려 지역화보다는 중앙집권적 접근법이 선호되었다. 그러나 과거 결속국가들의 경험을 비추어 보았을 때, 하향식 전략은 한계가 있고 부과성의 원칙이 잘 반영되는 통합적 접근이 필요하다는 주장을 할 수 있다. 그럼에도 불구하고 중앙정부와 지방정부 모두 자신에게 부여된 책무와 책임을 소화하기 위한 적합한 방식을 찾는 데 상당 시간이 필요한 것으로 사려되며, 이는 기존 결속국가의 경험에서도 잘 드러났다.

둘째, 지역정책 이행에 직접 관여한 부서 및 정부 간의 협조 및 조율이 미비한 것으로 논의되었다. 이런 현상은 유럽연합의 집행위가 원론적으로 요구하는 파트너십의 원칙과 배치되는 현상이었다. 이에 따라 구조기금의 효율적 사용과 그 효과를 최대화하기 위해서는 중앙정부 또는 지역정부의 관리 구조 단순화와, 관련 부서 간의 협력을 신장하는 것이 중요하다. 그러나 실제 몇몇 국가들은 너무 많은 지역정부의 출현과 그에 따른 업무의 중복으로 인해 파트너십 형성에 도움이 되지 못했다. 또한 어떤 국가들은 지역화에 대한 제도적, 역사적 그리고 개념적 정의가 부재한 이유로 인해 진정한 의미의 파트너십도 기대하기 어려웠던 것이 사실이다.

마지막으로, 1단계 구조기금프로그램을 통한 지역 간 격차 해소도 성취하려고 했으나, 기대만큼 달성되지 못했다. 이런 점을 고려해 보았을 때, 중앙정부 주도의 프로그램과 관리 체제를 선택하는 것이 현재 상황에서는 최선이라는 논의가 설득력 있어 보인다. 물론 이런 논의가 중앙집권적 체제가 성공의 길이며 반대로 지역화가 실패의 길로 귀결된다는 논의는 아니다. 사실 중앙정부 중심의 발전 전략이 대도시 중심의 특정 지역에 부가 편중되는 부작용도 낳았다. 그럼에도 불구하고 국가 전반적 발전과 이에 따른 분배 정책이라는 일각의 주장을 받아들일 경우 단기적으로는 중앙정부 중심의 지역정책이 선호될 것이라는 전망을 내놓는다.

제 6 장

결 론

1. 글을 마무리하며
2. 지역화의 현황
3. 다층적 통치의 한계성과 의의
4. 시사점과 향후 과제

제 6 장 결론: 지역정책과 사회통합- 그 의의, 한계, 제언

1. 글을 마무리하며

유럽연합의 통합사를 회고해 볼 때, 최초 공동체 설립 목표는 유럽 내 또 다른 전쟁을 방지하는 것이었다. 이런 초기의 설립 의지를 구현하기 위해, 당시 공동체 창설자들이 논의하고 실행에 옮겼던 행보는 경제와 같은 하위 분야의 통합을 통한 상위 정치 분야의 통합을 이루는 것이었다. 그 가능성과 과정에 대한 논의가 어떠했든, 유럽연합의 통합사를 되돌아 볼 때, 경제통합의 주요 매개 변수 중 하나가 바로 균형적 발전을 모색하는 것이었다. 사실 균형적 지역 발전은 경제통합의 선결 조건이자 최종 목표일 수 있다. 이런 정치적, 경제적 맥락에서 시작된 유럽연합의 지역정책과 사회통합의 거대한 행보는 현재도 계속해서 진행 중이다. 그러나 이 시점에서 중요하게 짚어 보아야 할 점이 바로 기존의 지역정책의 성취 정도이다. 이에 본 연구는 2004년 이후 유럽연합을 가입한 구공산권 출신 신생회원국이 조화로운 균형 발전을 지역정책이란 제도적 틀 속에서 어떻게 구현했는지를 고찰하고자 했다. 이런 목적하에, 본 연구가 제시한 이론적, 방법론적 그리고 실증적 결과가 내포하는 함의를 본 결론 장에서 정리 요약하고자 한다.

2. 지역화의 현황

구공산권 출신 신생회원국이 지역정책의 효과를 최대화하기 위해 지역화 및 분권화를 추진하였고, 그런 과정을 통해 사회 및 경제통합을 이루고자 했다. 그러나 본 연구에서 분석된 점을 바탕으로 해 볼 때 그 만족정도는 국가나 시기에 따라 다양하게 나타났다. 여러 가지 이유가 있겠지만, 경제 및 사회적으로 낙후된 기존 결속국가나 구공산권 출신 신생회원국 모두 가입 이전부터 제기되었던 문제와 연관성이 있어 보인다. 즉, 효율적인 지역정책에 필요한 법적, 행정적 그리고 제도적 준비가 미비하였다는 점이다. 뿐만 아니라, 이를 해결하기 위한 개별 회원국의 특질을 반영한 제도화가 정착되기 위한 장시간의 인내가 필요하다는 것이다. 이런 결론을 바탕으로 지역정책의 기존 수혜국들이 보여준 성과를 결속국가와 신생회원국을 구분하여 정리해보자.

2.1. 기존 결속국가의 경험과 시사점

기존 결속국가의 사회 및 경제통합의 효과와 그 함의를 살펴보겠다. 아일랜드와 스페인의 지역정책을 통한 사회 및 경제적 통합은 나름대로 성과를 거두었다. 특히 아일랜드는 성공적 사례로 꼽을 수 있다. 반면 그리스나 포르투갈의 경우 아직 개선되어야 할 점이 있는 것으로 판단되며, 그 이유와 배경을 정리해 보겠다.

우선, 아일랜드가 보여준 지역화 및 분권화의 정도는 원론적인 수준에서는 그리 만족스럽지는 않았다. 그렇지만 아일랜드가 보여준 지역정책의 성과는 성공적인 사례로 꼽히고 있다. 그 주된 이유 중 하나가 바로 아일랜드가 거둔 경제적 성공으로 인해 사회 및 경제적 격차가 해소되었기 때문이다. 사실 지역정책을 이행하는 목적이 지역 균형 발전인데 현재 아일랜드가 보여주고 있는 중앙집권적 통치 체제가 지방 조직의 역할을 그리 제한하지도 않았고, 지역정책의 원래 취지를 거스르지도 않는다. 따라서 지역정부의 학습화와 적응력을 높여주는 점진적 지역화가 지지되었고 그 결과 아일랜드에서 실시된 지역정책은 최대한의 효과를 낳았다고 평가되었다.

스페인도 두 가지 방향에서 지역화를 모색하였고, 그런 과정에서 사회 및 경제적 격차를 해소하였다. 첫째, 지역개발계획을 수립하여 구조기금을 효과적으로 수령하였다. 특히 혁신적인 프로그램 이행과 그에 따른 평가를 통해 스페인 내 상대적으로 낙후된 지역을 근대화하는 데 일조하였다. 또한 지역정책에 있어 자치지구의 참여도 증가시켰다. 1986년에서 1989년, 1989년에서 1993년, 1994년에서 1999년 그리고 2000년에서 2006년으로 구분되어 실시된 구조기금 프로그램 시행과 병행하여 이런 참여가 이루어졌다. 이런 과정을 통해, 스페인은 아일랜드보다는 뒤떨어지지만, 나름대로 사회 및 경제적 격차를 해소하는 데 성과를 거두었다.

아일랜드와 스페인의 경우와 달리, 그리스나 포르투갈의 경우 낙관적인 결론만을 내릴 수는 없다. 우선 그리스의 경우부터 살펴보자. 그리스의 행정조직은 어느 정도 분권화에 기초를 두고 발전하였다.

따라서 그리스 정부가 실시하는 자체 정책이나 유럽연합 차원의 정책 이행에 관한 책임이 어느 정도 이분화되었다. 즉, 지역과 이를 관장하는 중앙정부로 나뉘어 발전하였다. 그러나 지역정책을 수행하는 데 있어 다양하고 복잡한 관리 체제를 효율적으로 운영하기 위해서는 다소의 개선점이 남아 있다. 이에 따라 시간이 지남에 따라 자금 수용 능력이 떨어지고 있다는 판단을 내릴 수 있다. 효율적인 지역화가 완성되지 않은 상황에서, 사회 및 경제적 격차 해소를 위한 노력의 결과도 한계를 드러냈다. 물론 그리스가 공동체 가입을 한 직후 상당한 경제성장을 이루었다. 특히 1990년대 이후 그리스가 보여준 다른 국가들과의 경제적 격차 해소 노력은 높이 평가할 만하다. 그럼에도 불구하고, 아일랜드와 같은 경제 성장률을 통한 사회 및 경제 격차 해소에는 아직 요원해 보인다.

포르투갈의 경우, 그리스보다 결코 나은 상황은 아니었다. 공동체 가입을 즈음하여 지역화를 위한 제도적, 행정적, 법적 정비 작업이 있었고, 그런 과정 속에서 중앙집권적 행정 전통이 어느 정도 변화되었다. 그러나 과거 전제 정부가 남긴 행정에 있어 비민주적이고 비효율적 잔재들과, 그 후 이행된 공공 행정의 개혁은 제한적이었다. 그에 따른 투명성 제고나 감사도 잘 이루어지지 못했다. 또한 분권화가 정치적 · 제도적 재정비에 있어 주요 요소로 부각했지만, 뿌리 깊은 이중성에 의해 국론 분열의 위험 요소가 컸다. 특히 정파 간 갈등으로 인해 통합된 지역화가 어려웠고, 결국 사회 및 경제적 격차 해소를 위한 포르투갈의 노력에 찬물을 끼얹는 결과를 초래하였다. 따라서 포르투갈의 사회 및 경제적 격차 해소를 위한 노력의 결과는 네 개 결속국가 중 가장 미비한 것으로 드러났다.

2.2. 신생회원국의 선택과 그 함의

2004년 이후 가입한 구공산권 출신 신생회원국이 기존의 지역정책 속에 어떻게 사회 및 경제통합을 이루었고, 한계는 무엇인지를 정리하겠다. 폴란드의 경우, 중앙집권 체제 국가로서, 행정상에 나타난 지방정부 조직은 1989년에 설립되었다. 그러나 2000년 채택된 지역개발에 근거하여 지역 관련 프로그램이 수립 및 관리되었을 뿐만 아니라, 관련 제도 구축과 지역정책 자금 공급 토대로 활용될 주 연락망이 구축되었다. 이런 지역화 및 분권화를 통해 효율적인 지역정책 운영에 필요한 제도적, 법적 기반을 구축하고자 노력하였다. 그러나 중앙정부와 지방정부 간의 불분명한 권한 배당과 이에 따라 중앙정부의 역할이 강화되는 결과가 초래되었다. 따라서 지역정부도 충분한 수준의 지방 재원을 조달하기 어렵게 되었고 그에 따른 지역화도 한계를 보였다. 결국 지역개발 계획 수립 단계에서 지역 행정부에게 자체 프로그램 내용을 개발할 수 있는 권한이 부여되었지만, 이는 계획 단계에서만 가능했지 실제 프로그램 관리나 통제 그리고 이행에서는 극히 제한되었다. 이런 상황 속에서, 유럽연합 가입 후 폴란드가 보여준 사회 및 경제적 격차 해소 노력은 그리 만족할 만한 성과를 거두지 못했다. 실업률이나 취업률과 같은 사회적 격차를 보여주는 지표에서 폴란드는 구공산권 출신국들 중 최하위 그룹에 속하였고, 경제적 격차를 보여주는 일인당 국민 소득도 유럽연합 평균에 못 미치는 것으로 나타났다. 국토 전체가 경제적으로나 사회적으로 낙후되었을 뿐만 아니라, 지역 간 불균형도 현저한 것으로 나타났다.

헝가리는 전통적으로 중앙집권적 국가 형태를 띠고 있었으나, 유럽연합 가입 전후로 지역화에 움직임이 있었다. 1990년 발효된 지방자치 정부법안에 따라 3,000개 이상의 지방정부가 나타났고, 하위 국가 단위의 지방정부 역량도 강화되었다. 유럽연합 가입과 함께 NUTS 2 수준의 7개 지역으로 구분되는 등 활발한 지역화와 분권화의 모습을 보였다. 그러나 지방자치주가 경제적으로 어느 정도 독립하였으나, 구조적 결함으로 인해 지방정부의 영향력은 제한적이었다. 파편적으로 형성된 지방정부 조직은 필요한 행정 서비스 제공에 한계를 보였다. 주의 역할을 강조하는 논의는 지역화 과정에서 불안정을 초래하였고 중간 수준의 자치체제를 형성시키는 데 걸림돌이 되었다. 이에 따라 사회 및 경제 격차 해소에도 한계점을 나타냈다. 헝가리는 1990년대 초반 마이너스 경제 성장을 보이다가 1990년대 중반부터 회복기를 보였다. 그러나 2004년 유럽연합 가입을 전후하여 헝가리가 보여준 경제 성장률은 기대 이하였다. 연 평균 1%의 성장률을 보였고, 특히 지역화 및 분권화에 있어서도 수도인 부다페스트에 집중된 경제 발전으로 인한 국토 균형 발전에 문제가 되었다. 따라서 현재 NUTS 2 체제를 기준으로 한 지역 분권화의 효율성이 의문시되고 있다.

체코의 지역화는 독립과 탈냉전과 함께 시작되었다. 특히 1996년 1월 체코 공화국이 유럽연합 회원국 가입을 신청하면서 체코 내 지역정책 시행을 위한 준비 작업이 본격적으로 시작되었다. 행정 효율성을 강조하여 기존의 14개 주를 8개 자치정부로 재구성하는 등 적극적으로 지역화 및 분권화를 추진하였다. 그러나 결국 체코 정부도 구조기금 운용의 효율성을 강조한 나머지 중앙집권 체제를 선호하게 되었고 유럽연합 집행위도 이를 지지하게 되었다. 이에 따라 지역정부가 가질 수 있는 정치적 중요성이나 영향력이 제한되었다. 지역화와 분권화의 한계 속에 사회 및 경제통합의 노력도 나름대로의 색깔을 보였다. 사회적 격차 해소를 위한 행보는 긍정적이었으나, 일인당 국민 소득은 여전히 유럽연합 평균치 이하였으며, 지역 간 불균형도 쉽사리 해소되지 않았다.

1990년 초반부터 슬로바키아의 법, 경제, 행정 분야의 개혁이 본격적으로 시작되었다. 4개의 NUTS 2 지역과 NUTS 3 수준에 해당하는 8개의 자치 정부가 설립되었다. 지방자치 정부는 지역발전, 지역발전전략, 공공계약 관리, 의료 및 문화 분야에서 자치권을 인정받으며, 지역발전에 있어 독자적인 책임을 가지게 되었다. 뿐만 아니라, 경제 및 사회 발전 프로그램 준비에 있어서도 나름대로의 개입을 하였다. 그러나 지역정부의 설립에 필요한 법적, 행정적 그리고 제도적 준비가 신속히 이행되어야 하는 시대적 요구에도 불구하고, 중앙집권적 행정조직의 전통은 상당 기간 유지되었다. 따라서 사회 및 경제적 격차 해소의 추이는 상반된 입장이 나타났다. 사회적 격차를 보여주는 실업률과 취업률의 경우 유럽연합 평균 이하였으나, 경제적 격차를 보여주는 일인당 국민 소득 수준은 공동체 가입과 함께 추구했던 유럽연합 평균의 50%를 상회하는 수준을 넘었다. 그러나 슬로바키아는 여전히 빈국 중 하나로 간주되고 있으며, 국가 차원의 경제 및 사회적 수렴이 있었지만, 지역 간 격차는 현존하는 것으로 나타났다.

슬로베니아는 소국으로 NUTS 2 시스템상 하나의 지역으로 분류되었다. 그럼에도 불구하고, 지역화 및 분권화를 위한 준비는 1991년 유고슬라비아로부터 독립하면서 시작되었다. 슬로베니아는 현재 중앙정부와 자치체로 구성된 2원적 행정조직의 단일 국가로서 58개의 행정조직과 210개의 자치체로 구성되어 있다. 그러나 슬로베니아의 지역화 및 분권화 과정에서 드러난 한계점을 간과할 수 없다. 특히 슬로베니아 내에 존재하는 상당수의 자치체들은 그 규모가 너무 작고 설립된 지 얼마 안 되어 지역에 산재해 있는 현안들을 효율적으로 처리하는 데 한계를 보였다. 따라서 결속기금의 효율적 관리를 위해서는 중앙 통제식 방식을 선택해야 했다. 한편 사회 및 경제적 격차 해소를 위한 노력도 있었다. 이에 따라, 슬로베니아가 여타 구공산권 출신 신생회원국에 비해 실업률 및 취업률과 같은 사회 지표나 일인당 국민 소득과 같은 경제 지표에서 좋은 성과를 보였다. 그러나 내부 지역 간 격차는 완전히 해소되지 않고 있는 상태이며, 상대적으로 낙후된 지역에 인력 재원의 부재, 선도적 기업 투자 등이 부재, 그리고 유럽연합 단일 시장 내의 높아져만 가는 경쟁 그리고 통합적 지역정책의 부재가 주요 원인으로 열거되었다.

에스토니아는 1989년 11월 출범한 민주적 지역정부 탄생과 함께 지역화를 위한 행정 및 정치 체제의 개편을 시작하였다. 적은 인구와 협소한 국토를 가진 소규모 국가이기 때문에 국토 전체가 NUTS 2로 분류되었고, 그 아래에 하르주 군을 포함하는 북에스토니아 지역, 중앙 지역, 북동 지역, 서부 지역 및 남부 지역의 5개 지역은 NUTS 3으로 세분화하였다. 그러나 효율적 지역정책 운용을 위해 상대적으로 중앙정부의 역할이 강조되었다. 또한 지역정부 활동에 도움이 되는 법률 제정과 관련해서 관계 부처 간 불협화음이 만연했다. 결론적으로 보면, 경제 개혁이 에스토니아의 주안점이었고, 지역화가 가져오는 소수 민족 문제 및 실제 지방정부 지도자들의 미온적 자세가 지역화 및 분권화에 걸림돌이 되었다. 지역화 및 분권화는 기대만큼 이루어지지 않았지만, 에스토니아 전체 수준의 경제 및 사회 발전은 있었다. 타 지역과의 사회 및 경제적 격차가 점진적으로 해소되었다.

그러나 완전한 격차 해소를 위해서는 다소간의 시간이 필요하며, 특히 에스토니아 내 지역 간 격차는 잔존하는 것으로 나타났다.

구소련 시절 라트비아의 지방정부는 중앙정부 행정조직의 하부단위로 간주되었다. 따라서 중앙정부가 이행하는 경제 및 사회 발전 계획을 이행하는 것이 주 업무였다. 그러나 라트비아 독립 후 지역정부 설립을 위한 법적, 제도적 정비가 시작되었다. 지역화를 위한 법적 정비는 1990년부터 왕성하게 발전하였고 다른 구공산권 출신 국에 비해 지역화 및 분권화가 성공적으로 이행된 사례로 꼽는다. 그러나 라트비아의 지역화 및 분권화에도 한계가 없지는 않았다. 첫째, 지역 자치를 위한 구조가 너무 지나치게 분산되어 있었다. 또한 중앙 행정기관들의 기득권으로 인해 지역화가 방해받고 있는 상황도 간과할 수 없었다. 뿐만 아니라, 소국이 가지는 행정적 빈약성이 제도적 부담으로 인식되고 이로 인해 힘의 지나친 집중이 문제가 되고 있었다. 한편 사회 및 경제적 격차 해소를 통한 사회통합의 추이를 살펴보면, 실업률, 취업률 그리고 일인당 국민 소득의 추이는 모두 긍정적인 것으로 나타나고 있다. 그러나 다른 구공산권 출신 국가들이 보여준 것처럼, 지역 간 격차는 여전히 풀어야 할 숙제로 남아 있다.

마지막으로, 리투아니아의 경우, 지역화의 움직임은 1990년 후반부터 일기 시작하였다. 1996년 유럽연합 집행위가 리투아니아에게 결속정책에 필요한 행정적 · 법적 준비를 요구하면서 본격적으로 시작되었다. 이후 2000년대 들어서 더욱 강화된 지역 분권화를 위한 법적 · 제도적 작업이 있었다. 그러나 지역정책 운행에 필요한 기본적 요건이 설립되었지만, 제도적 틀은 아직 미비한 것으로 판단되고 있다. 에스토니아나 라트비아와 같이 리투아니아는 지역 수준의 자치정부를 가지고 있지 않았으며, 지역행정도 일반적으로 중앙정부에 의해 관장되고 있었다. 이런 특징은 지역정책을 관장하는 체제에도 중요한 특질로 간주되고 있다. 중앙정부 차원의 관리 체제가 상대적으로 분산되고 있는 것이 사실이나, 지역 수준의 의미 있는 역할을 기대하기 어렵다. 한편 사회 및 경제적 격차 해소를 위한 노력은 나름대로 성과를 냈다. 그러나 지역 간 격차는 여전히 해결해야 할 문제로 남아 있다.

3. 다층적 통치의 한계성과 의의

지금까지 개별 국가의 지역화와 사회통합 과정을 살펴보았다. 이런 실증적 논의는 결국 다층적 통치의 의의와 한계성을 분명하게 보여주는 실증적 증거이다. 이런 논의를 고려하여, 본 연구의 이론적 함의를 결론짓고자 한다. 즉, 다양한 계층의 정치 및 경제 행위자의 참여가 유도된 다층적 통치라는 이론적 성과도 단기적인 면과 중·장기적인 시각으로 나누어 접근해야 한다는 것이다. 이를 위해, 이론적 논의에서 제시되었던 각각의 전제에 대한 결론을 짓겠다.

첫째, 정부간주의 이론은 지역정책을 시행함에 있어 일련의 제도화된 규칙과 국가를 정치적 행위자로 정의하였다. 다층적 통치 행위자들의 정치 및 경제 행위에 대한 분석의 틀은 제공하진 못했지만, 유럽연합의 지역정책을 수행하는 데 수문장으로서 역할을 하는 개별 회원국의 함의를 강조하였다. 이에 정부간주의자들이 논의하는 중앙정부 주도의 지역정책의 효율성과 지방분권화를 통한 다양한 층의 정치 및 경제 행위자들의 참여를 가능케 하는 당위성의 문제를 논의함에 있어 분석의 틀을 제공하였다. 이런 전제 속에서, 실제 결속국가와 구공산권 출신 회원국의 지역화와 그 과정에서 발생한 사회 및 경제 통합에 있어 중앙정부의 역할을 살펴보았다. 이런 논의에서 도출된 결론은 단기적인 차원에서 볼 때, 경제 및 사회 격차 해소를 통한 사회통합은 효율성을 강조한 중앙정부 주도의 지역정책이 효과적이었다는 것이다. 물론, 중·장기적 차원의 결과는 결속국가 사례를 통해서 알 수 있었는데, 중·장기적인 차원의 지역화를 위해서는 중앙정부 중심의 효율성과 함께 다양한 층의 행위자가 참여하는 당위성이 가미된 통합된 접근이 의미를 가진다는 것을 알 수 있었다.

둘째, 신기능주의는 지방이나 지역정부와 같은 하위단위 정부로 발생하는 개별 주권국가의 권력이양 과정을 설명하지 못한다. 그러나 집행위와 같은 초국가적 기구의 역할이 강화되는 과정을 지역정책 통치 과정에서 보여준다. 즉, 새로운 권력의 주체로 등장하는 집행위와 같은 초국가적 기구의 역할에 대한 함의를 고찰해야 하는 당위성을 이론적으로 설명할 수 있다. 그럼 이런 논의가 실제 지역정책을 이행하는 과정에서 어느 정도 가능했는가를 살펴보자. 우선, 기존의 결속국가의 경우 상당한 수준에서 개별 국가의 주권이 집행위와 같은 초국가적 기구에게 이양되었다. 특히 1988년 2차 구조기금 개혁이 있은 후 강조되었던 보충성의 원칙에 따라, 실제 구조기금의 수혜자인 지역 및 지방정부는 중앙정부를 통하지 않고 집행위와 직접 접촉하는 횟수가 늘어났다. 특히 1997년 암스테르담조약 이후, 고용정책과 관련하여 회원국들이 매년 자국의 고용 상황을 집행위원회에 보고하는 절차를 규정하였다. 또한 집행위원회는 회원국들에게 자국 국가고용정책을 마련함에 있어 공동체 지침을 채택하게 하였다. 또한 우선지원 대상지역을 선정한 후 구조기금 분배를 제공한다든지 낙후된 지역의 노동시장을 개혁하는 등 집행위의 역할이 강화되는 상황이 많아졌다. 그러나 구공산권 출신 신생회원국의 경우, 집행위가 중앙정부 중심의 효율적 지역정책 이행을 묵인함으로 인해, 이들 국가들에서는 강화된 집행위의 역할을 찾기는 어려웠다.

셋째, 신제도주의는 개별 구조 속에 일괄적 접근을 시도함으로 인해 포괄성이 결여된 논리라고 간주되었다. 그러나 지역정책을 효율적으로 이행하기 위해 필요한 보충성의 원칙, 프로그램의 원칙, 부가성의 원칙 등 다양한 원칙들이 지역정책이란 제도를 통해 어떻게 구체적으로 이행되는지를 이해하는 데 이론적 틀을 제공하였다. 그러나 실제 지역정책을 운영함에 있어 신제도주의자들이 논의한 것처럼 제도의 독립적이고 능동적인 역할을 하기보다는, 실제 지역정책의 수혜자인 지역정부나 중앙정부 같은 개별 행위자의 선택에 따라 상기 제도의 수용 정도가 결정되었다. 따라서 제도주의자들이 주장하듯 제도의 독자적 영향력은 본 연구 사례에서는 부합하지 않았다.

넷째, 구성주의 논의는 물질적 조건 등에 대한 논의가 부재하고, 지역통합과 사회통합이 어떻게 구체적으로 구현되는지에 대한 방법론적 논의가 미약하다. 그러나 유럽연합이 주도하는 지역정책이 학습화나 사회화 과정을 통해 개별 회원국에 어떻게 전이되며 이런 과정에서 유럽화가 어떻게 진전되는가를 논의함에 있어 나름대로 의의가 있었다. 지역정책 수혜국 내에서 유럽화에 대한 논의와 그에 따른 실행은 국가의 형태나, 실제 지역정책에 얼마 동안 노출되었는가와 같은 시기에 따라 그 결과가 달랐다. 따라서 기존 결속국가의 유럽화의 진척 정도는 구공산권 출신 신생회원국에 비해 훨씬 높았다. 또한 국가의 크기에 따라, 그 정도도 달랐다. 상대적으로 소규모 국가이고, 지역 간 격차가 작은 국가인 아일랜드 같은 경우 유럽화가 스페인과 같은 대규모 국가보다는 빠르게 진행되었다. 물론 구공산권 출신 국가들의 경우, 유럽연합 가입 전에는 유럽화를 적극적으로 수용할 수밖에 없었지만, 2004년 회원국 자격을 획득한 이후에는 법적, 행정적 그리고 제도적 한계성으로 인해 당초 기대했던 수준의 유럽화는 진전되지 않았다. 따라서 유럽연합의 지역정책이란 사회화를 돕는 제도란 틀 속에서 개별 행위자 간의 상호 작용을 통한 유럽화는 철저한 인과관계를 바탕으로 한 사회화의 결과라고는 볼 수 없다.

마지막으로, 다층적 통치이론은 유럽연합 통치의 수직적 그리고 수평적 면에 대한 논의의 필요성을 강조하였을 뿐만 아니라, 유럽화에 있어 다층적 통치에 대한 분석 필요성도 강조하였다. 이에 따라, 다양한 형태의 정치 및 경제 행위자들이 유럽연합의 지역정책이 전개되는 다층적 통치 체제 속에 어떻게 상호 및 경쟁 작용을 하는지를 분석하였다. 상향적 형태의 다층적 통치는 개별 회원국이 지역정책이라는 유럽화의 과정에 얼마나 노출되었는지가 중요한 결정 요소였다. 따라서 기존 결속국가의 경우, 상향식 형태의 다층적 통치 형태는 상당히 자리를 잡아가고 있고, 이에 따른 사회 및 경제 격차가 줄어들고 있는 실정이었다. 반면 구공산권 출신 신생회원국의 경우, 아직은 효율성을 강조한 하향식 형태의 다층적 통치를 추구하고 있다. 국가에 따라서는, 다층적 통치에 필요한 법적, 제도적, 그리고 행정적 제반 설립이 여전히 진행 중인 관계로 원론적 의미의 다층적 통치 구조는 아직 요원해 보이는 국가도 있었다. 그럼에도 불구하고, 형식적인 측면에서 볼 경우, 구공산권 출신 회원국은 지난 10년간 다층적 통치를 원활히 운영하는 데 필요한 최소한의 요건을 갖춰가고 있다고 볼 수 있다.

4. 시사점과 향후 과제

유럽연합의 지역정책과 이를 통한 사회통합의 노력은 1970년대부터 본격화되었다. 현재 지역정책은 유럽연합 예산의 최대 지출 항목으로 자리 잡고 있다. 국가가 기본이 되어 발생한 유럽연합은 더 이상 국가 간의 이합집산 집단이 아닐 수 있다. 오히려 지역의 연방(United Regions of Europe)이라고도 불릴 수 있다. 국가 차원에서 접근할 경우, 유럽연합을 구성하는 모든 이들의 요구 사항을 충족시키는 데 한계가 있지만, 풀뿌리 정치 체제로 넘어감으로 인해 보다 효과적이고 효율적인 사회통합의 가능성을 높였다. 물론 2004년 가입한 구공산권 출신 신생회원국이 얼마만큼 빨리 그리고 포괄적으로 사회통합을 이룰지는 현재로는 두고 볼 일이다. 그럼에도 불구하고, 이들 국가가 기존 결속국가들이 걸어왔던 행보를 따를 것은 의심의 여지가 없어 보인다. 물론 자국의 특수성을 충분히 고려한 행보이겠지만, 유럽연합의 일원이라는 또 다른 정체성 속에 사회통합을 이루어 갈 것이다.

이런 유럽연합의 지역정책을 통한 사회통합의 선례는 이제 막 선진국 대열 문턱에 들어선 한국 사회에도 중요한 시사점을 던진다. 한국은 1970년 이후 급속한 경제 성장을 경험했다. 그러나 이런 경제성장은 국부의 증가는 가져왔지만, 진정한 의미의 사회통합을 숙제로 남겼다. 이런 정황 속에, 1980년대 후반부터 사회통합의 움직임이 싹트기 시작했고, 최근 집권했던 정부들은 사회통합의 이론적, 방법론적, 실질적 논의와 그 실행의 허와 실을 경험했다.

아직 유럽연합의 여러 국가와 지역이 겪고 있는 사회 및 경제적 격차를 경험하고 있지는 않지만, 한국도 그런 상황이 오지 말라는 법이 없다. 이런 시대적 상황을 고려해 유럽연합이 가지는 선험적 사례로부터 교훈을 구할 필요가 있다. 초기의 중앙정부식 개발 경제가 저해할 사회통합의 해결책은 결국 다양한 통치 주체의 적극적 참여를 보장해주는 효율적 제도와 개별 주체의 적극적 참여가 중요하다는 점을 다시 한 번 강조한다.

참고문헌

송병준(2007), "유럽연합이 다층적 통치에서 국가와 범유럽 시민사회이 발전동학", 『유럽연구』, 제25권, 1호.

Adshead, M.(2002), *Developing European regions? Comparative governance, policy networks and European integration*(Aldershot: Ashgate).

Adshead, M.(2005), "Europeanization and Changing Patterns of Governance in Ireland", *Public Administration*, vol. 83, no. 1.

Andreou, G.(2006), "Developing programming and administrative capacity for EU cohesion policy in the new member states: some lessons from Greece", *Team 3*, WPII / III-ELIAMEP, 2 Many 2006.

Andrikopoulo, E. and Kafkalas, G.(2003), "Greek Regional Policy in the Context of Europeanization: 1961-2000", in Dimitrakopoulos, D. and Passas, A.(eds.), *Greece in the European Union Ex-plaining the Sources and Pace of Changes*(London: Routledge)

Artner, A.(2007), "EU Cohesion Policy and New Governance-The Example of the Baltic States", in Dezséri, K.(ed.), *New Modes of Governance and the EU Structural and Cohesion Policy in the New Member States* (Budapest: Akadémiai Kiadó).

Bache, Ian(1998), *The Politics of European Union Regional Policy: Multi-Level Governance or Flexible Gatekeeping?*(Sheffield: Sheffield Academic Press).

Bachtler, J. and Ruth Downes, "Regional Policy in the transition countries: a comprehensive assessment", *European Planning Studies*, vol. 7, no. 6, 1999.

Bachtler, J., Downes, R. and Gorzelak, G.(2000), "Transition, Cohesion and Regional Policy in Central and Eastern Europe: Conclusion, in Bachtler, J. Downes, and Gorzelak, G(eds.) *Transition, Cohesion and Reigonal Polich in Central and Eastern Europe*(Aldershot: Ashgate).

Bachtler, John and Irene McMaster(2008), "EU Cohesion policy and the role of the regions: investigating the influence of Structural Funds in the new member states", *Environment and Planning C: Government and Policy*, vol. 26, no. 2.

Bailey, David and Lisa De Propris, "EU structural funds, regional capabilities and enlargement: towards multi-level governance", *European Integration*, vol. 24, no. 4, 2002.

Barry, F.(2003), "Economic Integration and Convergence Processes in the EU Cohesion Countries", *Journal of Common Market Studies*, vol. 41, no. 5.

Bassa, Z.(2007), "New Modes of Governance and EU Structural and Cohesion Policy in the Czech Republic and Slovakia", in Dezséri, K. (ed.), *New Modes of Governance and the EU Structural and Cohesion Policy in the New Member States*(Budapest: Akadémiai Kiadó).

Baun, M. and Marek, D.(2006), "Regional Policy and Decentralization in the Chez Republic", *Regional and Federal Studies*, vol. 16, no. 4.

Blažek, J. and Jan, V.(2006), "Ex-ante evaluation in the new member states: the case of the Czech Republic", *Regional Studies*, vol. 40, no. 2, 2006.

Blažek, J. and Uhlíř, D.(2007), "Regional Innovation Policies in the Czech Republic and the Case of Prague: An Emerging Role of a Regional Level?", *European Planning Studies*, vol. 15, no. 7, 2007.

Borrás, S., Font, N. and Gómez, N.(1998), "The Europeanization of National Policies in Comparision: Spain as a case study", *South European Society and Politics*, vol. 3, no. 2.

Búšsik, J.(1998), Regional Policy in Slovakia in the 1990s, Ministry of the Interior, the Public Administration Section, Bratislava.

Check, T. Jeffrey.(1998), "The Constructivist turn in International Relations Theory", World Politics 50.

Closa, C. and Heywood, M. P.(2004), *Spain and the European Union* (Houndmills: Palgrave Macmillan).

Commission of the EC(1996), First Cohesion Report 1996, Brussels.

______(1997), "Commission Opinion on the Czech Republic's Application for Membership in the European Union", *Bulletin of the European Union. Supplement 14.97*(Luxembourg: Office for Official publications of the European Commission, 1997).

______(1998), *Proposed Regulations Governing the Reform of the Structural*

Funds 200-2006(Preliminary version: 18 March, 1998, Inforegio).

______(2001), Unity, Solidarity, diversity for Europe, its people and its territory: Second Report on Economic and Social Cohesion(Luxembourg: Office for Official Publications of the European Communities).

______(2003), Comprehensive Monitoring Report on the Czech Republic's Preparations for Membership, November(Brussels: European Commission).

______(2007a), Growing Regions, growing Europe: Fourth report on economic and social cohesion(Luxembourg: Office for Official Publications of the European Communities).

______(2007B), Implementing the renewed Lisbon strategy for growth and jobs(Luxembourg: Office for Official Publications of the European Communities, 2007).

Cowles, M.G., Caporaso, J. A. and Risse, T.(2001)(eds.), *Transforming Europe: Europeanization and Domestic Change*(Ithaca: Cornell University Press).

Demetropoulou, L., Getimis, P. and Vasilis, M.(2006), "Multi-Level Governance versus State Centralization in Greece", in Paraskevopoulos, C., Getimis, P. and Rees, N(eds.), *Adapting to EU Multi-Level Governance: Regional and Environmental Policies in Cohesion and CEE Countries.*

Dezséri, K.(2007), *New Modes of Governance and the EU Structural and Cohesion Policy in the New Member States*(Budapest: Akadémiai Kiadó).

Drevent, Jean-Françoist, "Regional Policy in Central and Eastern Europea: The EU Perspective", in John Bachtler, Ruth Downes, Grzegorz Gorzelak(eds.), *Transition, Cohesion and Regional Policy in Central and Eastern Europe*(Ashgate: Aldershot, 2000).

Duff, M. C.(2007), "Ireland's Economic Prgoress: On the Verge of Collapse to Economic Star of European in 5 yrs", *the Taxpayers Network*, Feb. 2007.

Ellison, D.(2007), "Subnational Regionalism in a Supranational Content:

The Case of Hungary", *Working Paper*, no. 177, Institute For World Economics: Hungarian Academy of Sciences.

Estonian Ministry of the Interior(2005), Action Plan For Growth and Jobs 2005-2007: For Implementation of the Lisbon Strategy (Tallin: Repblic of Estonia).

European Parliament(2007), Report on the role and effectiveness of cohesion policy in reducing disparities in the poorest regions of the EU. Final A6-0241.

Ferry, M. and Irene McMaster, M.(2005), "Regional Governance in Industrial Regions in Central and Eastern Europe: A Polish-Czech Comparison", in Iwona Sagen and Henrik Halkier(eds.), *Regionalism Contested: Institution, Society and Governance*(London: Ashgate).

Figueiredo, A.(2004), "The learning by evaluating process of regional policy in Portugal: a special case of strong municipalities and weak planning regions", *paper presented at Regional Studies Association Conference*, 15th and 16th April, 2004, France: University of Angers.

Fowler, B.(2001), "Debating Sub-State Reform on Hungary's 'Road-to-Europe'", *Working Paper* 21/01, Centre for Russian and East European Studies, University of Birmingham.

Frank, K. Hvozdíková, V. and Kvetan, V.(2005), "Slovakia and Cohesion Policy", in Eriksson, J. Bengt. O. K. and Tarschys, D.(eds.), *From Policy Takers to Policy Makers: Adapting EU Cohesion Policy to the Needs of the New Member States*(Stockholm: Swedish Institute for European Policy Studies).

Futo, P. Kovacs, II., Fleischer, T.(2006), "Governance in Regional and Environmental Policies in Hungary: Challenges of Europeanisatio and Adaption", in *Adapting to EU Multi-Level Governance: Regional and Environmental Policies in Cohesion and CEE Countries*, Chritos J. Paraskevopoulos, Panagiotis Getimis and Nicholas Rees(eds.) (Aldershot: Ashgate, 2006).

Gallaghter, T.(1999), "Unconvicned by a Europe of the Regions: the 1998 regionalization referendum in Portugal", *South European Society and Politics*, vol. 4, no. 1.

Getimis, P.(2003), "Improving European Union Regional Policy by Learning from the Past in View of Enlargement", *European*

Planning Studies, vol. 11, no. 1.

Gorzelak, G.(2000), "Poland", in John Bachtler, Ruth Downes, Grzegorz Gorzelak(eds.), *Transition, Cohesion and Regional Policy in Central and Eastern Europe*(Aldershot: Ashgate).

Gorzelak, G. and Kozak, W. M.(2008), "Poland", in Baun, M. and Marek, D.(eds.), *EU Cohesion Policy After Enlargement*(Chippenham and Eastbourne, Palgrave Macmillan).

Gower, Jackie and John Redmond(eds.), *Enlarging the European Union* (Aldershot: Ashgate, 2000).

Heather Grabbe, *Enlarging the EU Eastwards*(London: The Royal Institute of International Affairs, 1998).

Haas, E.(1958), *The Uniting of Europe: Political, Social and Economic Forces 1950-57*(Standford, CA: Standford Univeristy Press).

______(1970), "The Study of Regional Integration: Reflections on the Joy and Anguish of Pretheorizing", *International Organization*, vol. 24, pp. 607-646.

Harvey, B.(2004), The illusion of inclusion-The access by NGOs to the Structural Funds in the new member states of Eastern and Central Europe. European Citizen Action Service.

Hoffmann, S.(1966), "Obstinate or Obsolete? The Fate of the Nation State and Case of Western Europe", *Daedalus*, vol. 95, pp. 862-915.

Hooghe, L. and Marks, G.(2001), *Multi-Level Governance and European Integration*(Lanham: Rowman & Littlefield).

Horváth, G.(1999), "Regional and cohesion policy in Hungary", in Brusis M.(ed.), *Central and Eastern Europe on the Way into the European Union: Regional Policy-Making in Bulgaria, the Czech Republic, Estonia, Hungary, Poland and Slovakia*(Munich: Center for Applied Policy Research).

Hughes, J., Sasse, G. and Gorden, C.(2002), 'Saying "Maybe" to the "Return to Europe"', *European Union Politics*, vol. 3, no. 3.

______(2004), Europeanization and Regionalization in the EU's Enlargement to Central and Eastern Europe(Houndmills: Palgrave Macmillan).

ILona, I.P.K., Paraskevopoulos, C.J., Horváth, GY.(2004), "Institutional

'Legacies' and the Shaping of Regional Governance in Hungary", *Regional and Federal Studies*, 14-3.

Inotai, A. and Szemlér, T.(2005), "Hungary and Cohesion Policy", in Eriksson, J. Bengt. O. K. and Tarschys, D.(eds.), *From Policy Takers to Policy Makers: Adapting EU Cohesion Policy to the Needs of the New Member States*(Stockholm: Swedish Institute for European Policy Studies).

Ismeri Europa(2008), "Development and achievements in Member States: Slovenia", Coordination of evaluation of SF 2000-2006 Task 4, Work Package 1.(Vienna: the Vienna Institute for International Economic Studies).

Jachtenfuchs, J.(2002), "Deepening and widening integration theory", *Journal of European Public Policy* 9-4.

Jewtuchowics, A. and Czernielewska-Rutkowska, M.(2006), "Between Institutional Legacies and the Challenges of Europeanization: Governance and Learning in Regional and Environmental Policies in Poland", in *Adapting to EU Multi-Level Governance: Regional and Environmental Policies in Cohesion and CEE Countries*, Chritos J. Paraskevopoulos, Panagiotis Getimis and Nicholas Rees(eds.)(Aldershot: Ashgate, 2006).

Jorgensen, Knud-Erik(1997)(ed.), *Reflective Approaches to European Governance* (Basingstoke: Macmillan).

Kaniewska, M. and Zawalińska, K.(2005), "Poland and Cohesion Policy", in Eriksson, J. Bengt. O. K. and Tarschys, D.(eds.), *From Policy Takers to Policy Makers: Adapting EU Cohesion Policy to the Needs of the New Member States*(Stockholm: Swedish Institute for European Policy Studies).

Karnite, R.(2000), "Latvia", in Bachtler, J. Downes, R. and Gorzelak, G.(eds.), *Transition, Cohesion and Regional Policy in Central and Eastern Europe*(Aldershot: Ashgate).

Kettunen, P. and Kungla, T.(2005), "Europeanization of Sub-national Governance in the Unitary States: Estonia and Finland", *Regional and Federal Studies*, vol. 15, no. 3, 2005.

Kilvits, K.(2000), "Estonia", in Bachtler, J. Downes, R. and Gorzelak, G.(eds.), *Transition, Cohesion and Regional Policy in Central and Eastern*

Europe(Aldershot: Ashgate).

Kirby, P., "Development Theory and the Celtic Tiger", *The European Journal of Development Research*, vol. 16, no. 2, pp. 301-328.

Laffan, B.(2000), "Rapid Adaptation and Light Co-ordination", in R. O'Donnell(ed.), *Europe, The Irish Experience*(Dublin: Institute for European Affairs).

Lacina, K. and Vajova, Z.(2000), "Local Government in the Czech Republic", in Horváth, M. T.(ed.), *Decentralization: Experiments and Reforms*(Budapest: OSI).

Lakatos, G.(2007), "New Modes of Governance and the EU Structural and Cohesion Policy in Hungary", in Dezséri, K.(ed.), *New Modes of Governance and the EU Structural and Cohesion Policy in the New Member States*(Budapest: Akadémiai Kiadó).

Landesmann, A. M. and Roemisch, R.(2005), "Regional Developments in the New Members and Candidate Countries of the European Union", in Eriksson, J. Bengt. O. K. and Tarschys, D.(eds.), *From Policy Takers to Policy Makers: Adapting EU Cohesion Policy to the Needs of the New Member States*(Stockholm: Swedish Institute for European Policy Studies).

Lee, M.(2004), "The Small State Enlargement of the EU: Dangers and Benefits", *Perspectives on European Politics and Society*, vol. 5, no. 2.

______(2006), How do small states affect the future development of the EU(New York: Nova Science Publishers).

Marana, I.(2006), "Development and Planning Latvia, the Riga Region and the City of Riga", in Altrock, U., Güntner, S., Huning, S. and Peters, D.(eds.), *Spatial Planning and Urban Development in the New EU Member States: From Adjustment to Reinvention*(Aldershot: Ashgate).

March, G. James and Olsen, P. Johan(1984), "The New Institutionalism: Organizational Factors in Political Life", *American Political Science Review*, vol. 78, no. 3, pp. 734-749.

Marek, D. and Baun, M.(2002), "The EU as regional actor: the case of the Czech Republic", *Journal of Common Market Studies*, vol. 40, no. 5.

______(2008), "The Czech Republic", in Baun, M. and Marek, D.(eds.),

EU Cohesion Policy After Enlargement(Houndmills: Palgrave Macmillan).

Marks, G.(1993), "Structural Policy and Multilevel Governance in the EC", in A. Cafruny and G. Rosenthal(eds.), The State of the European Community, II. The Maastricht Debates and Beyond (Harlow: Longman), pp. 391-410.

Marks, G., L. Hooghe and K. Blank(1996), "European Integration from the 1980s: State-Centric v Multi-Level Governance", *Journal of Common Market Studies*, vol. 34, no. 3, pp. 341-378.

McMaster, Irene and John Bachtler(2005), "Implementing Structural Funds in the New Member States: Ten Policy Challenges", paper presented for Open Days Seminar, European Policies Research Centre, 12, October, 2005.

McMaster, I.(2008), "Ireland", in Baun, M. and Marek, D(eds.), *EU Cohesion Policy After Enlargement*(Houndmills: Palgrave Macmillan).

Metcalfe, L.(1993), "International Policy Coordination and Public Management Reform", *International Review of Administration Sciences*, vol. 60.

Ministry of Finance of the Republic of Estonia(2003), Estonian National Development Plan for the Implementation of EU Structural Funds-Single Programming Document 2003. Available from www.fin.ee/doc.php/6129.

Ministry of Regional Development(2007), "Poland: National Strategic Reference Framework 2007-20013 in support of growth and jobs", National Cohesion Strategy, adopted by the European Commission, 7th May, 2007.

Molle, W.(2007), *European Cohesion Policy*(London and New York: Routledge).

Morata, F. and Popartan, L. A.(2008), "Spain", in Baun, M. and Marek, D(eds.), *EU Cohesion Policy After Enlargement*(Houndmills: Palgrave Macmillan).

Moratia, F.(1998), "Spain: modernization through integration", in K. Hanf and B. Soetendorp(eds.), *Adapting to European Integration: small states and the European Union*(London: Longman).

Moravscik, Andrew, "Preferences and Power in the European Community: A Liberal Intergovernmentalist Approach", *Journal of Common Market Studies*. vol. 31, no. 4(December 1993), pp. 473-524.

______(2001), "Constructivism and European Integration: A Critique", in T. Christiansen, K. Jorgensen, and W. Wiener(eds.), *The Social Construction of Europe*(London: Sage Publications).

Nakrošis, V.(2003), "The Influence of the EU and Domestic Change: Lithuania's Adaptation to the EU Cohesion Policy", paper for the ECPR research session, The Impact of EU Integration upon Public Administration in Central and Eastern Europe.

______(2008), "Lithuania", in Baun, M. and Marek, D.(eds.), *EU Cohesion Policy After Enlargement*(Chippeham and Eastbourne: Palgrave Macmillan).

Noferini, A. and Consejero, F. M.(2007), "EU Membership, Cohesion Policy and Regional Policy in Spain", paper presented at Regional Studies Association International Conferences: Regions in Focus?, 2-5 April, 2007, Lisbon, Portugal.

O'Donnell, R.(2000), Europe: the Irish Experience(Dublin: Institute of European Affairs).

Papageorgiou, F. and Verney, S.(1992), "Regional Planning and the Integrated Mediterranean Programmes in Greece", *Regional and Federal Studies*, vol. 2, no. 1 & 2, pp. 139-161.

Paraskevopoulos, C. J.(2001), *Interpreting Convergence in the European Union: Patterns of Collective Action, Social Learning and Europeanization*(London: Palgrave).

Peterson, J. and Bomberg, E.(1999), *Decision-Making in the European Union* (London: Palgrave Macmillan).

Rato, H., Gomes, J. and Rodrígues, M.(2006), "Portugal: Domestic Patterns of Governance, Societal Forces and the Limits of Europeanization", in Paraskevopoulos, C., Getimis, P. and Rees, N(eds.), *Adapting to EU Multi-Level Governance: Regional and Environmental Policies in Cohesion and CEE Countries*.

Rees, N.(1997), "Inter-regional cooperation in the EU and beyond", *European Planning Studie*s, vol. 5, no. 3, pp. 385-407.

Rees, N. and Paraskevopoulos, C.(2006), "Europeanization of Policy-Making and Domestic Governance Structures in Regional Policy: Cohesion and CEE Countries", in Paraskevopoulos, C., Getimis, P. and Rees, N(eds.), *Adapting to EU Multi-Level Governance: Regional and Environmental Policies in Cohesion and CEE Countries*.

Rees, N., Quinn, B. and Connaughton, B.(2006), "The Challenge of Multi-Level Governance and Europeanization in Ireland", in Paraskevopoulos, C., Getimis, P. and Rees, N(eds.), *Adapting to EU Multi-Level Governance: Regional and Environmental Policies in Cohesion and CEE Countries*.

Regional Development Department of the Ministry of Internal Affairs (2009), Regional Development Strategy of Estonia 2005-2015. Estonia.

Rosamond, Ben(2000), *Theories of European Integration*(Hampshire: Palgrave).

Sicherl, P. and Kukar, S.(2000), "Slovenia", in Bachtler, J. Downes, R. and Gorzelak, G.(eds.), *Transition, Cohesion and Regional Policy in Central and Eastern Europe*(Aldershot: Ashgate).

Silvan, J.(2000), "Slovak Republic", in Bachtler, J. Downes, R. and Gorzelak, G.(eds.), *Transition, Cohesion and Regional Policy in Central and Eastern Europe*(Aldershot: Ashgate).

Slovakia(2003), "National Development Plan 2004-2006, The Ministry of Construction and Regional Development of the SR", *official document*, Bratislava, March 2003.

Smith, Rogers(1988), "Political Jurisprudence, the 'New Institutionalism', and the Future of Public Law", *American Political Science Review*, vol. 82, pp. 89-108.

Smith, Steven(2001), "Reflectivist and constructivist approach to international theory", in John Baylis and Steven Smith(eds.), *The Globalization of World Politics: An Introduction to international relations, 2nd ed.*(Oxford: Oxford University Press).

Sulve, M.(2000), "Local Government in Estonia", in *Decentralization: Experiments and Reforms*, Tamâs M. Horváth(ed.)(Budapest: Local Government and Public Service Initiative).

Tannam, Etain(1993), "Influence or Power? European Regional policy and the Irish Administrative System", *Governance*, vol. 6, no. 2,

Tondl, G.(1998), "EU Regional Policy in the Southern Periphery: Lessons for the Future", *South European Society & Politics*, vol. 3, no. 1, pp. 93-129.

Tranholm-Mikkelsen, J.(1991), "Neofunctionalism: Obstinate or Obsolete? A Reappraisal in the Light of the New Dynamism of the

European Community", *Millennium*, vol. 20, pp. 1-22.

Vanags, A. and Pobyarzina, J.(2005), "Lativa and Cohesion Policy", in Eriksson, J. Bengt. O. K. and Tarschys, D.(eds.), *From Policy Takers to Policy Makers: Adapting EU Cohesion Policy to the Needs of the New Member States*(Stockholm: Swedish Institute for European Policy Studies).

Vanags, E. and Vilka, I.(2000), "Local Government in Latvia", in Horváth, M. T.(ed.), *Decentralization: Experiments and Reforms*(Budapest: OSI).

Verney, S. and Papageorgiou, F.(1993), "Regional Planning and the Integrated Mediterranean programmes", in Leonardi, R.(ed.), *The Regions and the European Community: the regional response to the single market in the underdeveloped areas*(London: Frank Cass).

Vreheijen. Tony(2007), "Administrative Capacity in the New EU Member States: The Limits of Innovation", *World Bank Working Paper*, no. 115(Washington D.C.: The World Bank).

Wendt, Alexander(1992), "Anarch is What States Make of It: The Social Construction of Power Politics", International Organization 46-2.

Wisniewski, A.(2007), "New Modes of Governance and the EU Structural and Cohesion Funds in Poland", in Dezséri, K.(ed.), *New Modes of Governance and the EU Structural and Cohesion Policy in the New Member States*(Budapest: Akadémiai Kiadó).

World Bank(2000), World Development Report 2000(Washington D.C: World Bank).

Yoder, A. J.(2003), "Decentralisation and regionalisation after communism: administrative and territorial reform in Poland and the Czech Republic", *Europe-Asia Studies*, vol. 55, no. 2.

저자 소개

이무성(李武城) 한국외국어대학교 불어과 졸업
버밍엄대학교(영) 국제정치학박사
현재 명지대학교 정치외교학과 교수

아산재단 연구총서 제293집
유럽연합의 사회통합 사례와 교훈
—동유럽국가의 지역정책 이행에 관한 실태조사 및 분석— 값 11,500원

2010년 6월 1일 1판 1쇄

저 자 이 무 성
발 행 인 임 동 규
발 행 처 **집 문 당**
주 소 413-756 경기도 파주시 교하읍 문발리 514-7(본사)
110-360 서울시 종로구 와룡동 95번지(서울사무소)
등 록 1971. 3. 23. 제406-2003-000039호
영 업 부 (02)743-3192~3 팩스(02)742-4657
전자우편 sale@jipmoon.co.kr
편 집 부 (02)743-3096 팩스(02)743-3097
전자우편 edit@jipmoon.co.kr
홈페이지 www.jipmoon.co.kr

ISBN 978-89-303-1470-1

이 도서의 국립중앙도서관 출판시도서목록(CIP)은 e-CIP 홈페이지
(http://www.nl.go.kr/ecip)에서 이용하실 수 있습니다.(CIP제어번호: CIP2010001713)

아 | 산 | 재 | 단 | 연 | 구 | 총 | 서

1 전환기의 중국경제
김윤환 외 | 단국대 경제학과

2 폴란드 경제의 변천 개혁과 그 전망
김광수 | 숭실대 경제학과

3 재소한인
이광규 외 | 서울대 인류학과

4 소련산림과 임업
홍성천 외 | 경북대 임학과

5 아세안의 정치경제
김국진 외 | 외교안보연구원

6 태국의 사회변동과 경제발전
최석만 외 | 전남대 사회학과

7 중국의 사회경제 통계분석
신한풍 외 | 고려대 통계학과

8 중국의 정치와 경제
박두복 외 | 외교안보연구원

9 동유럽의 개혁과 시장경제의 도입
허만 외 | 부산대 사범대학

10 동유럽의 개혁운동
박영신 | 연세대 사회학과

11 현대 러시아 연구
기연수 외 | 한국외대 노어과

12 전략적 선택과 기업의 국제경쟁력
이장호 | 서강대 경영대학

13 협동사회의 정착과 정부의 역할
이종범 외 | 고려대 행정학과

14 한국 제조기업 생산성의 동적 분석
노부호 외 | 중앙대 경영대학

15 분배의 정의
변형윤 외 | 서울대 경제학과

16 도덕적 행동의 강화
이훈구 외 | 연세대 심리학과

17 관료부패와 통제
김해동 외 | 서울대 행정대학원

18 한국경제의 내실 있는 성장
정창영 외 | 연세대 경제학과

19 한국국민정신운동의 역사와 발전방향
박수명 외 | 부산대 사범대학

20 한국대학생의 가치성향과 상담효과
이영희 외 | 숙명여대 교육학과

21 가출청소년과 학교관리체제
안창규 외 | 부산대 교육학과

22 동북아 정세변화와 한 · 일관계
한승조 외 | 고려대 정치외교학과

23 언론과 부정부패
정대철 외 | 한양대 신문방송학과

24 한국의 고등학교 교육
이원호 외 | 부산대 교육학과

25 가족과 방송
김학수 외 | 서강대 신문방송학과

26 재정개혁의 전망과 재산세제의 개편 과제
오연천 | 서울대 행정대학원

27 청소년을 위한 전자게임 프로그램의 규제 및 평가체계 개발
박혜원 외 | 울산대 가정관리학과

28 정신장애자 가족의 사회심리적 특성
이근후 외 | 이화여대 의과대학

29 가족의 관계역동성과 문제인식
이광규 외 | 서울대 인류학과

30 현대인과 한국전통음식
승정자 | 숙명여대 식품영양학과

31 기업의 초고속정보통신망활용
안중호 | 서울대 경영학과

32 지역발전을 위한 교육자치제의 개선방안
김남순 | 조선대 사범대학

33 전환기의 공무원 가치관
조경호 | 울산대 행정학과

34 지방자치와 사회복지의 과제
김영모 | 중앙대 사회복지학과

35 WTO체제하의 지방중소기업 지원정책
최명주 외 | 계명대 통상학부

36 현대한국의 시민운동
이효선 | 중앙대 사회학과

37 기업 세계화의 단계 및 정도의 측정
허영도 외 | 울산대 경영학과

38 가족복지를 위한 가족주치의 시범사업의 효과
이혜리 외 | 연세대 가정의학교실

39 한국대학생의 삶의 만족도
김재은 외 | 이화여대 교육심리학과

40 지역경제와 지역산업구조의 개편방향
정기화 외 | 전남대 경제학부

41 중국기업의 소유형태별 경영특성
노철화 외 | 부산대 무역학과

42 남북한의 인성 · 사상교육
한승조 외 | 고려대 정치외교학과

43 연계적 뇌기능 조언을 위한 의료용 멀티미디어 시스템의 설계
유선국 | 연세대 의용공학교실

44 다민족국가의 민족문제와 한인사회
최협 외 | 전남대 인류학과

45 저소득층지역 청소년 여가문화와 소집단 활성화
박문수 외 | 서강대 사회학과

46 삶의 질의 국제비교와 지역간 비교분석
이재기 외 | 울산대 경제학과

47 21세기 지역주민의 삶의 질
양종회 외 | 성균관대 사회학과

48 삶의 질에 대한 국가간 비교
조명한 외 | 서울대 심리학과

49 외국인 노동자의 노사관계와 사회적 적응
석현호 외 | 성균관대 사회학과

50 한국의 사법제도와 발전 모델
정종섭 | 건국대 법학과

51 고령화사회와 중상층 노인의 사회활동
조성남 외 | 이화여대 사회학과

52 한국의 서비스 시장 개방정책
한홍렬 | 한양대 경제학부

53 한국과 AFTA간의 교역증진 및 경제협력방안
손일태 외 | 경희대 경제통상학부

54 물류비 절감을 위한 무역업체의 정보화전략
이영수 외 | 경북대 경제통상학부

55 사회주의 체제전환과 사회정책
오정수 외 | 충남대 사회복지학과

56 남북통일 이후 농업생산체계 개편
홍성규 외 | 건국대 농업경제학과

57 국제화와 세계화
하영선 외 | 서울대 외교학과

58 IMF 개혁정책의 평가와 한국경제의 신(新) 패러다임
조동근 | 명지대 경제학과

59 구조개혁과 실업대책
박동운 | 단국대 경제무역학부

60 21세기 신노사관계
심윤종 외 | 성균관대 사회학과

61 학교에서의 집단 따돌림
이춘재 외 | 가톨릭대 심리학과

62 한국노인의 정신건강실태와 건강증진
조맹제 외 | 서울대 의과대학

63 혁명과 개혁 속의 중국 농민
김광억 | 서울대 인류학과

64 중국의 경제환경과 한국기업의 진출 전략
지용희 외 | 서강대 경영학과

65 김대중 대통령의 시스템 사고
김동환 | 중앙대 공공정책학부

66 실업과 가족해체
최일섭 외 | 서울대 사회복지학과

67 합리적 부채비율 조정방안
오상근 | 동아대 경제학과

68 한국 중산층의 생활문화
문숙재 외 | 이화여대 소비자 · 인간발달학과

69 계층간 갈등상태에서 최적소득세
김진욱 | 건국대 경상학부

70 글로벌 경쟁력 제고를 위한 기업전략과 조직구축
이만우 외 | 고려대 경영학과

71 의료보험과 국민연금의 관리효율화를 위한 통합방안
사공진 외 | 한양대 경제학부

72 정부개혁의 과제와 전략
박우서 외 | 연세대 행정학과

73 책임운영기관 제도에 관한 비교분석
김근세 | 가톨릭대 행정학과

74 새로운 패러다임하에서의 한국기업의 바람직한 지배구조
최운열 외 | 서강대 경영학과

75 현대 한국사회의 계층구조
양춘 외 | 고려대 사회학과

76 한국의 산업정책과 산업구조조정
강인수 | 숙명여대 경제학부

77 기업구조조정
김석진 | 경북대 경영학부

78 지식경영을 위한 인적자원 개발 및 관리체계
장영철 | 경희대 경영학부

79 뉴 비즈니스 모델
전성현 | 국민대 정보관리학부

80 중산층의 정체성과 소비문화
함인희 외 | 이화여대 사회학과

81 외국관광객 유치를 위한 마케팅 전략
박상규 | 강원대 경영학과

82 한국인의 세대별 문학의식
이동순 | 영남대 국문과

83 공공부문의 효율성 평가와 측정
김재홍 외 | 울산대 사회과학부

84 한국 청소년의 정치의식과 형성요인
김광웅 외 | 숙명여대 아동복지학과

85 한국 대학생의 정치의식
배한동 | 경북대 윤리교육과

86 산업의 정보화와 산업발전
이기동 | 계명대 통상학부

87 한국 제조업의 고용조정 분석
이종원 외 | 성균관대 경제학부

88 지식자산에 대한 경영전략적 평가모형 개발
배재학 외 | 울산대 컴퓨터 · 정보통신공학부

89 관광사업을 위한 한국적 이미지의 휴식복 개발
채금석 | 숙명여대 의류학과

90 한국 정치제도의 개혁
신정현 | 경희대 사회과학부

91 e비즈니스와 아웃소싱 전략
정승화 외 | 연세대 경영학과

92 집단 따돌림의 진단 및 치료방안
홍준표 | 중앙대 인간생활환경학과

93 16대 총선과 낙선운동
조기숙 | 이화여대 국제대학원

94 부동층 유권자 행태 분석
진영재 | 연세대 정치외교학과

95 사이버 공동체의 성공요인
이재관 | 숭실대 경영학부

96 온라인 소비자 행동의 이론과 실증
윤성준 | 경기대 경영학부

97 글로벌 시대 정약용 세계관의 가능성과 한계
차성환 | 한일장신대 역사사회학과

98 러시아의 체제전환 과정에서 나타난 국가의 역할과 그 전망
이상민 외 | 부산대 정치외교학과

99 남북한의 경제발전 수준과 산업구조 비교, 그리고 경제교류 협력방향
주성환 | 건국대 경제학과

100 집단따돌림과 교육해체
한준상 | 연세대 교육학과

101 공적연금제도의 효율성과 개선방안
유금록 | 군산대 행정복지학부

102 벤처기업-대기업의 성공적인 협력 모델
나중덕 | 경산대 경영학과

103 북한의 재외동포정책
조정남 외 | 고려대 정치외교학과

104 사이버 공동체 형성의 역동적 모형
장용호 | 서강대 신문방송학과

105 기업이론과 기업의 소유지배구조
김일태 외 | 전남대 경제학부

106 가축분뇨 자원화를 위한 공동이용조직에 대한 농가선호도 분석
유덕기 | 동국대 생명자원경제학과

107 개혁정책과 전문가 집단
이경원 외 | 제주대 행정학과

108 현대 한국사회의 이중가치체계
신수진 외 | 이화여대 가정관리학과

109 한국의 산업구조 변화와 기업집단 다각화 전략
김용학 외 | 연세대 사회학과

110 지식정보사회의 경제적 모형 설정 및 사례 연구
김범환 | 배제대 경영정보학부

111 변호사징계제도
오종근 | 한림대 법학부

112 인터넷 특허법
김순석 | 광주대 법학과

113 e-비즈니스 시대의 금융 및 재정정책의 새로운 패러다임
이종욱 | 서울여대 경제학과

114 청소년의 하위문화와 정체성
조성남 | 이화여대 사회학과

115 디지털금융시대의 금융구조변화와 정부규제 및 정책
이충열 | 고려대 경제학부

116 지식경영을 위한 기업의 조직설계방안
김경수 외 | 전남대 경영학과

117 전자금융의 발달과 경제정책의 새로운 패러다임
이명훈 | 명지대 경제학과

118 동아시아의 안보와 유엔체제
강성학 편저 | 고려대 정치외교학과

119 유료 치매노인 그룹홈의 개발과 관련 정책
최정신 외 | 가톨릭대 소비자 · 주거학과

120 소비자 지향적 문화산업 정책
홍영준 | 호남대 광고홍보학과

121 국제 · 국가 · 지방 환경규제의 연계
정준금 외 | 울산대 행정학과

122 현행 회사 합병 · 분할제도의 평가와 개선방안
옥무석 외 | 이화여대 법학과

123 배려지향적 도덕성과 정의지향적 도덕성
정옥분 외 | 고려대 사범대학

124 기업구조조정에 대한 채권금융기관 및 금융감독기관의 역할과 책임
이중기 | 한림대 법학과

125 실업대책으로서 한국의 법정기준근로시간 단축
박영범 | 한성대 경제학과

126 프랑스어의 비분리성 소유개념 표현
노윤채 | 연세대 언어정보연구원

127 지방채의 효율적 관리방안
강태구 | 호원대 법행정학부

128 21세기 산업구조 변화와 과학기술정책
임채성 외 | 그리스도신학대 경영정보학부

129 인터넷 쇼핑몰 이용자의 불평행동
예종석 | 한양대 경영학부

130 한국기업의 성과급제도 현황, 효과 및 개선방안
김성수 | 서울대 경영학과

131 전자상거래와 소비자보호
서민교 외 | 경일대 인터넷국제통상학과

132 평생학습 사회에서의 인적자원개발을 위한 사회적 파트너십 구축
김영화 | 홍익대 교육학과

133 한국 공교육의 새로운 구상과 전략
권대봉 외 | 고려대 교육학과

134 한국의 정부개혁
김태룡 | 상지대 행정학과

135 지방정부 생산성 측정의 이론과 실제
이은국 외 | 연세대 행정학과

136 불가 시문학론
배규범 | 경희대 학술연구 교수

137 남북경제교류의 법적 문제
제성호 | 중앙대 법학과

138 경제위기와 청소년 발달
구인회 | 서울대 사회복지학과

139 생명과학기술의 응용과 기본권보호적 한계
정상기 외 | 한남대 법학과

140 경제발전과 정치환경의 한·일 비교분석
정갑영 외 | 연세대 동서문제연구원

141 한국 공교육의 진단
윤정일 외 | 서울대 교육학과

142 우리나라 지방자치 발전을 위한 자치단체장의 역할
정성호 외 | 경기대 사회과학부

143 의료보험제도의 개혁방안
권순원 | 덕성여대 경제학과

144 중등 도덕교육의 현실과 문제
손동현 외 | 성균관대 철학과

145 사이버공동체 발전론
이명식 | 상명대 경영학과

146 남북경협 확대에 대비한 북한 담보제도의 정비방안
박훤일 | 경희대 법과대학

147 한국 공무원 인사제도 개혁
김판석 | 연세대 행정학과

148 교사화법 교육
임칠성 외 | 전남대 국어교육과

149 세계화의 문화정치학
임혁백 외 | 고려대 정치외교학과

150 효과적인 e-SCM을 위한 의사결정 조정 시스템 모형
이원준 | 성균관대 경영학부

151 환경거버넌스
김종순 외 | 건국대 행정학과

152 자동차산업의 인적자원관리
이덕로 | 서원대 경영학부

153 한국과 영국 간 지식기반산업 비교
이명호 | 한국외대 경영학과

154 한국 벤처기업의 기술네트워킹 및 기술마케팅 전략
장영일 | 인제대 경영학부

155 회사변호사의 윤리
오승종 | 성균관대 법과대학

156 미디어교육론
이정춘 | 중앙대 신문방송학과

157 조선시대 서원과 양반
윤희면 | 전남대 역사교육과

158 환경문제와 철학
박찬국 | 서울대 철학과

159 노인보건복지 이론과 실제
김명 외 | 이화여대 보건교육학과

160 북한의 법체계
권재열 외 | 숭실대 법학과

161 생명공학기술의 안전성 확보에 관한 법적 고찰
이재협 | 경희대 법학부

162 청소년복지학
김성이 외 | 이화여대 사회복지학과

163 변화하는 세계, 변화하는 복지국가
조영훈 | 동의대 사회복지학과

164 의리의 윤리와 한국의 유교문화
김낙진 | 진주교대 도덕교육과

165 미국의 통상정책과 통상법
윤충원 | 전북대 무역학과

166 사회복지 프로그램 평가
김학주 | 경상대 사회복지학과

167 환경주의와 지속가능한 발전
정대연 | 제주대 사회학과

168 무역과 환경
김기흥 외 | 경기대 경제학부

169 산업계 유해폐기물의 위험과 관리
김금수 | 호서대 경상학부

170 백범 김구의 지적 계발과정 탐색
문용린 | 서울대 교육학과

171 태평양전쟁 발발 이후 일제의 인적 지배와 그리스도교계의 대응
윤선자 | 전남대 사학과

172 거버넌스 상황에서 갈등관리를 위한 대체적 분쟁해결제도
서순복 | 광주대 법정학부

173 시장경제의 유형과 민주주의
최배근 | 건국대 경상학부

174 일본고전소설 총론
김현정 | 국립한국전통문화학교

175 국어 교육을 위한 국어 문법론
이관규 | 홍익대 국어교육과

176 율곡의 군주론
전세영 | 부산교대 윤리교육과

177 동북아시아 환경협력
정서용 | 명지대 법학과

178 기후변화협약과 기후정책
신의순 외 | 연세대 경제학과

179 인터넷과 국제 학술정보 네트워크-하이퍼링크 분석
박한우 | 영남대 언론정보학과

180 국내 기업복지의 활성화 방안
최수찬 | 연세대 사회복지대학원

181 세계화와 인간안보
김우상 외 | 연세대 정치외교학과

182 세계문화유산 종묘 이야기
지두환 | 국민대 국사학과

183 한국 평생교육의 사회철학적 과제
곽삼근 | 이화여대 교육학과

184 강점모델
정순둘 | 이화여대 사회복지학과

185 글로벌시대의 계약법
박영복 | 한국외대 법과대학

186 배심제와 시민의 사법참여
안경환 | 서울대 법학과

187 동북아공동체
김재한 | 한림대 정치외교학과

188 정치 참여와 탈물질주의
김욱 | 배재대 정치외교학과

189 퍼지전문가회로망을 이용한 금융기관의 사이버 기업여신결정 지원시스템의 개발
권혁대 | 목원대 경영학과

190 환경정책과 환경법
송인성 | 전남대 지역개발학과

191 포스트모던 시대의 평생교육학
한숭희 | 서울대 교육학과

192 현대 한국인의 세대경험과 문화
박길성 외 | 고려대 사회학과

193 서구의 근로연계복지
김종일 | 건국대 사회복지학과

194 사회복지운동론
현외성 | 경남대 사회복지학과

195 외국의 역모기지 사례
유선종 | 건국대 부동산학과

196 옛이야기와 어린이문학
이지호 | 진주교대 국어교육학과

197 노인사회복지관광의 정책과제와 방안
김창수 | 경기대 관광학부

198 복지서비스의 민간위탁 시스템 분석
김순양 | 영남대 행정학부

199 새로운 빈곤층의 대두와 정부의 정책과제
김진욱 | 건국대 경제학과

200 문화행정론
김정수 | 한양대 행정학과

201 스칸디나비아 노인용 코하우징의 계획과 적용
최정신 외 | 가톨릭대 생활과학부

202 북한의 자연생태계
공우석 | 경희대 지리학과

203 통계로 이해하는 러시아
전홍찬 | 부산대 정치외교학과

204 사회복지법인의 경영과 회계
이동규 | 충남대 회계학과

205 의약분업 정책과정
차흥봉 | 한림대 사회복지학과

206 지역공동체와 평생교육
오혁진 | 동의대 평생교육학부

207 아동보호서비스의 실제
한미현 | 백석대 사회복지학부

208 그린마케팅
박재기 | 충남대 경영학부

209 아동권리와 아동복지
이혜원 | 성공회대 사회복지학과

210 국제 이주와 인도인 디아스포라
김경학 | 전남대 인류학과

211 질병과 의료의 사회학
조병희 | 서울대 보건대학원

212 북한이탈주민의 사회통합을 위한 지역복지실천의 모색
이기영 | 부산대 사회복지학과

213 치매노인케어론
조유향 | 초당대 간호학과

214 노인상담입문
서혜경 외 | 한림대 대학원 사회복지학과

215 '통일 이후 통일과정'으로서의 독일 통일영화
이준서 | 이화여대 독어독문학과

216 중국의 사회보장
오정수 | 충남대 사회복지학과

217 환경자원의 경제적 가치와 환경오염의 사회적 비용
김재홍 | 울산대 사회과학부

218 사회복지프로그램의 경제적 평가방법
박창제 외 | 상주대 사회복지학과

219 자유의지와 결정론
안건훈 | 강원대 철학과

220 심리학자들이 쓴 행복한 결혼의 심리학
채규만 외 | 성신여대 심리학과

221 현대 해석학 강의
양해림 | 충남대 철학과

222 한국인의 주거 빈곤과 공공주택
하성규 | 중앙대 도시 및 지역계획학과

223 IMF 경제위기와 한국 출산력의 변화
김두섭 | 한양대 사회학과

224 동아시아의 영토분쟁과 국제법
이석우 | 인하대 법학부

225 독일 복지국가와 사회복지서비스
정재훈 | 서울여대 사회사업학과

226 사회복지사를 위한 실용 비모수통계
엄명용 | 성균관대 사회복지학과

227 피해자학 연구
이윤호 | 동국대 경찰행정학과

228 광고언어창작론
박영준 외 | 부경대 국어국문학과

229 환경규제 패러다임의 전환
한철 | 한남대 법학과

230 고령사회의 노동환경변화와 고용시스템의 문제점 및 법적 대응
고준기 | 국립군산대 법학과

231 세계화와 소득불평등
이성균 외 | 울산대 사회과학부

232 유비쿼터스 사회의 이해
안중호 외 | 서울대 경영학과

233 국제환경책임법론
박병도 | 건국대 법학과

234 한국의 선거와 민주주의
윤종빈 | 명지대 정치외교학과

235 한국 시민운동의 구조와 동학
조대엽 외 | 고려대 사회학과

236 또래관계
송영혜 | 대구대 재활심리학과

237 해외 한국기업과 현지인 노동자
석현호 외 | 에스코이아학술문화재단

238 독일 국가복지에서 민간복지단체의 역할과 의미
차성환 외 | 한일장신대 사회복지학부

239 청정공학
조정호 | 동양대 생명화학공학과

240 한국전통연희론
심상교 | 부산교육대 국어교육학과

241 정신장애와 가족
서미경 | 경상대 사회복지학부

242 빈곤통계의 작성과 활용
김주환 | 동국대 정보통계학과

243 인터넷과 한국정치
강원택 | 숭실대 정치외교학과

244 북한의 시장경제이행
정영화 외 | 서경대 법학과

245 시스템사고로 본 지속가능한 도시
문태훈 | 중앙대 도시및지역계획학과

246 실버산업과 유비쿼터스 컴퓨팅
고일상 | 전남대 경영학부

247 재활상담과 사례관리
나운환 | 대구대 직업재활학과

248 영유아교육기관에서의 장애 이해 교육
유수옥 | 우석대 유아특수교육과

249 장애의 사회적 의미와 사회통합
박수경 | 대진대 사회복지학과

250 경제분석의 수리적 기초
조인성 | 공주대 경제통상학부

251 비영리부문의 비교연구
김승현 | 서울산업대 행정학과

252 고등교육경제학
반상진 | 전북대 교육학과

253 과학윤리교육의 이론과 방법
조희형 | 강원대 과학교육학부

254 결혼이민자가족의 이해
김오남 | 대불대 사회복지학과

255 동아시아 국가의 공공부조
신동면 | 경희대 사회과학부

256 특수아동 진단 및 평가
이나미 | 대불대 특수교육과

257 계약형 사회복지와 권리옹호시스템
이명현 | 경북대 상주캠퍼스 사회복지학과

258 실내공기질 및 위해성 관리
양원호 | 대구가톨릭대 산업보건학과

259 충남 방언 문법
한영목 | 충남대 국어국문학과

260 교육권론
노기호 | 군산대 법학과

261 도시경관계획론
임승빈 | 서울대 조경 · 지역시스템공학부

262 교통의 새로운 패러다임
김형철 | 경원대 도시계획 · 조경학부

263 노인의 삶의 질 향상을 위한 주거환경 디자인
천진희 | 상명대 디자인대학 실내디자인전공

264 사회복지와 문화
박병현 | 부산대 사회복지학과

265 장애인복지의 이론과 실제
이선우 | 인제대 사회복지학과

266 창의성 개발을 위한 디자인교육 콘텐츠
김선영 | 인천가톨릭대 조형예술대학 환경디자인학과

267 구성주의 사회복지 실천 기술론
고미영 | 서울신학대 사회복지학과

268 장애아교육학
김기흥 | 부산교육대 유아교육과

269 지역사회복지와 자원부문
한상진 외 | 울산대 사회학과

270 환경관리회계
육근효 | 부산외국어대 회계학부

271 인권 관점에서 보는 장애인복지
유동철 | 동의대 사회복지학과

272 정신증상
송지영 | 경희대 의과대학병원 신경정신과

273 사이버공간의 사회심리학
이성식 외 | 숭실대 정보사회학과

274 노인에 대한 사회적 돌봄과 돌봄 서비스의 질 보장
최희경 | 신라대 가족노인복지학과

275 아동 심리치료의 실제
신현균 | 전남대 심리학과

276 사회복지와 위험관리
노충래 | 이화여대 사회복지전문대학원

277 국제 탄소시장의 이해
양승룡 | 고려대 식품자원경제학과

278 타자의 초상
신문수 | 서울대 영어교육과

279 한국정치와 환경정치
나정원 | 강원대 정치외교학과

280 북한이주민
윤인진 | 고려대 사회학과

281 음주의 사회경제적 비용
정우진 외 | 연세대 보건대학원

282 지방정치와 동북아 도시거버넌스
박재욱 | 신라대 행정학과

283 노숙인 복지론
남기철 | 동덕여대 사회복지학과

284 유럽통합과정과 지역협력
이규영 | 서강대 국제대학원

285 사회복지재정 연구
지은구 | 계명대 사회과학대학 사회복지학과

286 지역사회 교육개혁을 위한 시민사회 조직의 참여
김영화 | 홍익대 교육학과

287 복지사회를 대비한 국민연금의 구조개혁
박영석 외 | 서강대 경영학부

288 한미 FTA 지재권 협상에 따른 의약품 분야 사회후생 변화
오근엽 | 충남대 무역학과

289 산업입지, 환경 그리고 지역경제
이기동 외 | 계명대 국제통상학과

290 감성지능 개발을 통한 삶의 질 향상
김경수 외 | 전남대 경영학부

291 교육복지론
이용교 외 | 광주대 사회복지학부

292 인간과 행복에 대한 철학적 성찰
박찬국 | 서울대 철학과

293 유럽연합의 사회통합 사례와 교훈
이무성 | 명지대 정치외교학과

아 | 산 | 재 | 단 | 연 | 구 | 보 | 고 | 서

1 한국인의 도덕성 연구
배해수 | 고려대 국문학과

2 산업화와 청소년 진로
이원호 | 울산대 교육학과

3 공동체의식과 시민운동
김영섭 | 한양대 행정학과

4 한국청년의 삶의 의미 충족도와 만족적 태도
안정수 | 경희대 철학과

5 중국조선족의 사회발전과 한·중관계의 위상
손장권 | 고려대 사회학과

6 해송림 "솔껍질깍지벌레"의 천적 및 주요 종의 생태
김규진 | 전남대 농생물학과

7 사회정의와 실천윤리
박종대 | 서강대 철학과

8 동구개혁의 영향
김달중 | 연세대 정치외교학과

9 한국청소년의 의식세계
김문조 | 고려대 사회학과

10 고강도 철근 콘크리트 구조의 실용화
정헌수 | 중앙대 건축학과

11 신기술의 연관형태 및 출현예측의 구조모형
권철신 | 성균관대 산업공학과

12 민간기업의 연구개발을 위한 조세정책
권영훈 | 한양대 경제학부

13 기술개발 활성화방안
송승구 | 울산대 화학공학부

14 부패의 현상과 진단
이문조 | 영남대 정치외교학부

15 연구투자의 지역적 편중화와 부산지역의 기초과학연구 활성화방안
윤웅찬 | 부산대 화학과

16 GATT의 신구 덤핑방지협정과 그 대응방안
전창원 | 동국대 무역학과

17 한국사회의 도덕성 제고를 위한 진단과 처방
황경식 | 서울대 철학과

18 새로운 노사관계 방향
이진규 외 | 고려대 경영학과

19 21세기 동북아 정세예측과 한국의 전략적 대응방안
최평길 외 | 연세대 행정학과

20 소련의 한국에 대한 정책목표분석
신승권 | 한양대 정치외교학과

21 메모리 커패시터용 $Pb(Zr_xTi_{1-x})O_3$ 강유전체 박막의 제작과 특성
장지근 외 | 단국대 전자공학과

22 러시아 국제법학의 전통
김용구 | 서울대 외교학과

23 유럽연합의 현황과 전망
김동현 외 | 성균관대 행정학과

24 중국의 정치동원
송영우 외 | 건국대 정치외교학과

25 산업적 활용을 위한 이동로보트 시스템의 개발
박민용 외 | 연세대 전자공학과

26 중국조선족의 정치사회화과정과 동화적 국민통합의 방향
전인영 외 | 이화여대 사회생활학과

27 공적부조의 이론과 실제
최일섭 외 | 서울대 사회복지학과

28 대외통상환경의 변화와 법제개편
서헌제 | 중앙대 법학과

29 기업금융의 국제화
최생림 | 한양대 경영학부

30 자동차부품공업의 노사관계
김호진 외 | 고려대 행정학과

31 산업화 과정에서의 한국가족의 실태와 전망
정창수 외 | 성균관대 사회학과

32 공무원 가치관 실태와 정립방안
배병룡 외 | 경상대 행정학과

33 해외귀국청소년의 국내적응연구
이장영 | 국민대 사회학과

34 초고속정보통신망에서 LAN서비스 제공방안
이재용 | 연세대 전자공학과

35 WTO체제의 정책적 대응
김병진 외 | 경희대 행정학과

36 유럽의 통합정치
최수경 외 | 충남대 정치외교학과

37 유기질폐기물을 이용한 고단백사료원인 조류의 생산공정
최정우 외 | 서강대 화학공학과

38 초고속정보통신망의 수용성과 정책방향
박영상 외 | 한양대 신문방송학과

39 중국의 강남사회와 한중교섭
조영록 외 | 동국대 사학과

40 세계화시대의 사회 · 문화의식
신행철 외 | 제주대 사회학과

41 국내 외국인 노동자의 문제와 대책
성규탁 외 | 연세대 사회복지학과

42 노인인력 활용정책과 프로그램
김정후 외 | 강원대 법과대학

43 한일간 학술교류 현황과 활성화방안
정홍익 외 | 서울대 행정대학원

44 계량모형에 의한 한일 경제관계의 이해
김명직 외 | 한양대 경제학부

45 직장인의 음주행태와 삶의 질
진기남 외 | 연세대 보건행정학과

46 유통정보 시스템의 구조와 설계
정용길 | 충남대 경영학과

47 남북통일 이후 사회통합을 위한 교육의 역할
안기성 외 | 고려대 교육학과

48 대중음악에 심취한 청소년들의 심리적 특성
김인경 외 | 연세대 인간행동연구소

49 멀티미디어 시스템을 활용한 교육환경의 개선방안
김한일 | 제주대 컴퓨터교육학과

50 탈냉전기 한일관계의 쟁점
최상룡 | 고려대 정치외교학과

51 자치시대 새로운 '삶의 질' 지표의 모색
김형기 외 | 경북대 경제통상학부

52 유럽통합의 역내외 협력과 갈등
이호재 외 | 고려대 정치외교학과

53 21세기를 대비한 신노사관계
김재원 | 한양대 경제학부

54 대학의 시간제학생 등록제
안규철 외 | 전남대 교육학과

55 21세기에 대비한 방송통신정책
한진만 외 | 강원대 신문방송학과

56 주민참여를 통한 혐오시설 관리운영방안
박균성 외 | 경희대 법학부

57 여성의 정치적 권리인식과 정치참여
전경옥 외 | 숙명여대 정치외교학과

58 한국인 위장질환과 식생활 · 환경요인 및 *H. pylori* 감염과의 관계
이양자 외 | 연세대 식품영양학과

59 학생과 시민의 자원봉사활동
윤정일 외 | 서울대 교육학과

60 동북아 환경문제와 지역환경협력의 모색
신연재 외 | 울산대 정치외교학과

61 노인 자원봉사활동을 통한 사회통합 프로그램 개발
김동배 | 연세대 사회복지학과

62 물류정보 시스템
김태현 | 연세대 경영학과

63 전자식 문서교환을 이용한 항공화물 운송체계
민재형 | 서강대 경영학과

64 청소년과 성
이근후 | 이화여대 의과대학

65 민족통합과 무궁화호 위성의 남북한 공동활용방안
방정배 | 성균관대 신문방송학과

66 채식주의가 20대 여성의 영양상태와 에스트로겐 대사에 미치는 영향
성미경 | 숙명여대 식품영양학과

67 가상정보공간을 통한 지역개발 활성화 전략
유재천 외 | 한림대 언론정보학부

68 조산아 관리현황 및 정책수립 방안
박상기 외 | 조선대 의과대학

69 남북한관의 의식조사와 통일교육 개선방안
김동규 외 | 고려대 북한학과

70 동양 전통 자연사상 탐구
장동순 | 충남대 환경공학과

71 초고속정보망의 시뮬레이터 구현
한기준 | 경북대 컴퓨터공학과

72 유통원가 시스템의 유효성
정다미 | 명지대 경영학과

73 국악과 문화관광의 만남
정익준 외 | 동아대 국제관광통상학부

74 기업의 지식경영 활용사례
김창은 | 명지대 산업공학과

75 선진국과 한국의 직업교육 · 훈련제도의 특성과 한계
정주연 | 고려대 경제학과

76 제주지역 성인 여성의 자원봉사활동
이상철 외 | 제주대 사회학과

77 M&A와 문화충돌 관리
박원우 | 서울대 경영학과

78 폐금속광산 인근 주민들의 중금속 오염실태
정종학 외 | 영남대 의학과

79 북한 농촌 · 농업실태와 인력자원개발 시스템을 통한 북한 농민의 구호방안
박성열 | 건국대 교육공학과

80 중소 소매점의 경쟁력과 소매성과
채명수 외 | 한국외대 무역학과

81 고령자를 위한 쾌적한 실내온도와 착의량의 설정
정운선 | 안동대 의류학과

82 지역문화 이벤트 PR
박종민 | 경희대 언론정보학부

83 인터넷 지역정보화의 실태와 전략
유평준 외 | 연세대 행정학과

84 여성 삶의 질 향상을 위한 사회교육 활성화 방안
김양희 | 중앙대 가족복지학과

85 벤처기업과 벤처금융
강대석 외 | 충남대 무역학과

86 구조조정기에 있어서 실업대책과 사회안전망 구축
박천익 | 대구대 경제학과

87 한국 유아의 조기교육
이명조 외 | 한국외대 교육대학원

88 남북한 경제공동체 형성전략
이상만 | 중앙대 경제학과

89 지방자치회계의 투명성과 주민의 알 권리
권찬태 외 | 경북대 경영학부

90 정치지도자의 정책리더십
이해영 | 경일대 행정학과

91 경제위기와 한국인의 복지의식
신광영 외 | 중앙대 사회학과

92 북한의 노동
김강식 | 한국항공대 경영학과

93 우리나라 중소기업의 정보기술 활용 현황과 경쟁력 강화를 위한 제안
정승호 | 부산외대 정보시스템학과

94 인간배아복제의 법적·윤리적 문제점과 그 해결방안
최병규 | 한경대 법학부

95 가치변화에 따른 투표행태
조찬래 외 | 충남대 정치외교학과

96 인터넷 경매에서의 계약체결과 소비자 보호
이기수 외 | 고려대 법과대학

97 세계화시대 남북한 통합의 방향과 과제
윤민재 | 서울대 사회발전연구소

98 글로벌 시대 지방정부의 문화마케팅 전략
박흥식 | 중앙대 행정학과

99 대졸여성실업의 실태분석 및 대학-노동 시장 간 효율적 연계방안
이은우 외 | 울산대 사회과학부

100 그린 투어리즘의 분석
이응진 | 대구대 관광학부

101 지방자치단체장의 부정부패
오일환 | 한양대 아태지역연구센터

102 산업화가 유교체제하 중국여성의 지위에 미친 영향
천성림 | 배재대 사회과학연구소

103 움직이는 말하기
유혜숙 외 | 나사렛대 교양학부

104 장애학생을 위한 특수교육공학의 활용
김용욱 | 대구대 중등특수교육과

105 지식기반사회의 평생교육 이해와 평생교육 프로그램 개발
박성열 | 건국대 교육공학과

106 N세대의 미술교육
김동철 | 대구교육대 미술교육학과

107 노후계획과 투자
권택호 | 여수대 국제통상학과

108 영화산업
양영철 | 경성대 연극영화학부

109 동유럽의 변혁과 언론의 역할
정대수 | 경남대 정치언론학부

110 환율, 임금, 물가가 국제경쟁력 및 수출입산업에 미치는 영향
하인봉 | 경북대 경제통상학부

111 일본기업의 기술혁신 전략
위정현 | 중앙대 상경학부

112 노후보장정책과 역저당연금제도
조덕호 외 | 대구대 행정학과

113 유비쿼터스 라이프와 미래 사회
김석수 | 한남대 멀티미디어공학과

114 죽음과 관련된 생명윤리적 문제들
구인회 | 가톨릭의과대 인문사회과학교실

115 경제적 세계화와 빈곤문제, 그리고 국가
김준현 | 한일장신대 인문사회과학부

116 한국의 세계불교유산
김종명 | 한국학중앙연구원 한국학대학원

117 복지레저서비스론
고태규 | 한림대 국제학부

118 자생적 철학체계로서 인간중심철학
선우현 | 청주교대 윤리교육과

119 전략적 통합과 한반도 평화체제
김승채 | 고려대 정책대학원

120 환경사법론
전경운 | 경희대 법학부

121 인터넷 자료를 통해 본 한국의 이혼 문화와 사회복지
성정현 외 | 협성대 사회복지학과

122 유럽연합의 사회정책에 관한 연구
문진영 | 서강대 신학대학원 사회복지학과

123 여성건강의 통합적 관점
김혜원 | 관동대 간호학과

124 복잡계 네트워크 과학
강병남 | 서울대 물리천문학부

125 경제적인 3세대 전원주택 개발
박근준 | 호서대 건축공학과

126 사회복지와 인적자원개발
이상일 | 인제대 국제경상학부